古代美術史研究

三編：書法研究專輯

第 7 冊

唐宋時期對王羲之書法的理解與詮釋（上）

洪文雄 著

花木蘭文化事業有限公司

國家圖書館出版品預行編目資料

唐宋時期對王羲之書法的理解與詮釋（上）／洪文雄 著 — 初
版 — 新北市：花木蘭文化事業有限公司，2018〔民107〕
目 6+200 面；19×26 公分
（古代美術史研究 三編；第 7 冊）
ISBN 978-986-485-430-1（精裝）
1.（晉）王羲之 2. 書法 3. 唐代 4. 宋代
618   107002326

ISBN-978-986-485-430-1

9 789864 854301

古代美術史研究
三 編 第 七 冊   ISBN：978-986-485-430-1

唐宋時期對王羲之書法的理解與詮釋（上）

作　　者　洪文雄
總 編 輯　杜潔祥
副總編輯　楊嘉樂
編　　輯　許郁翎、王筑　美術編輯　陳逸婷
出　　版　花木蘭文化事業有限公司
發 行 人　高小娟
聯絡地址　235 新北市中和區中安街七二號十三樓
　　　　　電話：02-2923-1455／傳眞：02-2923-1452
網　　址　http://www.huamulan.tw 信箱 hml810518@gmail.com
印　　刷　普羅文化出版廣告事業
初　　版　2018 年 3 月
全書字數　240668 字
定　　價　三編 20 冊（精裝）台幣 60,000 元

唐宋時期對王羲之書法的理解與詮釋（上）

洪文雄　著

作者簡介

洪文雄，國立中興大學文學博士。先後隨任容清、陳澤群、陳欽忠諸先生學習書法。書法作品曾獲台灣區學生美展書法類第一名、中部美展第一名等。著有《靜寄東軒——洪文雄書法集》及〈唐宋時期對王羲之書法的理解與詮釋〉、〈唐人楷書的文化意涵〉、〈論中國歷代對孫過庭〈書譜〉的評價與詮釋〉等撰述二十餘篇。曾任國立臺中教育大學語文教育學系兼任助理教授、岳陽樓書學會會長、臺灣書法學會秘書長。現爲國立空中大學兼任助理教授、臺灣書法學會副理事長。現職爲霧峰國小教師。

提　要

　　王羲之（303～361）能成爲中國書法史上最具影響力的人物，實因唐太宗尊奉之緣故，自茲以降，王羲之書法體系幾乎籠罩了整個中國書法史，直到碑學興起才能差與之抗衡。本文考索唐宋兩個時期對於王羲之書法的理解與詮釋，立論的角度是立基於當時期，以同情的態度發掘當時人們對王羲之書法的理解與詮釋，包括整體觀照與個別現象的探討。

　　中國書法史上以爲「唐尚法，宋尚意」，如果從這個觀點來看，則兩個朝代的書風：「唐尚法」與「宋尚意」都可劃分爲興起、盛大、衰落、消退等階段。唐朝對於王羲之書法的規範化從唐太宗廣蒐王羲之書法開始，再由虞世南、歐陽詢、褚遂良等王官大臣完成法式，透過蒐羅、教育、官祿等方式使唐代書法得以統一在王羲之書法的規範之下。但王羲之書法本身變化的特質並非規矩所能拘束，唐代崇尚書法，在題壁與揮毫表演的文化要求之下，王羲之書法產生質變，甚至可以說遭到揚棄，乃如韓愈所說：「羲之俗書趁姿媚」，於是唐代書風產生變革，而謹守王羲之規範的仍有，但落入院體一流，是王羲之書法通俗化的表徵。

　　宋代由蘇軾、黃庭堅、米芾三人展開向意書風，雖然宋太宗也仿效唐太宗蒐羅天下書法而刊刻《淳化閣帖》，但時空背景不同，法帖之影響有限，甚至遭致書法大家批評。尚意書風重視筆墨情趣，書寫大字更有表現性，宋初三大家各在王羲之書法上加入新的元素：蘇軾綜合顏眞卿與王羲之系統、黃庭堅融入〈瘞鶴銘〉筆意、米芾則參酌八分書筆法，三家對於難以展大之山陰斐几小字成功轉化。北宋諸家對於《淳化閣帖》多所批評，但對於〈蘭亭序〉卻一致瞻仰，乃至於一再傳刻，在注重己意的時代風氣之下，鑽研〈蘭亭序〉進而書法創作的成就有限，更多的是收藏題跋、探討版本、想見流風等等文化現象，南宋時更變本加厲，成爲當時熱門之文化議題之一。

　　若王羲之書法爲一條長繩，可見唐太宗時將之拉直挺立，而太宗歿後，逐漸擺盪至唐末，北宋尚意書風則加入新的元素，兩個朝代的之書法文化型態不同。

誌謝辭

又是一個階段的告終，感恩之情油然而生，我要在此感謝論文撰寫期間給我指導、協助與支持的人。

本文撰寫之準備始於跨校至明道大學國學研究所選修李郁周教授之「書法文獻研究」一門課，李教授教學嚴格，使我受益良多，他告訴我這篇論文是一個艱鉅的工程。這是一門為畢業論文撰寫而設計的課程，所以在課程結束後，我便將報告提交給指導教授陳欽忠先生，陳教授也認為這個題目並不好寫，但仍同意我在博士班三年級上學期參加資格考試。而在修習李教授的課程同時，我還通過了臺中縣美術家接力展的審查，舉辦生平第一次個展並出版《靜寄東軒：洪文雄書法集》，這得感謝任容清老師及岳陽樓書學會諸君長期的指導與鼓勵，也感謝臺中縣立文化中心給我這個機會，讓我告訴大家：我對書法創作略知一二。展覽完畢後，我又幸運的以高分通過資格考，所謂的「高分」是從指導教授帶著微笑的神情告知我的，這給我極大的鼓舞。

論文撰寫之初，我帶著資格考高分的信心，預計在兩年內提交，而且在工作上展現企圖心，接下了學務主任的工作。但如李、陳二位教授所言，困難一一浮現，工作上的負擔也比我想像的沈重，加之以歲月不饒人，精力不再旺盛，我幾乎成了不知死活的蓋頭鰻，於是我放棄了許多活動，諸如探視父母及岳父母的機會、社團活動的參與、朋友的邀約等等都一再減少，孟浩然說：「多病故人疏。」我看寫博士論文也差不多，對親友只能一個個漸漸疏離，在此對這些親友的諒解致上謝忱。

感謝霧峰國小許慰敏校長的拔擢、學務處成員的襄助、全體師生的配合，使我兩年多來的學務工作能順利完成；感謝陳欽忠老師對本文寫作及架構的

指導，尤其在審閱初稿時展現了治學嚴謹的高度，使我知難而退，抽回稿本，再充實一個學期，這在師生倫理轉變的氛圍之下，是需要大智慧的，就在這一個學期中，我釐清了論述的問題，使本文得以像樣的面貌呈現給初審委員。陳欽忠老師不但讓我的論文初稿更完備，也成了我心目中學者的典範。

感謝另二位初審委員的指導：黃緯中教授對本文鉅細靡遺的審閱，指出多處失誤，並要求文句通順，使本文更加完整；林進忠教授從宏觀的角度提出寫字與書法的差異，也讓我獲益良多。

感謝另四位複審委員的指導：黃緯中教授的稱許讓我愧不敢當，再次的指導使本文更加嚴密；劉瑩教授是我在台中師院進修時的老師，對於本文書寫格式的提示，解開我心中許多的疑惑，也提供我努力的方向；林進忠教授指出我文句的弊病，並再次提示寫字與書法的關係，我將作為日後寫作思考的一部份；黃宗義教授是我碩士論文初複審的老師，是看著我學術成長的學者，此回不吝再次提攜，指出本文多處欠妥之處，對本文水準的提升大有助益。

幾位教授認為文句欠通順是一大缺陷，我亦非無感，在初審後即請興大附中崔仲璋老師協助審閱（第一章及第四章一至四節），讓我學習很多；二姊洪金英校長，在百忙中協助摘要的英文翻譯，在此一併致謝。

另外，感謝臻品筆墨莊廖千雅女士協助蒐集資料；感謝博士班修課期間所有師友的指導與鼓勵。還得感謝我年邁七旬的父母及我的兄姊、我的妻女，不苛責我為人子、為人夫、為人父的責任，讓我在年過四十仍能縱情書海。

這真是個感恩的時刻，想起陳之藩教授的名言：「得之於人者太多，出之於己者太少。」謝天！

洪文雄 謹識
一百零三年元月

目次

圖目次

第一章　緒　論

　　王羲之（303～361）成為中國書法史上影響力最大的書家，這可能是從唐太宗（626～649 在位）獨尊王羲之後所形成的。王羲之在所處的東晉時代，雖然已經享有盛名，但在東晉之後，唐代之前，地位與王獻之互有領先。〔註1〕而翻檢書法史或書論所述，約從唐太宗重視王羲之書法之後，經歷唐宋元明清諸朝，在碑學興起之前，王羲之書法經常被學書者尊為典範，是書學的最終關懷，這是個獨特的現象。

　　王羲之被尊為「書聖」是後人所熟知的，試取與儒家「至聖」孔子相較。儒家經典與王羲之書法有個極為特別的相同點，就是儒家「六經」甚至「十三經」等經典，沒有一部是聖人孔子所作，孔子只是刪定或詮釋；而現存所謂的王羲之書法也沒有一個字是原件真跡，全部都不是王羲之親筆寫出來的。但是學術、文化、思想上，儒家仍是主流，對於儒家經典的研究並不會因孔子沒有著述而降低他聖人的地位，也不輕易懷疑十三經的經典性，反而是透過它們去體貼聖人之意；在書法發展上，王羲之書法亦具有類似的狀況，流傳在唐宋的王羲之法帖，包括臨摹本、集字帖、刻帖都不是王羲之的親筆真跡，但卻是古代學習書法的典範，學者從而體貼書聖典型。〔註2〕

〔註1〕陳師欽忠指出：「獻之書法，於東晉末年至梁代的一個半世紀中，所受到的重視，遠超過王羲之。」見於陳師欽忠：〈唐代書風衍嬗之研究〉（臺北：國立政治大學中國文學研究所博士論文，1990 年。）頁 18。

〔註2〕唐太宗為《晉書・王羲之傳》作贊，稱王羲之為「盡善盡美」，即帶有儒家美善的道統意識，明人項穆更在《書法雅言》中云「堯、舜、禹、周，皆聖人也，獨孔子為聖之大成；史、李、蔡、杜，皆書祖也，惟右軍為書之正鵠。」「宣尼稱聖時中，逸少永寶為訓，蓋謂通古會今，集彼大成，萬億斯年，不

第一節　研究動機

　　書法在今日已經成爲一門藝術是不爭的事實，但受到「求眞」的學術風氣影響，王羲之書法在臺灣的研究並不多，這不能不說是個遺憾。基於前述，如果想探求中國書法的本質，從唐太宗獨尊王羲之書法後，唐宋時期怎麼看王羲之書法？怎麼表現王羲之？怎麼表現自己？都是值得探討的問題。

　　唐太宗廣蒐王羲之書法之後，使王羲之書法成爲書壇的唯一典範，因此，唐宋兩個時期便是定王羲之唯一尊之後的第一階段發展。文學史上有「唐宋八大家」的一個群體，正意味著「唐宋」是一個整體，在書法史上，唐宋兩時期也是常被對照的兩個朝代，如明人王鐸（1593～1652）有云：

> 予書獨宗羲獻。即唐宋諸家皆發源羲獻，人自不察爾。〔註3〕

王鐸身處明朝，特標「唐宋諸家」而略去元明，在其意識上「唐宋」即爲一個整體。柳詒徵在《中國文化史》中備述唐宋間社會之變遷：

> 自唐迄宋，變遷孔多。其大者則藩鎭之禍，諸族之興，皆于政治文教有種種之變化；其細者則女子之纏足，貴族之高坐，亦可以見體質風俗之不同。而雕版印刷之術之勃興，尤於文化有大關係。故自唐室中晚以降，爲吾國中世紀變化最大之時期。〔註4〕

從整個文化史觀察，唐宋之急遽震盪乃引人特甚，因此，唐宋兩個朝代有共同性，也有差異性。在書法史上，龔鵬程提出唐代書法是文化史上「南北融合與古今斷限」分水嶺之說：

> 唐朝是古今斷限，書法藝術表現上的分水嶺……從文化史的分期來說，唐朝剛好是一個樞紐時期。它一方面總和了魏晉南北朝整個學術文化的發展，一方面又因南北融合，而成爲一個肇開了宋朝以後一切文化走向的先導者。〔註5〕

可改易者也。」（上海書畫出版社、華東師範大學古籍整理研究室編選點校：《歷代書法論文選》（上海：上海書畫出版社，2000 年 12 月），頁 514、519。上至唐太宗、下至明人項穆，在許多人的書法世界中，王羲之具有類似聖人一般的地位。

〔註 3〕王鐸：〈臨淳化閣帖跋〉，劉正成主編：《中國書法全集・62 王鐸二》（北京：榮寶齋，1995 年 7 月），頁 650。

〔註 4〕柳詒徵：《中國文化史・上》（北京：東方出版社，無出版日期）第 16 章，頁 474。

〔註 5〕龔鵬程：〈唐初書法史初探〉，見於龔氏所著《書藝叢談》（宜蘭：佛光人文社會學院，2001 年 6 月），頁 11。

從書法史觀察，唐朝位居古今分水嶺的位置，唐朝將南北融合大一統之後，以王羲之爲主的帖學書法便獨領風騷，一直到清代碑學興盛，才能差與之相抗衡；而宋代便是在大一統之後的第一次發展，確實是兩個十分獨特的時期。

　　唐宋爲文化史既分且和的一段時期，書法史上，王羲之書法先一統書壇又產生第一波的反動。選擇研究唐宋兩個時期，既可解析書法典範確立的來龍去脈，也可見出書法藝術發展中對典範的衝撞，究竟唐宋人或唐人、宋人是如何看待王羲之書法的，在探索以王羲之書法爲中國書法核心的議題上，饒具意義。

第二節　研究態度與方法

　　在研究方法說明之前，筆者想陳述從事本研究時所採取的態度，因相同的研究方法在不同的研究態度上，所使用的材料或切入問題的角度並不相同。唐宋距今遙遠，從唐太宗即位到今天至少超過一千三百年，王羲之書法爲歷代學者所關心的對象，則絕非區區本文得以論述，因此本文集中在唐宋兩朝對於王羲之書法的理解與詮釋，這種研究態度未必爲學者所熟習，故特此說明。

一、研究態度

　　王羲之爲唐宋書學之「典範」或可無疑疑，然「典範」的概念已經成爲今日學術上的用語，從而發展出「典範論」的學術理論，「典範論」淵源於科學史研究學者孔恩（Thomas Samuel Kuhn，1922～1996），他以爲道爾頓（Dalton，1766～1844）化學原子的定比定律最能說明的境況是：

> 革命之後科學家在一個不同的世界中工作。〔註6〕

在不同的典範之下，對於不同的通則要求不同的結果，以致於「同樣的化學操作與化學通則之間發生了和以前非常不同的關係」〔註7〕，全因解釋者的不同意識而有不同的結果，這種事件發生在以嚴謹著稱的科學研究中，著實令人震驚。「典範論」不只是科學理論，也影響到其他領域的研究，掀起了不同以往的研究視野；「解釋」成爲近年來研究工作中重要的一環，洪漢鼎說：

〔註6〕（美）孔恩（Thomas S.Kuhn）著，程樹德等譯：《科學革命的結構》（臺北：遠流出版事業股份有限公司，1994年7月），頁190。

〔註7〕（美）孔恩（Thomas S.Kuhn）著，程樹德等譯：《科學革命的結構》，頁188。

在 20 世紀，由於解釋問題的普遍性──這種普遍性不僅表現在人文
科學領域，而且表現在自然科學領域，甚至像巴柏（K.Popper）這
樣的認識論哲學家，以及像孔恩（T.Kuhn）這樣的科學史家也主張
說科學理論總是解釋，觀察對象具有理論負載，科學不是像實證主
義者所認為的那樣限制於描述事實，而是必須組織它們、概念化它
們，換言之，科學必須解釋它們。〔註8〕

科學家以及科學史家的任務是將是件加以組織、概念化，然後「解釋」。伸而
言之，似乎從來不具有「客觀的事實」這樣一件事，講究客觀事實描述的科
學尚且如此，藝術人文的研究就更不用說了，若以本文的研究範圍為例，宋
代對〈瘞鶴銘〉作者的爭議呈現出類似的狀況。

〈瘞鶴銘〉在宋代受到廣泛的重視，但這件書法作品沒有作者署名，因
而引起討論，例如歐陽脩（1007～1072）嘗云：

按《潤州圖經》以為王羲之書，字亦奇特，然不類羲之筆法而類顏魯
公，不知何人書也。或云華陽真逸是顧況道號，銘其所作也。〔註9〕

據唐人《潤州圖經》的記載，〈瘞鶴銘〉為王羲之所書，但歐陽脩不以為然，
他認為〈瘞鶴銘〉完全不像王羲之的筆法，反倒是接近顏真卿，黃庭堅曾具
體言明歐陽脩的意見，黃庭堅云：

歐陽公以魯公書〈宋文貞碑〉得〈瘞鶴銘〉法，詳觀其用筆意，審
如公說。〔註10〕

黃庭堅似乎同意歐陽脩的看法，實際上又另有主張，其〈書遺教經後〉云：

頃見京口斷崖中〈瘞鶴銘〉，大字，右軍書，其勝處乃不可名貌。以
此觀之，〈遺教經〉良非右軍筆畫也。若〈瘞鶴銘〉，斷為右軍書，
端使人不疑。〔註11〕

一口咬定〈瘞鶴銘〉就是王羲之所書，這個觀點便與歐陽脩大相逕庭。因為
黃庭堅發現〈瘞鶴銘〉的精彩難以形容，以為如此偉大的作品，其作者自當
非王羲之莫屬。

〔註8〕 洪漢鼎：《詮釋學史·序言》（臺北：桂冠圖書股份有限公司，2002 年 6 月），
頁 1。
〔註9〕 宋·歐陽永叔：《歐陽修全集·集古錄跋尾》（北京：中國書店，1991 年 9 月），
卷 10，頁 1208。
〔註10〕 宋·黃庭堅：《豫章黃先生文集》（上海：上海商務印書館，1965 年（未記月），
四庫叢刊初編縮印嘉興沈氏藏宋本），卷 28，頁 310。
〔註11〕 宋·黃庭堅：《豫章黃先生文集》，卷 28，頁 315。

　　如果仔細分析歐陽脩與黃庭堅對〈瘞鶴銘〉理解的進路，便可明白二人何以有完全不同的詮釋，歐陽脩具有實事求是的精神，乃至不惜疑經疑傳，甚至「說以己意」，以此爲其治學風格，他從〈瘞鶴銘〉的實際狀況分析，甚至從文字上考證，發現〈瘞鶴銘〉和王羲之專擅的尺牘風格完全不同，前者奇放、後者秀逸；前者壯美、後者秀美。不論從筆法、從內容觀察，都不見王羲之的痕跡，因此懷疑《潤州圖經》的記載；但黃庭堅不同，在宋代的書法大家中，只有他最深入取法〈瘞鶴銘〉書法，也因而成就一己獨特的風格，尤其在大字的寫作上突破性的開展出一條新路，但在唐宋以來一直以王羲之爲書法正統的書法意識作用下，是否必須將〈瘞鶴銘〉的書者歸於王羲之，才能使自己的書法進入傳統主流中？回視前引黃庭堅的論述，實際上是直觀的，未見他在〈瘞鶴銘〉的文字內容上斟酌考證，一語「其勝處乃不可名貌」表現了悟入的欣喜，有幾分禪味，卻沒有客觀證據，在王羲之爲書聖的傳統作用之下，兼之以自身優異的書法表現，黃庭堅的論述便可迎刃而解。

　　宋代對於〈瘞鶴銘〉作者的爭論還不僅如此，還有不同的說法，他們各執一詞，各有其論點，〔註12〕即使到廿一世紀的今天，〈瘞鶴銘〉由何人所書

〔註12〕宋人對〈瘞鶴銘〉作者的說法，除前述黃庭堅主張王羲之與歐陽脩主張的顧況外，尚有（1）王瓚說：張邦基《墨莊漫錄》（臺北：商務印書館，（未記年）四部叢刊三編影印江安傅氏雙鑑樓藏明鈔本）載：「〈瘞鶴銘〉……世傳以爲王逸少書，然其語不類晉人，是可疑也。歐陽永叔以爲『華陽眞逸』乃顧況之道號，或是況所作，然亦未敢以爲然也。予嘗以窮冬至山中觀，銘之側近復有唐王瓚刻詩一篇，字畫差小於〈鶴銘〉而筆勢八法乃與〈瘞鶴〉極相類，意其是瓚所書也。因模一本以歸以示知書者，亦以爲然。其題云〈冬日與羣公泛舟此山隈〉：『江水初不凍……讁丹陽功曹掾王瓚。』今此刻亦漸漫漶，尚可讀也，有好事者當試求之，以驗予言之或是也。」（卷6，19a～20a。）（2）陶弘景說：宋・黃伯思：《宋本東觀餘論・跋〈瘞鶴銘〉後》（北京：中華書局，1988年8月）云：「僕今審定，文格字法殊類陶弘景，弘景自稱「華陽隱居」，今曰「眞逸」者，豈其別號歟？又其著《眞誥》，但云己卯歲而不著年名，其它書亦爾。」（卷下，頁326。）（3）隋人說：蔡襄（1012～1067）云：「瘞鶴文非逸少字，東漢末多善書，惟隸書最盛；晉魏之分，南北差異，鍾王楷書，爲世所尚。元魏間盡習隸法，自隋平陳，中國多以楷隸相參，〈瘞鶴〉文字有楷隸筆，當隋代書，世云逸少，殊無髣髴也。」（宋・蔡襄，《宋端明殿學士蔡忠惠公文集・評書》，北京：綫裝書局，2004年宋集珍本叢刊影印清雍正甲寅刻本，卷31，頁213。）（4）山樵說：米芾遊焦山，有題名云：「仲宣、法芝、米芾元祐辛未孟夏觀山樵書。」（據原拓影本，《書法叢刊》第82期（2004年第6期），頁22。）（5）隱君子：宋・董逌，《廣川書跋・書黃學士〈瘞鶴銘〉後》（北京：中華書局，1985年影印津逮秘書本）云：「華

的爭論仍持續著，〔註13〕但〈瘞鶴銘〉作者究竟屬誰並非本文重點，討論王
羲之作品的真偽也不是，「解釋」的動機才是問題意義所在。

還有一例，宋人王質曾將顏真卿的〈乞米帖〉（附圖 1-1）刻石，並且將
拓本「魯公乞米」的典故每每出現在宋人詩文中，〈乞米帖〉這件後世名聲不
顯的作品反而比〈爭座位帖〉、〈祭姪稿〉更有影響。〔註14〕足見書法流傳的
複雜性，因為書法不僅是一個美不美的問題，它還牽涉善不善，因而朱熹少
時學曹操，遭劉玽所譏；〔註15〕秦檜的書跡很美，〔註16〕卻不聞學者師法。
書法以文字為其載體，而文字本身就是以記錄意義為其定義，顏真卿書因其
正大氣象而偉大，因此中國之書法藝術並非止於美不美的問題。

又因為中國文化之久遠，書法史上的變化有時並不是來自書法美感的創
造或書法欣賞的需要，其中一個明顯的例子恰與本文息息相關，亦即桌椅的
使用，它促成筆法的改變，〔註17〕唐代因為漸漸使用高桌，以致於書寫方式
丕變，原本講究轉筆的古法漸漸由於將手置於桌面得以依靠而講究提按，又
紙張的改進，促使書寫字徑得以擴張，而與尚意抒情相為表裡。

陽真逸特其撰銘，若其書者上皇山樵也，四人各以其號自別，固不得識其姓
名，疑皆隱君子也。」（卷6，頁79。）

〔註13〕 翁闓運以為他的年代不會過早，應在唐憲宗元和9年（814。說見翁闓運：〈談
〈瘞鶴銘〉〉，《書譜》1979 第3期（總第28期），頁18。）；劉建國、潘美雲
以為作者為王羲之（說見彼著：《瘞鶴銘石刻考證》，南京：江蘇人民出版社，
2006年11月）；邵磊〈〈瘞鶴銘〉書人考證〉以為是低級官吏所為（丁超主編：
《〈瘞鶴銘〉國際學術研討會論文集》，鎮江：江蘇大學出版社，2009年 12
月，頁134。）；陶喻之：〈〈瘞鶴銘〉作者膚談〉主張皮日休所做。（前揭書，
頁171。）

〔註14〕 梁培先：〈從書齋走向神龕——北宋中後期的「顏真卿熱」考辨〉，收入邱振
中主編：《書法與中國社會》（北京：中國人民大學出版社，2011年），頁279，
全文277～304。

〔註15〕 見劉正成主編：《中國書法全集・40》（北京：榮寶齋出版社，2000年5月），
頁294。

〔註16〕 秦檜的字大有《淳化閣帖》筆意，可見於《鳳墅帖》中，王靖憲主編：《中
國法帖全集・第八冊》（武漢：湖北美術出版社，2002年3月），頁280～
282。

〔註17〕 孫曉雲在其著作《書法有法・20「古法」的絕唱》（南京：江蘇美術出版社，
2010年4月）中指出：「後代書家總說唐以後『古法漸衰』，我以為其『古法』
即指將紙拿於手裡書寫時所用的筆法。『古法漸衰』是由於使用了桌子，這種
無依托的書寫方法當然就逐漸衰亡了。」（頁76。）「古法」或之衰亡與否暫
不論，高桌確實能使書寫筆法產生變異。據此故云。

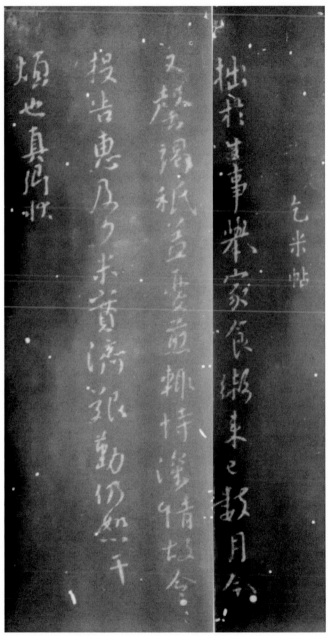

圖 1-1：唐‧顏真卿〈乞米帖〉

取自朱春秧編：《宋拓本顏真卿忠義堂帖‧上》，上海：
西泠印社出版社，1994 年 8 月，頁 38～39。帖文云：「拙
於生事，舉家食粥來已數月。今又罄竭，只益憂煎，輒
恃深情，故令投告。惠及少米，實濟艱勤，仍恕干煩也，
真卿狀。」

　　以上舉了幾個例子所欲說明的是，書法的流傳與改變，並不像今日所謂的藝術風格變遷一般單純，尤其書法以文字為其表現的唯一媒介，而文字卻承載著複雜的文化內涵，尤其中國的文化講究渾融而非分析，因此，若將書法的研究單獨切割開來，在研究古典書法的時候，很容易陷入主觀臆測的比附，而不容易得到相應的詮解，故本文寫作所採取開放與同情的態度，以現有的資料理解唐宋時期對於王羲之作品的詮釋。因此，對時下種種書法理論先持保留的態度，不因事涉神秘（如〈傳授筆法人名〉起自神人）而排除文獻價值，不以論述籠統模糊而非難古人，而是以理解的態度去發掘前人的思維與創作。〔註18〕

　　不容否認的是，本文的寫就不能也不需要排除在西方文學思潮的研究觀點。相反的，在學術思潮一再地翻新的今日，本研究才得以進行如此的嘗試，亦即，本文不否認受到西方文論的刺激所生發的靈感，如前述孔恩所楬櫫科學研究者工作環境的轉換即為本文書寫時必須一再考慮的面向，孔恩有個令人印象深刻的圖像（圖1-2），一再提醒本文的研究工作。

　　此圖所畫的是鴨子？還是兔子？因視角的不同可看成不同的動物，而在研究中，必須時時提醒這是今人觀點？還是古人的觀點？唐人觀點？或是宋人觀點？這是藝術表現？還是實用表現？（因為書法兼具此二種性質）；又本文研究唐宋兩個時代，且不論唐宋，觀點與今日必有不同，因此觀點的轉換是此研究工作的一大挑戰。

〔註18〕「嘗試理解古人」應理解古人文化情境才能相應，亦即應將視角打開。舉例而言，如佚名《法書要錄・序》云：「大多數的古代美術論著，對於書畫家及書畫作品的評介，都帶有階級偏見，對帝王將相作了至尊無上的恭維諂諛，對古代名家作了過分誇大的推崇，在藝術觀點上帶著濃厚的封建意識，這是封建士大夫著述不可避免的糟粕。」（見於唐・張彥遠輯、范祥雍點校，《法書要錄》（北京：人民美術出版社，2004年1月。以下簡稱「范本」。）在大陸「破除封建」的意識型態下，遂有非難古人之語，但不以封建思想觀察，則不得原文獻之實情，且古人書法，並非全在「藝術」的意識型態下完成。又如江俊緒《法書要錄・序》云：「當然，本書所集各論，其中亦免不了有某些不足之處。……趙壹〈非草書〉雖然揭示了草書的尚簡特徵，但其對草書所持的偏激態度，終不免為後人實踐所否定。」（見於唐・張彥遠輯、洪丕謨點校：《法書要錄》，上海：上海書畫出版社，1986年8月，以下簡稱「洪本」，頁4。）不以漢人衛道的心情去解讀趙文，於是有「偏激態度」的評語，與本文觀點不同。

圖 1-2：（美）孔恩〈鴨子？兔子？〉

取自：（美）孔恩（Thomas S.Kuhn）著，程樹德等譯：《科學革命的結構》（臺北：遠流出版事業股份有限公司，1994 年 7 月），頁 190。

不可諱言，中西方文化的型態是極為不同的，因此，為免削足適履的窘境，本文避免直接套用西方文學理論，西方文論的啟發主要在於視野的轉換。

「詮釋」所引發的思考脈絡即是「詮釋學」的研究觀點，早期西方詮釋學是以解釋《聖經》為其要務，目的在解釋《聖經》中的唯一真理，類似我們的教科書上的「註釋」；到施萊爾馬赫（Schleiermacher ，1768～1834）時，他提出「預感行為」（ein divinatorisches Verhalten）提醒研究者一種新的視角，亦即將「自己置身於作者的整個創作中的活動來解釋」〔註 19〕，如此才能與作品相應；達伽默（Gadamer，Hans-Georg 1900～2002）說得好：

> 其實解釋者除了這種普遍的東西——文本——外，根本不想理解其他東西，也就是說，他只想理解傳承物所說的東西，即構成文本的意義和意思的東西。但是為了理解這種東西，他一定不能無視他自己和他所處的具體的詮釋學境況。如果他想根本的理解的話，他必須把文本與這種境況聯繫起來。〔註 20〕

〔註 19〕 洪漢鼎：《當代哲學詮釋學導論》（臺北：五南圖書出版股份有限公司，2011 年 3 月），頁 14。

〔註 20〕 （德）漢斯－格奧爾格·達伽默爾著，洪漢鼎譯：《詮釋學Ⅰ真理與方法》（北京：商務印書館，2007 年 4 月），頁 441。

對於文本的解釋，如果想要得到最根本、最眞確的解釋，對於當時社會文化背景的聯繫是必須的，唯有如此，才能有相應的解釋，這在以渾融爲特色的中國文化中尤然。

書法、文字、文化具有密不可分的關係，故本文的寫作是將王羲之書法置於整個中國文化發展的「境況」中去觀察而加以論述。

所謂「置於整個中國文化發展的境況中去觀察」可有兩個面向，第一，是將自己置身於該朝代之情境中去理解，試圖將自己置身於唐（宋）朝，以唐（宋）朝的眼光看唐（宋）代書法（而不是以今日的眼光去看）的發展與變化；第二，是以俯瞰的角度去進行某一時期的觀察，有時必須從整個唐（宋）朝、甚至是從「唐宋時期」是爲一個整體，由此視角出發，以發現個別現象在本文論述範圍中的特殊性及其意義。在研究過程時有時必須深入個別現象討論，有時則必須將個別現象抽離，從整個大環境去闡釋。

二、研究方法

研究對象既與今日時空環境相距遼遠，所以本文用歷史研究的方法對歷史背景進行瞭解。研究過程中，首先必須面對文獻，故在方法上應考慮文獻的解讀，語言文字的傳達具有「表現」與「再現」兩層含意，在解讀文獻時，筆者除了注意作者「表現」的意見之外，也注意作者寫作的動機與文獻在當時文化環境中「再現」的意涵，將得到的理解具體描述、分析討論。

其次是採用文獻分析的方法，由於對既成的書法理論持保留之態度，故本研究不是既成理論的套用，因爲既成理論原本不是中國原生之產物，是以在研究中國古代的文化時可能產生偏差，爲了避免削足適履的毛病，筆者以爲應當以開放的態度作文獻的描述與分析，順著文獻資料作同情的理解，不帶先入爲主的成見才能相應。

再其次是運用比較研究的方法，包括個別現象的比較以及不同朝代發展的相似與相異探討。

又其次是面對碑帖，直接用形式分析解讀。相較於其他研究，書法問題的考察具有獨特的優勢，就是藉著碑帖的流傳，字形點畫得以忠實的呈現，提供了傳眞的證據，藉此可與所得的論述相互印證。而這項優勢也是研究工作中的挑戰，研究者不能爲了符合論述規律而只求文獻的片面解釋，一旦與

書法作品本身的呈現相違背，就必須重新審視；其次是碑帖本身有時即爲論述之文本，尤其在南宋時的大量題跋有些仍然存世，是以在利用材料時，有時可使用直接的文本（手跡），更爲傳眞。〔註21〕

第三節　前行研究分析

關於王羲之的研究，可謂史不絕書，但如前所述，唐宋已降的研究不脫經典詮釋的形式，甚至下至清朝碑學興起，講究實證的態度，卻仍不免蔽於「尊碑」的意識型態，〔註22〕而所欲反抗的正是主宰千年的王羲之書法系統。傳統的書論，爲本文提供相當的佐證意見，但他們不是在今日學術規範下的論述，總是缺乏體系的。

現代開啓王羲之書法學術研究的當推沈尹默（1883～1971），他不但寫書論，而且還具體實踐，寫出一派優雅的王羲之書法風格。最重要的是他將書法的視野拉回王羲之系統，然而，在清朝碑學的震盪之下，這個王羲之書法系統已經與清初的系統完全不同。清初的王字系統是趙孟頫、董其昌的二手

〔註21〕 舉例而言，關於〈蘭亭序〉的研究，大陸學者曾引元人趙孟頫〈蘭亭十三跋〉第一跋爲之論說，水賚佑〈宋代〈蘭亭序〉之研究〉之引文爲：「《蘭亭帖》（按：標號本原文，臺灣之書寫規範宜作單箭號），當宋末南渡時，士大夫人人有之。」（收入華人德、白謙慎主編：《蘭亭論集》（蘇州：蘇州大學出版社，2000 年 9月），頁179。）時當宋末，是否又一次南渡？令人疑惑，出處註釋爲趙孟頫〈蘭亭十三跋〉，但未詳何版本。方愛龍：《南宋書法史》（上海：上海古籍出版社，2008 年 12 月）引文同，謂出自明人朱存理（1444～1513）之《珊瑚木難》，收入《中國書畫全書》第三冊，檢該書所錄文字（明·朱存理：《珊瑚木難》，上海：上海書畫出版社，1992 年 10 月中國書畫全書本第 3 冊。），方氏所引無誤。陳一梅：《宋人關於〈蘭亭序〉的收藏與研究》（杭州：中國美術學院出版社，2011年 3 月）之引文作：「《蘭亭》當宋末渡南時……」（頁 154。）脫一「帖」字、「渡南」相反，註稱出自《全元文》，仍是宋末渡南（或南渡）。趙孟頫〈蘭亭十三跋〉現存墨跡，但已經火燒而不完整，而此段文字，墨跡仍可看出「蘭亭帖當宋末」（洪惟仁譯：《書道全集·第12卷》（臺北：大陸書店，1998 年 2 月）圖6。）七字，則前述引文作「宋末」者，顯然失誤。可惜唐宋時期可引用的第一手資料不多，後人傳刻、翻印文獻不免魯魚亥豕，常困擾研究者，由此例可見一斑。

〔註22〕 清朝碑學復興，大倡北碑，乃至爲初唐諸家淵源妄加比附，說出自北朝某碑之說，基於清人之觀點，雖不能說錯，但實非唐人之意，陳師欽忠，〈唐代書風演嬗之研究〉（臺北市：國立政治大學中國文學研究所博士論文，1990 年）嘗有說，云：「康有爲更直指褚書出於〈龍藏寺〉爲多，而採虛於〈朱君山墓誌〉，植幹於〈賀若誼碑〉（《廣藝舟雙楫·體系》）竟無一語道及世南及右軍，並前人書評，一概視而不見，則眞蔽於尊碑之偏執矣。」（頁113。）據此故云。

王字，沈尹默是直探王字本來面貌，具有領先地位；接著，王羲之的研究陷入「蘭亭論辨」的歷史長河，論辨的起因正是科學實證的論學態度，雙方都無法使對方信服，是以一而再、再而三的論辨，結果似如祝帥所言：

> 以〈蘭亭序〉為核心的「二王」敘述，似乎是在中國書法史序列中
> 經歷了一次浮沈，又回到其最初的「本來面目」。〔註23〕

所謂「本來面目」係指「蘭亭論辨」想要推翻歷史，追求真相而未果，但「回到其最初」卻已非原本，因為它告訴了我們：「不論〈蘭亭〉真偽，他都是一件難得的書法傑作，不論推測它由誰、在什麼時候偽託，都不如暫時附在王羲之名下更為合適。」〔註24〕科學無法論斷的〈蘭亭序〉作者，暫時附在王羲之名下乃是權宜之計，但「暫時附在」的「暫時」很難成為永恆，因為這是科學無法實證的了，但從文化上應當給予「永恆」的認定，至少，在唐宋時就是如此。

現今的書法研究頗多，然而整個看來，偏重於個人書法風格的研究，或是朝代書風的研究，類似以詮釋學的觀點展開新視野的研究並不多。陳振濂《書法美學》中指出：

> 以一件作品、一個作家乃至一種風尚為基點，考察縱向的古今承啟
> 關係與橫向的藝術與思想、社會、政治經濟文化的聯繫，這是一種
> 由內（研究目標）向外（目前所處環境）的方法——較傳統的方法。
>
> 以一種作品、一個作家乃到一種風尚為整體，考察系統內部各個構
> 成元之間構合的規律、組織的原則；以及各種調節活動中封閉性與
> 適應性的矛盾關係，這是一種由外（研究目標）向內（目標的構成）
> 的方法——較新穎的方法。〔註25〕

陳氏所指的兩種方法至今仍是並存，其所分別者為傳統與新穎，很難說孰為優劣，陳氏既說研究有傳統與新穎之分，新穎自是較少，且相對於傳統，以下嘗試從這樣的觀點分析本文之前行研究，分類中，先分析中文著作，再分析外文著作。

〔註23〕祝帥：〈「蘭亭論辨」及其當代迴響——對新中國書法史史學主題演講學術譜系的一種描述〉，《中國書法》，2012 年 6 月，總 230 期，頁 161。

〔註24〕叢文俊：《叢文俊書法研究文集·〈蘭亭〉偽作說何以不能成立》（北京：中國文聯出版社，1999 年 10 月），頁 278。

〔註25〕陳振濂：《書法美學》（西安：人民美術出版社，1996 年 10 月），頁 17～18。

一、中文專書

　　本文的問題核心在唐宋時期的書法，但不是一般書法史上的唐宋時期，只擇取唐宋時期對王羲之書法理解與詮釋的部分，雖然說是部分但實為唐宋書法之大宗，是以專書部分，涉及者有王羲之、唐代書法、宋代書法，茲取相關者論述如下。

　　首先是王羲之部分：大陸學者祈小春之《邁世之風──有關王羲之資料與人物的綜合研究》〔註26〕是部新穎的著作，大陸學者祈小春到日本從著名書論家杉村邦彥研究書法史論，之後進入日本立命館大學大學院攻讀中國文化史，撰寫了博士論文《王羲之論考》，在此基礎上更加深入、細緻和全面地針對王羲之的重要課題進行探究，主張以文獻尺牘研究作為一切考證推演的基礎。研究重點涵蓋書跡及文本的真偽，以帖證事、以事證帖。在論證方法上嚴謹而具有理性，在資料的掌握上鉅細靡遺。主要成果有：王羲之尺牘書式的特徵與規律；有關〈蘭亭序〉內容、文獻出現的時間、獲取真跡的時間、文獻涉獵人物、複製品出現的時間與文獻使用的價值；東晉避諱的問題；有關王羲之的人物問題，從王羲之的生卒年、家世家族、人物性格、宗教信仰等方面。在本文考論王羲之書法時提供重要的參考。祈小春近年又出版了《山陰道上：王羲之研究叢札》〔註27〕考論王羲之尺牘問題，見解深刻且富啓發性，是考論王羲之書法作品時不可忽視的專書。

　　大陸地區視書法為國家重要之象徵之一，研究工作一日千里，除前述祈小春外，較早鑽研王羲之書法研究的王玉池，在王羲之的生平、時代背景、書法風格、書跡版本、文本註釋等均有深入論述，彙集成《二王書藝論稿》〔註28〕，附錄多種，如書跡索引、研究書目等，有助於研究王羲之書法，但與本文較遠。

　　唐代書法的專著較少，以王羲之書法為核心的研究專著尚未發現；宋代則有陳一梅《宋人關於〈蘭亭序〉的收藏與研究》〔註29〕一書，將視野集中

〔註26〕 祈小春，《邁世之風──有關王羲之資料與人物的綜合研究》，台北：石頭出版有限公司，2007 年 8 月。

〔註27〕 祈小春：《山陰道上：王羲之研究叢札》，杭州：中國美術學院出版社，2009年 12 月。

〔註28〕 王玉池：《二王書藝論稿》，北京：文化藝術出版社，2001 年 8 月。

〔註29〕 陳一梅：《宋人關於〈蘭亭序〉的收藏與研究》，杭州：中國美術學院出版社，2011 年 3 月。

在宋代，頗具參考價值，為本文的相關問題提供指引；水賚佑編：《《淳化閣帖》集釋》〔註30〕屬資料性質，臚列宋代以來對於《淳化閣帖》的研究、釋文、評論等等，書後〈引用書目〉超過 250 種，體例依照《閣帖》排序，先列圖版（肅府本）與釋文，再列諸家集釋，對於研究帖學頗稱便利。

二、中文論文

論文部分，包括學位論文與期刊論文。

學位論文部分，莊千慧〈心慕與手追——中古時期王羲之書法接受研究〉〔註31〕為成功大學之博士論文，寫成於 2009 年 8 月，該文研究的範圍與本文有相當重疊，但設定在中古時期，據其「選題釋義」一段所述，乃是：「將中古時期設定為王羲之所處的東晉至宋高宗南宋時期。」〔註32〕本文則以「唐宋」為論述範圍，在時代的範圍上不同已經顯示研究路數的差異。又，該文在題目上標舉「中古」，乃是晚近西方的劃分概念，帶有明顯的西方意識，而本文標舉「唐宋」，屬中國傳統朝代之概念。再者，該文以「接受美學理論」為其立論之出發點，乃是鑑於此種理論在文學研究領域具有成果，因而應用於書法研究，這是書法研究上重要的嘗試，該文也提出相當份量的研究成果。然則這是以「接受美學理論」的視野觀看中古時期王羲之的書法；本文則是不帶任何預設立場，以同情的態度探索、順著文獻剖析，嘗試發掘建立書法自身的研究論述。不可否認的是，本文與此文所運用的材料有相當的重複，雖然取徑相殊，然則所見不能全異，重點是切入的角度與研究過程，兩者是不同的。

其次還有業師陳欽忠〈唐代書風衍嬗之研究〉〔註33〕、黃緯中〈唐代書法社會研究〉〔註34〕，兩人均選擇唐代書法為博士論文研究對象，顯示唐代書法具有豐富的內涵可資，兩文均為名著，深具啟發，然一則與本文寫作切入的觀點並不相同；再則論述範圍亦有所不同。

〔註30〕水賚佑編：《《淳化閣帖》集釋》，上海：上海古籍出版社，2009 年 12 月。
〔註31〕莊千慧：〈心慕與手追——中古時期王羲之書法接受研究〉（臺南：國立成功大學中國文學研究所博士論文，2009 年未標月）。
〔註32〕莊千慧：〈心慕與手追——中古時期王羲之書法接受研究〉，頁 4。
〔註33〕陳師欽忠，《唐代書風衍嬗之研究》，台北市：國立政治大學中國文學研究所博士論文，1990 年。
〔註34〕黃緯中：〈唐代書法社會研究〉，臺北市：中國文化大學史學所博士論文，1993 年。

　　另有水賚佑〈宋代〈蘭亭序〉之研究〉〔註 35〕，但只侷限在宋代的〈蘭亭序〉。大陸地區的碩博士論文也注意到從時代背景的觀點切入的研究，如方波的博士論文〈宋元明時期的「崇王（羲之）」觀念研究〉〔註 36〕，解析宋元明時期對王羲之尊崇的現象，然該文涉獵廣泛，並不集中在書法；碩士論文有如胡曉瑞〈羲獻父子書法接受研究〉〔註 37〕、葉俊〈二王書風的影響及其分期研究〉〔註 38〕等，篇幅不長，論述範圍又廣，雖然立意甚佳，但稍嫌浮泛，成果有限。

三、外國研究

　　日本的研究對本文頗有助益，特別在資料性方面，宇野雪村編輯《王羲之書法大系》〔註 39〕蒐羅王羲之書法可稱完備，且印刷極為精美；該書所附《研究篇》有王羲之世系、王羲之書在唐代及宋代以後的評價與鑑賞、王羲之年譜、相關資料目錄、刻帖所收王書尺牘表格多種；《解題篇》對各書跡的解說翔實等等，為本文提供研究基礎。另中田勇次郎《心花室集》第三卷〔註 40〕，就中研究唐宋書法雖是專題式的單篇集結，但功夫紮實，研究深入，極具參考價值。

　　另，德國學者雷德侯（Lothar Ledderose）所著 *Mi Fu and the Classical Tradition of Chinese Calligraphy*（米芾與中國書法的古典傳統），日文譯本為《米芾》，由塘耕次翻譯，〔註 41〕，提及米芾對王羲之書法的理解與本文有相同的想法，並提出「創造的臨書」頗具有啟發。

〔註 35〕　水賚佑：〈宋代〈蘭亭序〉之研究〉，見於華人德、白謙慎主編：《蘭亭論集》，蘇州：蘇州大學出版社，2000 年 9 月，頁 175～184。

〔註 36〕　方波：〈宋元明時期的「崇王（羲之）」觀念研究〉，杭州：中國美術學院美術學博士論文，2008 年。

〔註 37〕　胡曉瑞：〈羲獻父子書法接受研究〉，濟南：山東大學文藝美學碩士論文，2005 年 5 月。

〔註 38〕　葉俊：〈二王書風的影響及其分期研究〉，成都：四川大學藝術學院美術學碩士論文，2007 年 4 月。

〔註 39〕　（日）宇野雪村編：《王羲之書跡大系》，東京：東京美術，2004 年 4 月。

〔註 40〕　（日）中田勇次郎：《中田勇次郎著作集・第三卷》，東京：株式會社二玄社，1984 年 9 月。

〔註 41〕　（德）L・レダローゼ著、（日）塘耕次譯：《米芾》，東京：二玄社，1987 年【人與藝術】本。

第四節　釋題與論述程序

王羲之書法為中國書法的典範，就詮釋學的觀點來看，達伽默爾說：

> 每一時代都必須按照它自己的方式來理解歷史傳承下來的文本，因
> 為這文本是屬於整個傳統的一部份，而每一時代則是對這個傳統有
> 一種實際的興趣，並在這個傳統中理解自身。〔註42〕

唐代與宋代是兩個不同的朝代，他們各自以其角度理解王羲之書法，詮釋必有相異之處，不論是主觀的追求或是潛意識的作用，特別在封建時代的唐宋社會，受到朝代更迭的影響巨大，且跨度長達數百年，朝代變了、社會也跟著變遷，文化背景便不同了。本文以「唐宋時期」為題，即是對於朝代轉換後對王羲之書法理解與詮釋的差異具有興趣，而以朝代區隔的論述，也是傳統書論上「唐人……」、「宋人……」的表達形式相符應。

著眼於朝代書風變遷似是老調重彈，但不同的切入觀點將產生不同的研究成果，本文的重點並不僅是歸納形成結論，更在每個時期、每個章節的討論過程中。不用詮釋學上「接受」之詞，係感於以西方學術觀點詮釋中國書法的不安，「接受」一詞雖自古即有，然在文史研究上已是接受美學中重要的一支，經常被以「接受美學」之意涵所使用。相對的，「理解」與「詮釋」則古今相宜。「詮釋」一詞約從宋代就有不少的使用，檢諸教育部網站「國語辭典」載：

> 了解、明白事理。《宋史·卷四三三·儒林傳三·林光朝傳》：「然未
> 嘗著書，惟口授學者，使之心通理解。」〔註43〕

明白的方式是以「事理」，事之「理」著重在條理分析，而非渾融的頓悟形式，此與論文寫作相應；「詮釋」一詞除帶有前述詮釋學的色彩之外，亦可見於古典文獻，教育部網站「國語辭典」載：

> 對文字解釋或指解釋的文字。如：「這書將莊子的思想詮釋得很好。」
> 唐·顏師古·策賢良問五道：「厥意如何？佇問詮釋。」〔註44〕

〔註42〕　（德）漢斯－格奧爾格·達伽默爾著，洪漢鼎譯：《詮釋學Ⅰ真理與方法》（北京：商務印書館，2007 年 4 月），頁 403。

〔註43〕　教育部重編國語辭典修定本（2013/2/24 瀏覽）：
http://dict.revised.moe.edu.tw/cgi-bin/newDict/dict.sh?cond=%B2z%B8%D1&pieceLen=50&fld=1&cat=&ukey=503169825&serial=3&recNo=2&op=f&imgFont=1

〔註44〕　教育部重編國語辭典修定本（2013/2/24 瀏覽）：
http://dict.revised.moe.edu.tw/cgi-bin/newDict/dict.sh?cond=%B8%E0%C4%C0&pieceLen=50&fld=1&cat=&ukey=503169825&serial=3&recNo=2&op=&imgFont=1

其爲一現代又具有古典淵源之用語，與本文寫作對於古代書法用古代視野解析的視角相應。

　　「理解」需將文獻分條，始得析理，故側重點在書論的耙梳；「詮釋」則是側重於對作品的解說，本身即帶有主觀的色彩，爲避免各說各話削弱了學術性，故需以唐宋時期之意識型態爲切入的觀點，因此在文獻的檢擇上，對於唐宋以外的記錄均心存謹愼，因爲：「每一時代都必須按照它自己的方式來理解歷史傳承下來的文本」（前引）。「理解」與「詮釋」並不是截然分開，兩者若能互相印證尤佳，一如理論與書作必須相印一樣。若脫離了那個時代，我們固然可以超然的客觀立場觀看，卻也無法再產生新的資料了。

　　由於本文的寫作重視時代推演，藉以呈現唐宋時期書法衍嬗，是以依照時代順序敘述，因此，應當考慮唐宋人對於自身歷史的分期與斷限。

　　唐朝與宋朝兩個朝代的劃分是否適宜，書法演變的歷史是否受到朝代更迭的影響？這點，雖然近來有些學者提出不同意見，〔註45〕然則，古人的觀念確實是如此。如北朝王愔〈古今文字志目〉今可見其目分三卷：上卷〈古書三十六種〉，爲書體分類；中卷爲〈秦漢吳五十九人〉、下卷爲〈魏晉五十八人〉，羅列秦、漢、吳、魏、晉諸家名冊，〔註46〕很清楚是以時代分期。南朝羊欣〈採古來能書人名〉中，首列秦丞相李斯等人，次列後漢曹喜、蔡邕等人，再列魏邯鄲淳、杜度等人，再列晉朝諸家，就中大體亦依時代順序；〔註47〕唐代李嗣眞〈書後品〉則謂：

　　　　始於秦氏，終於唐世，凡八十一人，分爲十等。〔註48〕

很清楚的是以朝代爲論述程序，而其所品人物依據上上品、上中品……次序臚列，很清楚的是依照時代順序。於近世可見關於「時代書風」的論述，

〔註45〕如陳振濂曾在〈書法史觀建立的重要性〉中云：「我們在撰寫書法史時，有沒有能力來撰寫一部特殊的書法史——沒有書家人名的書法史。」並於本段文字之前稱中國古典史學的主流形式是「點鬼簿式的歷史、花名冊式的歷史、家譜式的歷史」云云，乃是基於「自出新意」的心理動機，與本文撰述完全不同。見於陳振濂：《線條的世界——中國書法文化史·卷首語》（杭州：浙江大學出版社，2002年10月），頁2～3。

〔註46〕上海書畫出版社、華東師範大學古籍整理研究室編選點校：《歷代書法論文選》，頁39～42。

〔註47〕上海書畫出版社、華東師範大學古籍整理研究室編選點校：《歷代書法論文選》，頁44～48。

〔註48〕上海書畫出版社、華東師範大學古籍整理研究室編選點校：《歷代書法論文選》，頁134。

〔註49〕從明人董其昌（1555～1636）《容臺別集》所謂：「晉人書取韻，唐人書取法、宋人書取意。」到清人梁巘（1710～1788？）《評書帖》：「晉尚韻，唐尚法，宋尚意，元、明尚態。」的概括，莫不以時代為準。

以上所舉，與其說書法史的呈現與中國史書的書寫是相合，無寧說：史書傳統是中國各類文藝史書寫的範式，更準確的說，中國文化是一種渾融的整體，儘管文化多彩紛呈，彼此卻是相互滲透不易切割的。因此，以時代分割乃是符合書法史的傳統，而由董其昌與梁巘所述，唐代與宋代卻也是兩個可以較論的不同時代。

其次，是兩個朝代各自分期分章的問題，考慮的因素首先是文獻的多寡，呼應於本文寫作態度，以唐（宋）人的眼光去看當時的書法，所以應當讓文獻說話。例如王羲之之所以獨霸書壇，係因唐太宗獨尊的緣故，而之所以能成其效，除了唐太宗之外，尚有大量的書法家貢獻心力，在文獻上亦與之相表裡，因此可以獨佔一章；其次，本文的分章還考慮年代的長短與社會文化發展的脈絡。因此，除了緒論與結論之外，分作太宗朝、初盛唐、中晚唐五代、北宋、南宋六時期六章分論。

〔註49〕如王忠勇：〈關於「時代書風」的思考〉，《中國書法》總 219 期，2011 年 7月，頁 113～116。

第二章　初唐對王羲之書法推重下的規範化書法

　　唐太宗李世民繼承唐高祖（618~626 在位）之皇位，唐高祖革隋為唐，在位時間僅八年，唐高祖在書法上也有名聲：「高祖師王褒，得其妙，故有梁朝風格。」〔註1〕而王褒為當時南方書法的代表之一，並與二王同為琅琊王氏，因此，唐代從高祖便開啓學習南方書法的風氣，但真正奠定書法史上王氏書風為主流路線的卻非唐太宗莫屬。

第一節　唐太宗推重王羲之書法

　　唐太宗獨尊王羲之書，並大肆蒐羅其書，王獻之則不在蒐羅之列，遂使王羲之書法風靡天下，影響後世甚劇。大一統的朝代，文字有規範的需求，它的旨意使朝臣以王羲之為本，進行一段時間書法的規範化。

　　唐太宗獨尊王羲之，從後設的角度來看，奠定了唐代以後千餘年的書法主線，唐太宗親撰《晉書‧王羲之傳贊》云：

> 制曰：書契之興，肇乎中古，繩文鳥跡，不可足觀。末代去朴歸華，
> 舒牋點翰，爭相誇尚，競其工拙。伯英臨池之妙，無復餘蹤；師宜
> 懸帳之奇，罕有遺跡。逮乎鍾王以降，略可言焉。鍾雖擅美一時，
> 亦為迥絕，論其盡善，或有所疑；至於布纖濃，分疏密，霞舒雲卷，
> 無所間然；但其體則古而不今，字則長而逾制，語其大量，以此為

〔註1〕唐‧竇臮：〈述書賦‧下〉，見於唐‧張彥遠：《法書要錄》（洪本），卷6，頁162。

瑕。獻之雖有父風，殊非新巧。觀其字勢疏瘦，如隆冬之枯樹；覽其筆蹤拘束，若嚴家之餓隸。其枯樹也，雖槎枿而無屈伸；其餓隸也，則羈羸而不放縱。兼斯二者，故翰墨之病歟！子雲近出，擅名江表，然僅得成書，無丈夫之氣，行行若縈春蚓，字字如綰秋蛇；臥王蒙於紙中，坐徐偃於筆下；雖禿千兔之翰，聚無一毫之筋，窮萬穀之皮，歛無半分之骨；以茲播美，非其濫名邪！此數子者，皆譽過其實。所以詳察古今，研精篆素，盡善盡美，其惟王逸少乎！觀其點曳之工，裁成之妙，煙霏露結，狀若斷而還連；鳳翥龍蟠，勢如斜而反正。翫之不覺為倦，覽之莫識其端，心慕手追，此人而已。其餘區區之類，何足論哉！〔註2〕

以皇帝之姿，親為史書列傳作贊，實是前所未聞的，這代表唐太宗對王羲之的重視；從其書寫內容來看，唐太宗所關心的確實是「書法」的問題，這是指唐太宗對於書法史以及書法史料有相當的熟稔，他想擇取一個書寫典範，從這段文字可分析出他所考慮到的問題有許多方面。

首先，八分隸書不在考慮之列。唐太宗考察書法歷史的著眼本於典籍而非今日所謂的「書法內在演變的規律」。《周易・繫辭・下・第二章》云：「上古結繩而治，後世聖人易之以書契」，因此稱書契肇始於與上相對的中古，而後來的書法家在書寫時逐漸華美。而從他指出的第一個人名：伯英張芝（？～192？）來看，唐太宗所取的上限是後漢的章草、行書或隸書（今日所謂的「楷書」），而張芝的隸書並不是東漢的八分隸書，八分隸書或魏碑體勢並不在唐太宗選擇之列。楷書、行書、草書三體也是當時所通行的字體。〔註3〕

其次，唐太宗所選擇的對象是南方書跡，對漢魏碑並無興趣，這是時代風尚所致，檢《法書要錄》所錄篇章，取自東漢趙壹〈非草書〉始，除江式〈論書表〉一篇之外，全是南朝篇章。而江式〈論書表〉正為北朝專輒造字之隸體失真大表憂心，不能正面肯定魏碑書法，可說在當時的中國，南方文化是絕對優勢地位，此與唐高祖學習王褒書相符映。唐太宗以皇帝之姿所能

〔註2〕 唐・房玄齡：《晉書・王羲之傳》（上海：古籍出版社，1995年12月），卷80，頁246。

〔註3〕 另如張懷瓘〈書議〉：「議者真正、薰草之間。」（洪本頁120）唐・封演：《封氏聞見記》（臺北：廣文書局，1968年6月）謂：「近代小篆、八分、草書、行書等並見施用，餘多不行。」（卷2，頁14）乃是代宗朝大曆年間（766~779），並非初唐。

蒐羅到的書跡加以擇：張芝與師宜官由於書跡罕見，不易取法，所以很快就被淘汰；討論較多的是鍾繇、王獻之與蕭子雲三人，可見這三人是當時富有盛名而且書跡流傳較廣。太宗對於鍾繇的評價僅次於王羲之，只是未盡於善，疏密合度，只是字體拘於古法，稍欠新意，而且字形寬長超越了規矩，〔註4〕這兩個缺點是整體而言的小瑕疵；對於王獻之則只肯定承襲父親王羲之的一部份，但是疏、瘦、枯、拘、餓等形容均屬嚴峻之貶抑，完全可說是主觀上的好惡；對於蕭子雲則用蚯蚓、蛇等柔弱之意象描述，此則與太宗重骨力之旨趣完全不符，〔註5〕因此遭到太宗嚴厲的、主觀的批判。

再者，唐太宗於評述上列諸人之批判之後，定王羲之為一尊，並以「盡善盡美」稱述，這不僅是從點畫、線條、結字、體勢上欣賞，王羲之以國家為己任，學習者在學書時「想見其為人」之人格輻射作用，亦具有正向教化之功能。注意對於鍾繇的「未盡善」的評論，到王羲之時則成為「盡善盡美」，唐太宗所考慮到的並不是只有書法美感表現的問題，他從一國之君的角度尚須考慮到書寫實用的取法問題：首先，在書寫的取法上，文字流存需有相當的量以便於學習者資取；而更大的考慮是道德上的「善」，因為一旦取法於不善之人的書法，當學習者面臨其書作時，總是「想見其為人」，王羲之尚有政治上的偉大功績。因而，唐太宗不只考慮到書法上的美，這是討論唐人書法規範化不能忽視的。

太宗獨好王羲之書，其他小書家更不足論。他還有更具體的措施，即廣蒐天下書法，而對於王羲之書法尤其重視。〈唐朝敘書錄〉載：

> 貞觀六年正月八日，命整理御府古今工書鍾王等真跡，得一千五百一十卷。至十年，太宗嘗謂侍中魏徵曰：「虞世南死後，無人可與論書。」徵曰：「褚遂良下筆遒勁，甚得王逸少之體。」太宗即日詔令侍書。嘗以金帛購求王羲之書跡，天下爭齎古書詣闕以獻。〔註6〕

可與前引文相參看，可知太宗對於書家的評論並非隨口或耳食之言，而是經過翔實的觀察與分析所獲致的結果。太宗在貞觀6年（632）整理御府所存鍾、王等人的真跡，得1510卷，貞觀12年（638）因虞世南死去而有魏徵推薦褚

〔註4〕 從今日傳世的鍾繇小楷來看，若與王羲之小楷相較，如〈宣示表〉（魏、晉、唐：《魏晉唐小楷集》，東京：二玄社，1990年3月中國法書選本，頁2～5。）字形大多扁平，具有明顯的長橫畫，因此，此「長」所指的是橫向的寬，而非今日所稱縱向的長。

〔註5〕 唐太宗論書最重「骨力」說見拙論：〈唐人楷書的文化意涵〉（臺中：國立中興大學中國文學系碩士論文，2004年），頁150～152。

〔註6〕 〈唐朝敘書錄〉，見於唐·張彥遠：《法書要錄》（洪本），卷4，頁131。

遂良爲論書大臣，可知，太宗在整理的過程中先後是與幾位大臣共同討論，而討論過程中的標準即是王羲之書。太宗因得褚遂良侍書，更進一步以金帛購求王羲之書，這時已經確定王羲之書爲天下書法之標準，購求之事，另見於韋述〈敍書錄〉：

> 自太宗貞觀中搜訪王右軍等眞跡，出御府金帛，重爲購賞，由是人間古本，紛然畢進。帝令魏少師、虞永興、褚河南等定其眞僞。右軍之跡，凡得眞、行二百九十紙，裝爲七十卷；草書二千紙，裝爲八十卷；小王及張芝等亦各隨多少，勒爲卷帙。〔註7〕

在金帛的賞賜下，人間古本，紛紛進獻給朝廷，此處明載魏徵也是鑑定書法的大臣之一，另亦載明數量，又張懷瓘〈二王等書錄〉載：

> 貞觀十三年，敕購求右軍書，並貴價求之，四方妙迹，靡不畢至。敕起居郎褚遂良、校書郎王知敬等，於玄武門西、長波門外科簡，內出右軍書相共參校，令典儀王行眞裝之，梁朝舊裝紙見存者，但剪裁而已。右軍書大凡二千二百九十紙，裝爲十三帙一百二十八卷。眞書五十紙，一帙八卷〔註8〕，長短爲度；行書二百四十紙，四帙四十卷，四尺爲度；草書二千紙，八帙八十卷，以一丈二尺爲度，並金縷雜寶裝軸、織成帙。〔註9〕

前述貞觀6年（632）鑑書者爲魏徵、虞世南，此載貞觀13年（639）之事，鑑書者爲褚遂良、王知敬，今試將唐太宗蒐集王羲之書法之數量整理如表2-1：

表2-1：唐太宗時對王羲之書法之蒐羅及見存數量表

年　代	鑑書者	右軍真書數	右軍行書數	右軍草書數	出　處
貞觀6年	魏徵、虞世南	（鍾王等眞跡1510卷）			〈唐朝敍書錄〉
貞觀13年	魏徵、褚遂良、王知敬	50紙1帙8卷	240紙4帙40卷	2000紙8帙80卷	張懷瓘〈二王等書錄〉
太宗貞觀中	魏少師、虞永興、褚河南	290紙70卷		2000紙80卷	韋述〈敍書錄〉

〔註7〕 唐·韋述，〈敍書錄〉，見於唐·張彥遠：《法書要錄》（洪本），卷4，頁133。

〔註8〕 洪本、范本、學津討源本、文淵閣四庫本均作「紙」，然作「卷」方合前文128卷之數，且與前後文形式相合，故改作「卷」。

〔註9〕 唐·張懷瓘，〈二王等書錄〉，見於唐·張彥遠：《法書要錄》（洪本），卷4，頁118。

〈唐朝敘書錄〉所記乃鍾繇與王羲之合併計算之數，若要清楚區分，仍以張懷瓘〈二王等書錄〉與韋述〈敘書錄〉所記爲準，兩文所記，右軍草書數量相同；〈二王等書錄〉所記行書與眞書之總計爲290紙，與〈敘書錄〉所記紙數相同，分卷或有不同，是知兩文所記，應爲唐人所共許。至此，唐太宗完成了右軍書法的整理，亦將天下王書蒐羅殆盡，又將王羲之定爲一尊，便可掌握書寫的法式。〈唐朝敘書錄〉載：

> 初，購求人間書，凡眞行二百九十紙，裝爲七十卷；草二千紙，裝
> 爲八十卷，每聽覽之暇得臨玩之。〔註10〕

這些宮廷原有的或徵集來的右軍法書，成了皇帝的御用法帖，相關的記載，還可見於何延之的〈蘭亭記〉。〔註11〕又徐浩〈古跡記〉載：

> 從（貞觀）十三年，書更不出，外人莫見。〔註12〕

可知在太宗蒐集書法後一段時間之內，這150卷的王羲之法帖，外人不得而見的。到底有哪些書跡？今日尚可依《法書要錄》中褚遂良的〈右軍書記〉略窺梗概，〔註13〕褚遂良云：

> 晉右軍王羲之正書、行書目。貞觀年河南公褚遂良中禁西堂臨寫之
> 際，便錄出。唐初有史目，實此之標目，蓋其類也。（注：未見草書
> 目）〔註14〕

褚遂良爲魏徵所薦在貞觀10年許擔任侍書，並鑑定王羲之書法眞僞，然正書、行書之卷數與張、韋之記載不同，疑爲褚遂良科簡王羲之書法時所錄，在裝裱之前故也。

前述太宗將這些王羲之書法作爲一己之法帖，外人不得而見，所謂的外人，指的是「王官集團」〔註15〕以外之人，得見王羲之書法者除前述負責鑑

〔註10〕唐・張彥遠：《法書要錄》（洪本），卷4，頁131。

〔註11〕云：「至貞觀中，太宗以德政之暇，銳志玩書，臨寫右軍眞草書帖。」（唐・張彥遠：《法書要錄》（洪本），卷3，頁100。）

〔註12〕唐・張彥遠：《法書要錄》（洪本），卷3，頁95。

〔註13〕詳見唐・張彥遠：《法書要錄》（洪本），卷10，頁246～298。

〔註14〕唐・張彥遠：《法書要錄》（洪本），卷3，頁78。

〔註15〕「王官集團」指的是「王朝官員」，並無特定對象，但是出自王命，爲天子意志之傳遞執行之人。「王官」一詞，可見於《左傳・成公十一年》：「若治其故，則王官之邑也。」（清・阮元校勘，《十三經注疏・左傳》，臺北：藝文印書館，2001年12月，卷27，頁457。）意謂「周朝天子之屬官」，然則，唐・杜甫詩〈王命〉：「深懷喻蜀意，慟哭望王官。」（唐・杜甫撰、清・仇兆鰲注，《杜詩詳注》，臺北：漢京文化事業有限公司，1984年3月，卷12，頁1044。）

定的魏徵、虞世南、褚遂良等人外，徐浩〈古跡記〉載有排署題名：

> 貞觀十三年十二月裝成部帙，以「貞觀」字印印縫，命起居郎臣褚
> 遂良排署如後：
>
> > 司空許州都督趙國公臣無忌
> >
> > 開府儀同三司尚書左僕射太子少師梁國公臣齡
> >
> > 特進尚書左僕射申國公臣士廉
> >
> > 特進鄭國公臣徵
> >
> > 逆人侯君集初同署（犯法後揩印）
> >
> > 中書令駙馬都尉安德郡開國公臣楊師道
> >
> > 左衛大將軍武陽縣開國公臣李大亮
> >
> > 光祿大夫禮部尚書河間王臣孝恭
> >
> > 光祿大夫民部尚書莒國公臣唐儉
> >
> > 兼太常卿扶陽縣開國男臣韋挺〔註16〕

這些排署人名為「鑑識人」〔註17〕，檢《新唐書·表第一宰相上》，上列長孫
無忌、房玄齡、高士廉、魏徵、侯君集、楊師道等六人均為宰相，〔註18〕故
知大部分為王官集團核心人物，可貫徹唐太宗旨意，是以侯君集之印記在其
犯法之後必須揩除。又褚遂良〈揩本樂毅記〉載：

> 貞觀十三年四月九日，奉敕內出〈樂毅論〉，是王羲之眞跡，令將仕
> 郎直弘文館馮承素模寫，賜司空趙國公長孫無忌、開府儀同三司尚
> 書左僕射梁國公房玄齡、特進尚書左僕射申國公高士廉、吏部尚書
> 陳國公侯君集、特進鄭國公魏徵，侍中護軍安德郡開國公楊師道六
> 人，於是在外乃有六本，筆勢精妙，備盡楷則。〔註19〕

似指單一王官（嚴武），爲免此義混淆，特加「集團」二字，因初唐書寫法式
之撰定爲唐太宗旨意之執行，且不只一人，故稱「王官集團」。

〔註16〕 唐·張彥遠：《法書要錄》（洪本），卷3，頁94～95。

〔註17〕 唐·張彥遠：《歷代名畫記·敍自古跋尾押署》（北京：人民美術出版社，2005
年11月中國美術論述叢刊本）：「貞觀中褚河南等監掌裝背，並有當時鑑識人
押署跋尾官爵姓名。」（卷3，頁39）在貞觀「十三年月日」條下所舉出的跋
尾官爵姓名中（頁40），此引文中的十人全部在列且官爵全同。

〔註18〕 北宋·歐陽脩、宋祁：《新唐書》（北京：中華書局，1997年3月新校本），卷
61，頁1631～1634。

〔註19〕 唐·褚遂良，〈揩本《樂毅論》記〉，見於唐·張彥遠：《法書要錄》（洪本），
卷3，頁105。

太宗命馮承素摹寫王羲之的〈樂毅論〉以分賜諸大臣，得賜的都是王官集團中位居高位的宰相，得賜此六本之人即前述褚遂良排署之六位宰相；何延之〈蘭亭記〉亦云：

> 帝（按：指太宗）命供奉搨書人趙模、韓道政、馮承素、諸葛貞等
> 四人各搨數本，以賜太子以下諸王近臣。〔註20〕

唐太宗複製〈蘭亭序〉數本，所賜的對象僅止於太子、諸王與近臣，這些就是王官集團中最核心的人物。

由上述可知，唐太宗出御府金帛，廣蒐王羲之書，然後令魏徵等人鑑定，將王羲之最好的書跡完全掌握收入內庫，除非是王官集團中的核心人物，否則根本看不見王羲之的真跡，甚至複製本也難得一見，徐浩〈古跡記〉所載可為見證：

> 直至大足〔註21〕（701）中，則天太后賞納言狄仁傑能書，仁傑云：
> 「臣自幼以來，不見好本，只率愚性，何由得能？」則天乃內出二
> 王真迹二十卷，遣五品中使示諸宰相。〔註22〕

可知初唐一般學子學書是依靠「口傳手授」，學習的大都是老師的字，〔註23〕因為人間「好本」根本無由得見。

第二節　楷書的規範化

楷書在書體中是最實用的一種書體，尤其在印刷術尚未普及的年代，楷書是記錄語言、保存文化最主要的書寫書體，但是唐代初期的楷書並不只有這樣的功能，它還完備了高度的技巧與無與倫比的審美趣味。

在實用功能取向部分，初唐有兩條進路：第一，是顏師古在貞觀初年撰寫了《顏氏字樣》一路發展的字樣學系統，發展到顏真卿手書《干祿字書》

〔註20〕唐・何延之，〈蘭亭記〉，見於唐・張彥遠：《法書要錄》（洪本），卷3，頁103。

〔註21〕按：唐・張彥遠：《法書要錄》洪本、范本均作「定」（頁95、120），四庫全書本（南齊・謝赫等撰：《古畫品錄（外二十一種）》，上海：上海古籍出版社，1991年8月四庫藝術叢書，頁154。）、津逮秘書本（北京：中華書局，1985年叢書集成初編影印津逮秘書本，頁52。）同，然天后年號未有「大定」者，故改之。

〔註22〕唐・張彥遠：《法書要錄》（洪本），卷3，頁95。

〔註23〕關於這個部分，在敦煌經卷問是之後有具體實物出現，可為確證，說見本文第4章第5節。

的摹勒上石方成熟；〔註24〕第二，乃是唐太宗獨尊羲之的初唐時期，楷書書寫法式的形成，被後世譽為「唐楷極則」的歐虞褚體楷書，將楷書的技法提昇到及完美的境界，而其根源，即是王羲之書法。

唐太宗廣蒐王羲之書法已經將重要的作品收入內府，對於楷書的書寫成立專門機構訓練、推廣，《新唐書‧百官二》云：

> 武德四年，置修文館于門下省。九年，改曰弘文館。貞觀元年，詔
> 京官職事五品已上子嗜書者二十四人隸館習書，出禁中書法授之。
> 〔註25〕

此載「出禁中書法授之」意味著書寫規範是由王官集團所掌控，而教育的對象是「京官職事五品以上」官員之子，是在王官集團中核心人物的第二代。事實上，弘文館不僅具有教育功能，它的性質是像高祖武德年間的文學館類似，武德年間的文學館聚集賢士，有所謂的「十八學士」，這些人「分為三番，更直宿閣下，每日引見，討論文典。得入館者，時人謂之『登瀛州』。」〔註26〕是當時最重要的智囊團，而此弘文館性質類似，討論文藝，也討論政治，《唐會要》載：

> 於殿側置宏文館，精選天下賢良之士：虞世南、褚亮、姚思廉、歐
> 陽詢、蔡允恭、蕭德言等以本官兼學士，令更宿直。聽朝之隙，引
> 入內殿，講論文義，商量政事，或至夜分方罷。〔註27〕

所謂的「殿側」指的是宏文殿，聚有「四部群書二十餘萬卷」〔註28〕，李錦繡指出：「這時的弘文館不但是文化中心，更具有政治諮議的性質，而將原秘書省小學圖書及學生移入自己的政治文化中心之內，也含有將王公子弟納入自己統治領域、統一文化教育的目的在其中。」〔註29〕統一文化的具體措施不但是整理了五經，書寫法式也是其中的一環，引文中的歐陽詢與褚遂良即是這個工作的核心人物，《唐會要》載：

〔註24〕 此即「字樣學」發展之系統，有顏師古《顏氏字樣》、郎知本《正名要錄》、
杜延業《新定群書字樣》、顏元孫《干祿字書》等作品，參見拙論：〈唐人楷
書的文化意涵〉，第 4 章，頁 132〜138。

〔註25〕 北宋‧歐陽脩、宋祁：《新唐書》，卷 47，頁 1209。

〔註26〕 宋‧王溥：《唐會要》（北京：中華書局，1998 年 11 月），卷 64，頁 1117。

〔註27〕 宋‧王溥：《唐會要》，卷 64，頁 1114。本作「宏文館」，即「弘文館」。

〔註28〕 宋‧王溥：《唐會要》，卷 64，頁 1114。

〔註29〕 李錦繡：〈試論唐代的弘文、崇文館生〉，《文獻》，1997 年第 2 期，頁 73。

貞觀元年敕，見在京官文武職事五品已上子，有性愛學書，即有書
性者，聽於館內學書，其書法內出。其年有二十四人入館。敕虞世
南、歐陽詢教示楷法。〔註30〕

在弘文館內教授楷法的並未標舉他人，乃因虞世南與歐陽詢俱爲當時知名書
法家，唐太宗深知「楷法」是一門重要且高超的技術，不是一般的人能勝任
的，因此，前引文中的「嗜書者」指的是對於書法有興趣或者天生具有書法
天分的人，並不是人人都能學習。

除了虞世南與歐陽詢之外，褚遂良稍晚，仍是初唐時期，〈唐朝敘書錄〉載：

（貞觀）十年，太宗嘗謂侍中魏徵曰：「虞世南死後，無人可與論書。」

徵曰：「褚遂良下筆遒勁，甚得王逸少之體。」太宗即日詔令侍書。

〔註31〕

虞世南與歐陽詢入唐時俱已年邁，當太宗制訂法式時，虞世南辭世，太宗感
嘆無人可以論書，褚遂良就是起而代之的人物，而且在唐初的王官集團中負
責鑑定王羲之書。以下分別就此初唐三家如何轉變王羲之書法爲唐代初期楷
書的典範加以論述。

一、虞世南楷書對王羲之書法的繼承與轉化

虞世南死，太宗有手敕魏王泰，曰：

虞世南與我，猶一體也。拾遺補闕，無日暫忘，實當代名臣，人倫
準的。吾有小失，必犯顏而諫之，今其云亡，石渠、東觀之中，無
復人矣。痛惜其可言耶！〔註32〕

虞世南與太宗的關係非比尋常，不僅止於書法方面，虞世南是個諫臣，而太
宗爲廣納諫言的明君，根據引文所述，太宗視書法爲政教中的一環，在書法
上，虞世南甚至是唐太宗的老師，《宣和書譜》載：

太宗乃以書師世南。然嘗患「戈」腳不工，偶作「戩」字，遂空其
落戈，令世南足之，以示魏徵。徵曰：「今窺聖作，唯『戩』字『戈』
法逼眞。」〔註33〕

〔註30〕宋·王溥：《唐會要》，卷65，頁1115。

〔註31〕〈唐朝敘書錄〉，見於唐·張彥遠：《法書要錄》（洪本），卷4，頁131。

〔註32〕後晉·劉昫，《舊唐書·虞世南傳》（北京：中華書局，1997年），卷72，頁2570。

〔註33〕撰人未詳：《宣和書譜》（北京：中華書局1985年，叢書集成初編影印津逮秘
書本），卷1，頁31。

這則故事可知虞世南為唐太宗的書法老師，書法水準在太宗之上。〔註34〕太宗認為兩人是一體，而虞世南又是唐太宗的書法老師，則唐太宗的書法論述與虞世南相近是合情理的。

虞世南之書學淵源，見載於《舊唐書》，云：

> 同郡沙門智永善王羲之書，世南師焉，妙得其體，由是聲名籍甚。

〔註35〕

智永為王羲之七世孫，虞世南向智永學習，頗得傳神，可由〈孔子廟堂碑〉（圖2-1）與〈真草千字文〉（圖2-2）的楷書並觀比較得知，不但形似，神采亦相近。

然則此文載於《舊唐書》，《新唐書》則未見；其次，智永已是王羲之七世孫，陶弘景曾有云：

> 比世皆高尚子敬，……貴斯式略，海內非惟不復知有元常，於逸少亦然。〔註36〕

王羲之的書法在梁武帝（503～548）年間，並不如王獻之，王獻之書風一時之間成為主流，而智永活動的時間約在陳隋間的南方，很難說不受王獻之的影響。

要釐清這個問題，可從王羲之與王獻之的書風觀察。此就二人小楷試作分析，大體而言，王羲之所代表的是古典派，從今存王羲之名下小楷〈樂毅論〉來看，與鍾繇相似，結體方面：字形寬扁，而王獻之的〈洛神賦〉則結體較為修長；用筆方面：〈樂毅論〉使用弧曲線的提按明顯，粗細變化大，〈洛神賦〉則線條顯得平直，且提按較為含蓄，粗係變化為橫細直粗，規律較為明顯。不論從結體或用筆兩個方面觀察，智永關中本〈真草千字文〉的楷書用筆含蓄、結體修長，更近於王獻之。〔註37〕

其次，張懷瓘〈書斷〉云：

> （虞世南）書得大令之宏規，含五方之正色，姿榮秀出。〔註38〕

〔註34〕米芾〈書史〉更不客氣的說：「太宗力學右軍不能至，復學虞行書。」（黃正雨、王心裁輯校：《米芾集》，武漢：湖北教育出版社，2002年5月，頁119。）

〔註35〕後晉‧劉昫，《舊唐書‧虞世南傳》，卷72，頁2565。

〔註36〕唐‧張彥遠：《法書要錄》（洪本），卷2，頁41。

〔註37〕此承朱關田觀點，朱氏直言：「智永真、草二體，易方為長，結法全自大令來。」（朱關田：《唐代書法考評》，浙江：人民美術出版社，1992年2月，頁11）

〔註38〕唐‧張彥遠：《法書要錄》（洪本），卷8，頁225。

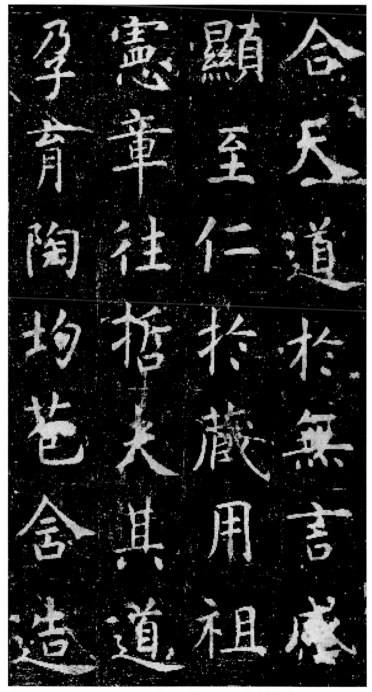

圖 2-1：唐・虞世南《孔子廟堂碑》局部

取自唐・虞世南：《孔子廟堂碑》（東京：二玄社，1990 年 4
月），頁 7。

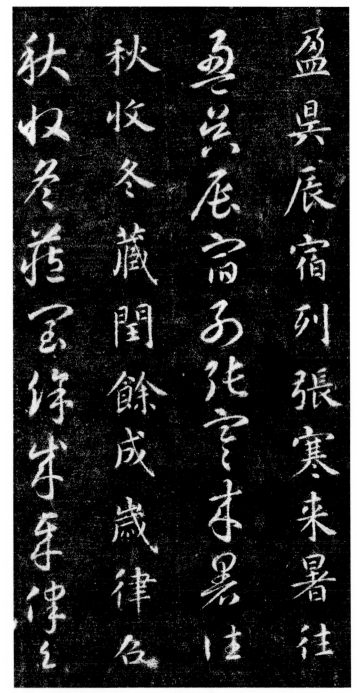

圖 2-2：隋・智永《關中本千字文》局部

取自隋・智永：《關中本千字文》（東京：株式會社二玄社，
1989 年 9 月），頁 3。

〈書斷〉直言虞世南書得自王獻之而不言王羲之。再者，虞世南有〈書旨述〉，云：

> 逮乎王廙、王洽、逸少、子敬，剖析前古，無所不工。八體六文，
>
> 必揆其理，俯於眾美，會茲簡易，制成今體，乃窮奧旨。〔註39〕

這段文字出自《法書要錄》，在唐代的書法文獻甚為可信，但《法書要錄》已是中唐時的作品，典範已經有所改易，因為在太宗歿後，王獻之又逐漸受到重視（說詳後）。表面看來，這與唐太宗的旨意並不相符，唐太宗在《晉書·王羲之傳贊》中批評王獻之是字勢疏瘦、如隆冬之枯樹、嚴家之餓隸云云，然則虞世南從書法發展的源流來看，若要「製成今體」，必須揆乎眾理、兼收眾美，然後簡易出之才是正途。

因此，虞世南楷書是符合時代節奏、與時俱進的今體，而在唐太宗獨尊王羲之的旨意之下，被詮釋為學王羲之書，透過文獻，可得把梳如上，以下再從書跡對比論述。

虞世南傳世楷書以〈破邪論序〉及〈孔子廟堂碑〉（圖2-1）最具代表，〈破邪論序〉作於高祖武德9年（626），李世民未即帝位，由今日拓本觀察，與王獻之〈洛神賦〉有相近處，此帖據姚鼐考證，自署名銜與不避父諱「荔」字，顯示大為可疑，〔註40〕故〈破邪論序〉暫擱，此舉論〈孔子廟堂碑〉為代表。

貞觀1年（627），太宗命虞世南撰〈孔子廟堂碑〉文，於貞觀7年（633）10月刻成，立於新孔廟中，虞世南進呈墨本，太宗賞以王羲之黃金印。但碑立不久，便在貞觀年間毀於火災。到武則天長安3年（703），又命相王李旦重刻。然重刻之碑後來也亡失了。今所傳本為清臨川李宗瀚得元人康里巎巎（1295～1345）舊藏本，清人翁方綱稱之為「唐石本」，然則是本實剪裝唐石本與陝本，並有描補。〔註41〕

〔註39〕唐·張彥遠：《法書要錄》（洪本），頁69。

〔註40〕據朱關田：《唐代書法家年譜》（南京：江蘇教育出版社，2001年8月）卷1，頁33～34。

〔註41〕「唐石本」見於佚名：《廟堂碑唐石本》（臺北：華正書局，1981年1月），拓片前翁方綱題字第1面（未編頁碼），又翁方綱考察此拓本逐字的來源，約有唐石本、陝本、描補等，詳見該書各頁考證。日人內藤錢吉以為此唐石本為貞觀原刻，說見戴蘭村譯：《書道全集·第七卷》（臺北：大陸書店，1989年1月），頁170。

　　此本中的「陝本」是宋初建隆、德乾（960～967）年間王彥超所重刻的，以圓潤著稱，且字形較扁，略近於王羲之的〈東方朔畫贊〉，若僅就翁方綱所稱的唐石刻字討論，則體勢修長，含蓄深穩，風格幽雅，符合唐人李嗣真所評：

> 虞世南蕭散灑落，眞草惟命，如羅綺嬌春，鵷鴻戲沼。〔註42〕

在眞草方面表現傑出，〔註43〕到達消散灑落的自在境界，「羅綺嬌春」與宮體艷詩意象相近，是柔美一路，然「鵷鴻戲沼」則又是熟練的、充分駕馭之感；另張懷瓘《書斷》云：

> 其書得大令之宏規，含五方之正色，姿榮秀出，智勇在焉，秀嶺危峰，處處間起。〔註44〕

直言學自王獻之，在唐太宗過世之後，這樣的評斷更顯客觀，而其風格是幽雅如秀嶺，但並非平淡無趣，而且處處間起，頗具變化。竇臮、竇蒙〈述書賦並注〉最能詮釋虞世南的書法成就：

> 永興超出，下筆如神。不落疎慢，無慚世珍。然則壯文幾而老成，與貞白而德鄰。如層臺緩步，高謝風塵。〔註45〕

虞世南卓越出塵的書法成就是唐代所珍愛的，乃因下筆如神，不疾不徐，而書法的成就與品德爲優先影響後世深遠，這是在唐太宗立論時所重視的，虞世南乃是第一位典範，〔註46〕這段評論，也完全適合用以詮釋〈孔子廟堂碑〉。回視《舊唐書》所謂的「妙得其體」，不難窺見虞世南所追求的並不僅僅是規範化而已，對於王羲之書法背後的本體精神亦能遙相契合。

二、歐陽詢楷書對王羲之書法的繼承與轉化

　　另一位在太宗朝弘文館中教授楷法的是歐陽詢（557～641），同樣是被太宗認可的楷法大師，同樣肩負楷法傳播的重任，但所展現出來的面貌卻和虞世南迥異。

〔註42〕唐・李嗣真：〈書品後〉，唐・張彥遠：《法書要錄》（洪本），卷3，頁84。

〔註43〕唐・張懷瓘：《書斷》中亦載虞世南隸（眞）、行、草三體均入妙品。見於唐・張彥遠：《法書要錄》（洪本），卷8，頁205。

〔註44〕唐・張懷瓘：《書斷・中》，唐・張彥遠：《法書要錄》（洪本），卷8，頁225。

〔註45〕唐・竇臮撰、唐・竇蒙注：〈述書賦並注〉，唐・張彥遠：《法書要錄》（洪本），卷6，頁164。

〔註46〕書法評論之重視人品，唐太宗爲一大關鍵。詳參陳師欽忠：〈唐代書風衍嬗之研究〉，「重人品」一節，頁54～56。

《舊唐書‧歐陽詢傳》稱：

　詢初學王羲之書，後更漸變其體，筆力險勁，爲一時之絕。〔註47〕

歐陽詢學習王羲之書後，又對王羲之書法有所改變，以筆力險勁的風格見稱
於時，而所謂的「險勁」是王羲之幽雅風格下的險絕與遒勁，還有些北方書
風的味道，竇蒙〈述書賦注〉稱：

　歐陽詢，長沙人，紇之子。幼孤，陳中書令江總收養。〔註48〕

歐陽詢在幼年時，其父歐陽紇便已辭世，由江總（519～594）收養，在收養
期間，江總曾「教以書記」〔註49〕，爲其少年時代書藝的啓蒙師長。〔註50〕
檢江總曾在王羲之古本書跡署名，〔註51〕其書應爲王羲之系統，前引《舊唐
書》中稱歐陽詢「初學王羲之書」，指的極有可能就是養父江總的指導。歐陽
詢學王羲之書法的另一淵源，則爲北齊劉珉，竇蒙〈述書賦注〉又稱：

　（歐陽詢）……書出北齊三公郎中劉珉。官至率更令、太常少卿。

　　〔註52〕

歐陽詢師法北齊劉珉，北齊的書風比較保守，相較於南方，保留更多的東漢
八分筆意，碑誌通用的書體是介於楷書、隸書之間的書體。（如〈玄極寺碑〉，
圖 2-3）因此，歐陽詢有近於八分書的〈房彥謙碑〉（碑立在山東，圖 2-4）便
不足爲奇。

　　而在地緣上，北齊屬於北方，若說虞世南繼承南方書法系統，則歐陽詢
繼承了北方書法系統，對於大一統中國的唐代統一初唐書法是非常有利的。
復次，劉珉並非只作楷隸，據竇臮〈述書賦〉載：「劣克凡正，備法緊草。退

〔註47〕後晉‧劉昫：《舊唐書‧儒學上》（北京：中華書局，1997 年 3 月），卷 189
　　　　上，頁 4947。

〔註48〕唐‧竇臮撰、唐‧竇蒙注：〈述書賦〉，見於唐‧張彥遠：《法書要錄》（洪本），
　　　　卷 6，頁 163。

〔註49〕後晉‧劉昫：《舊唐書‧儒學上》（北京：中華書局，1997 年 3 月），卷 189
　　　　上，頁 4947。

〔註50〕黃宗義：《歐陽詢書法之研究》（臺北：蕙風堂筆墨有限公司，1988 年 3 月），
　　　　第 1 章，頁 10。

〔註51〕唐‧韋述〈敘書錄〉載：「自太宗貞觀中搜訪王右軍等眞跡，出御府金帛，重
　　　　爲購賞，由是人間古本，紛然畢進。……其古本亦有是梁隋官本者，梁則滿
　　　　騫、徐僧權、沈熾文、朱异，隋則江總、姚察等署記其後。」見於唐‧張彥
　　　　遠：《法書要錄》（洪本），卷 4，頁 133。

〔註52〕唐‧竇臮撰、唐‧竇蒙注：〈述書賦〉，見於唐‧張彥遠：《法書要錄》（洪本），
　　　　卷 6，頁 163～164。

圖 2-3：唐‧歐陽詢〈房彥謙碑〉局部
取自戴蘭村譯：《書道全集‧第 77 卷》（臺北：大陸書店，1989 年 1 月），圖 43（未編頁碼）。

圖 2-4：北齊‧佚名〈玄極寺碑〉局部

取自于還素譯：《書道全集‧第 6 卷》（臺北：大陸書店，1989年 1 月），圖 89（未編頁碼）。

師右軍，欻爾絺道。」〔註53〕對於草法也深有造詣，而且對於王羲之亦有所學習，竇蒙注中則稱：「今見具姓名草書十二紙。」則劉珉精於楷書與草書是肯定的。師法劉珉，使歐陽詢得以在王書的基礎上「漸變其體，筆力險絕」。張懷瓘《書斷》載：「（歐陽詢）八體盡能」〔註54〕，從傳世作品來看，歐陽詢作品豐富，至少還可見八分書，為虞世南所無，而就楷書而言，歐陽詢書由於具有北朝內涵，因此帶有隸書筆意，用筆較虞世南更為雄強開闊，而且結字更為緊密。〔註55〕

　　歐陽詢有不少名碑，其中〈九成宮醴泉銘〉（圖 2-5）即為其一，此碑立於貞觀 6 年（632），是奉敕所書。在用筆上具有隸書的筆意，行筆較〈孔子廟堂碑〉方，而捺筆飽滿、浮鵝鉤向右上翹起，是明顯的隸意特徵；在結構上使用穿插的技巧，使字形中宮緊收，臻至勢巧形密，雖然在外觀上給人輕鬆自然的優美形象，實際上在筆法與結字上均鍛鍊嚴密，學習者容易差之毫釐失之千里，宋人趙孟堅譽之為「楷法極則」即是此因。歐陽詢的結字嚴謹，唐宋間已經有人將之歸納為出一條條的法則。〔註56〕而歐陽詢本人也有書論，〈傳授訣〉云：

　　　　四面停均，八邊具備，短長合度，粗細折中；心眼準程，疏密攲正，

　　　　筋骨精神，隨其大小。〔註57〕

四面八方均需均衡、完整，筆畫的長短、粗細都必須合於規範；而且不是大約大概的感性均衡，而是十分精準的書寫，又不是狀如算子般呆板，需達到動感的平衡，講究筋骨、神采，而字並不是一樣大小，而是隨著筆畫的多寡而在視覺上達到均衡。這樣的論述，從用筆、結構、筆勢甚至神采都備齊，將中國書法的楷書技巧推向顛峰。

〔註53〕唐·竇泉撰、唐·竇蒙注：〈述書賦〉，見於唐·張彥遠：《法書要錄》（洪本），卷 5，頁 160。

〔註54〕唐張懷瓘：《書斷·中》，見於唐·張彥遠：《法書要錄》（洪本），卷 8，頁 224。

〔註55〕關於虞世南《孔子廟堂碑》與歐陽詢《九成宮醴泉銘》之比較可參考拙著：〈虞世南《孔子廟堂碑》與歐陽詢《九成宮醴泉銘》之比較研究〉（《進修暨推廣部署期學士學位班學生獨立研究專輯》第六期，臺中：國立臺中師範學院，1997 年 6 月），頁 67～91。

〔註56〕這裡指的是今傳本歐陽詢名下的〈三十六法〉，實則其中雜有宋高宗、蘇軾以及學歐者的注語，顯非純然出自歐陽詢，然而歐陽詢楷書均符合這些原則是沒問題的。可參看拙論：〈唐人楷書的文化意涵〉，頁 165～167。

〔註57〕唐·歐陽詢〈傳授訣〉，見於上海書畫出版社、華東師範大學古籍整理研究室編選點校：《歷代書法論文選》（上海：上海書畫出版社，2000 年 12 月），頁 105。

圖 2-5：唐‧歐陽詢〈九成宮醴泉銘〉局部

取自：佚名：《北宋以前拓本歐陽詢九成宮》（臺北：華正書局，1994 年 9
月），頁 13。

虞世南與歐陽詢都有曾致力於王羲之書法的學習，此爲唐太宗旨意所使然，並透過弘文館的書法教授，使唐代楷法逐步建立，而歐陽詢與虞世南在初唐建立極爲嚴格的楷書規範，與王羲之飄若浮雲、矯若驚龍的書寫風格表現是不同的。

三、褚遂良楷書對王羲之書法的繼承與轉化

褚遂良（596～658）年紀較歐虞二人小約 40 歲，深獲唐太宗信任，甚至成爲顧命大臣，《舊唐書》載：

> （貞觀）二十三年，太宗寢疾，詔褚遂良及長孫無忌入臥内，謂之曰：「卿等忠烈，簡在朕心。昔漢武寄霍光，劉備託葛亮，朕之後事，一以委卿。太子仁孝，卿之所悉，必須盡誠輔佐，永保宗社。」又顧謂太子（按：高宗李治）曰：「無忌、遂良在，國家之事，汝無憂矣。」〔註58〕

此載之史書，足見褚遂良在太宗朝晚期的地位，亦爲王官集團中的核心成員。褚遂良更繼虞世南後擔任唐太宗侍書，是王羲之書法最重要的鑑定者，《舊唐書》本傳云：

> 遂良博涉文史，尤工隸書，父友歐陽詢甚重之。太宗嘗謂侍中魏徵曰：「虞世南死後，無人可與論書。」徵曰：「褚遂良下筆遒勁，甚得王逸少體。」太宗即日召令侍書。太宗嘗出御府金帛購求王羲之書迹，天下爭齎古書詣闕以獻，當時莫能辯其眞僞，遂良備論所出，一無舛誤。〔註59〕

此中的「隸書」即是今日所謂的楷書，褚遂良學問廣博書法優異，也獲得歐陽詢的重視，魏徵讚譽「褚遂良下筆遒勁，甚得王逸少體」是在褚遂良擔任侍書之前，由於他雄厚的書法實力，因此得繼虞世南之後，進入太宗幕僚的書法體系之中。

關於他的書法基礎，張懷瓘《書斷》云：

> 褚遂良，河南陽翟人。父亮，銀青光祿大夫太常卿，遂良官至尚書左僕射河南公。博學通識，有王佐才，忠讜之臣也。善書，少則服膺虞監，長則祖述右軍。〔註60〕

〔註58〕 後晉・劉昫：《舊唐書・褚遂良傳》（北京：中華書局，1997 年 3 月），卷 80，頁 2738。

〔註59〕 後晉・劉昫：《舊唐書・褚遂良傳》，卷 80，頁 2729。

〔註60〕 唐・張懷瓘：《書斷・中》，唐・張彥遠：《法書要錄》（洪本），卷 8，頁 225。

褚遂良之父親褚亮在太宗為秦王時與虞世南同為文學館之十八學士，〔註61〕褚遂良在館中學習，〔註62〕得以親近虞世南、歐陽詢學習是合情合理的，所謂「少則服膺虞監，長則祖述右軍」，蓋指褚遂良先從虞世南學習，但在褚遂良尚未鑑定王書時就已經「甚得王逸少體」，則褚遂良所學得的「王逸少體」，與「虞世南體」應是相去不遠，而虞世南與唐太宗的關係又猶如一體，則初唐太宗等人對於王羲之的理解其實與「虞世南體」相去不遠，而褚遂良繼虞世南之後擔任侍書，有機會看見王羲之大量的書跡，因此得「祖述右軍」。由於年齡以及背景的關係，褚遂良對於王羲之書法有更多的學習機會，這和歐虞入唐時已經年長且各有其基礎之背景是大大不同的。

初唐時期，唐太宗很清楚「始以武功一海內，終以文德懷遠人」〔註63〕的道理，因此與大臣們講論文藝，並整理《五經正義》，大臣們甚至編輯類書（《北堂書鈔》、《藝文類聚》等），「貞觀之治」成就了空前的盛世，而在社會穩定之後，思想得以更為自由蓬勃，褚遂良便是這時期的代表人物，歐陽詢、虞世南之楷書基礎實植基於入唐之前，相較之下，褚遂良可說是唐代培養的書法家，也顯現出初唐楷書的另一種風采。張懷瓘《書斷》評褚遂良云：

> 真書甚得其媚趣，若瑤臺青鎖，窅映春林，美人嬋娟，不任羅綺，增華綽約，歐虞謝之。……亦嘗師授史陵，然史有古直，傷於疎瘦也。〔註64〕

形容褚遂良的楷書是得到王羲之的「媚趣」，接著是一段柔美的意象：瑤臺、青鎖、春林、美人、嬋娟、羅綺、綽約等等，這些形容詞與虞世南的宮體詩相表裡，正是南方柔美文化的表現，而褚遂良表現的媚趣，是歐陽詢、虞世

〔註61〕 見於宋・司馬光撰、元・胡三省音註：《資治通鑑》（北京：中華書局，1996年7月），卷189，頁5931～5932。

〔註62〕 宋・王溥：《唐會要》（北京：中華書局，1998年11月）稱褚遂良在弘文館中擔任館主（卷64，頁1114），然則據唐・李林甫撰、陳仲夫點校：《唐六典》（北京：中華書局，2005年4月），擔任館主者為褚亮（卷8，頁255），原作「褚無量」，陳仲夫出注引杜佑《通典》所載校定館主為褚亮（頁269。）按：檢唐・杜佑撰、顏品忠等點校：《通典・職官三》（長沙：岳麓書社，1995年11月）載：「自貞觀初，褚亮檢校館務學士號為『館主』，因為故事。」（卷21，頁296。）當此之時，歐虞等人具為學士，褚遂良則為晚輩，並未擔任學士，應無理由擔任館主，宜以《通典》所記為正。又當時虞世南、褚亮、歐陽詢都在其中擔任學士（卷64，頁1114）。

〔註63〕 唐・魏徵：〈九成宮醴泉銘〉，見於唐・歐陽詢：《九成宮醴泉銘》（東京：二玄社，1990年4月），頁10。

〔註64〕 唐・張懷瓘：《書斷・中》，唐・張彥遠：《法書要錄》（洪本），卷8，頁225。

南所不及的。褚遂良瘦勁的風格，應是與師法史陵有很大的關係，因爲史陵的風格即是「疏瘦」與褚遂良晚期的楷書風格不無關係。〔註65〕

褚遂良的楷書風格變化明顯，早年的〈伊闕佛龕碑〉（圖 2-6）是龍門石窟摩崖刻字，字方 5 公分左右，不類歐虞，可謂「全然摩崖風度造像氣格」〔註66〕；〈孟法師碑〉（圖 2-7）可爲師法歐虞之見證；而受王羲之影響最深的，也是最有風格的應屬〈雁塔聖教序〉（圖 2-8）。從表現形式來看，「〈雁塔聖教序〉的用筆風格最大特色是『變』。」〔註67〕表現王羲之變動不拘的筆畫最爲生動，筆畫跳宕，在瘦勁的基礎上虛實互用，具有行書流麗的美感。

初唐人所理解的王羲之書法，「變化」是很重要的一個部分，房玄齡《晉書・王羲之傳》云：「尤善隸書，爲古今之冠，論者稱其筆勢，以爲飄若浮雲，矯若驚龍。」〔註68〕以「飄若浮雲」形容王羲之書法的多變，此從現存王羲之墨跡三十幾件〔註69〕中觀察，件件不同即可窺見一斑，〔註70〕另外著名的〈蘭亭序〉中二十許「之」字之變化爲唐人所傳頌，〔註71〕初唐如歐陽詢〈九成宮醴泉銘〉把變化寫得非常細膩，〔註72〕褚遂良則更明顯的表現出來。

〔註65〕黃緯中有〈關於褚遂良的老師——史陵的一些推論〉一文推測褚遂良學於史陵在〈伊闕佛龕碑〉與〈孟法師碑〉之後，與李嗣眞之記載相合，可參看。見於黃緯中：《書史拾遺》（臺北：糜研齋筆墨有限公司，2004 年 11 月），頁 19～29。

〔註66〕黃宗義：《褚遂良楷書風格研究》（臺北：蕙風堂筆墨有限公司出版部，1999 年 4 月），頁 53。

〔註67〕黃宗義：《褚遂良楷書風格研究》頁 87。黃氏有極爲細膩的分析，說見該書頁 87～94。

〔註68〕唐・房玄齡：《晉書・王羲之傳》（北京：中華書局，2003 年 6 月新校本），卷 80，頁 2093。

〔註69〕此統計不含日本藤原行成臨本，數量依據王玉池〈王羲之現存書跡總目索引（初稿）〉，見於王玉池：《二王書藝論稿》（北京：文化藝術出版社，2001 年 8 月），共有 35 種，頁 292～295。

〔註70〕另王羲之〈書論〉云：「若作一紙之書，須字字意別，勿使相同。」（晉・王羲之：〈書論〉，上海書畫出版社、華東師範大學古籍整理研究室編選點校：《歷代書法論文選》，頁 28。）可知王羲之對文字書寫的變化是很在意的。

〔註71〕此事見載於唐・何延之：〈蘭亭記〉：「揮毫製序，興樂而書，用蠶繭紙、鼠鬚筆，遒媚勁健，絕代更無，凡二十八行三百二十四字，有重者皆構別體，就中『之』字最多，乃有二十許箇，變轉悉異，遂無同者，其時殆有神助。」（唐・張彥遠：《法書要錄》（洪本）卷 3，頁 99。）據此故云。

〔註72〕拙論〈唐人楷書的文化意涵〉曾舉〈九成宮醴泉銘〉的「之」字與「水」部（三點水）爲例，說明變化的細膩，可參看。洪文雄：〈唐人楷書的文化意涵〉（臺中：國立中興大學中國文學系碩士論文，2004 年 7 月），第 5 章，頁 166。

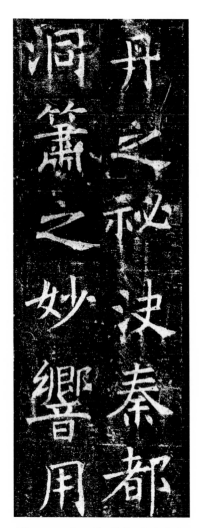

圖 2-6：唐・褚遂良〈伊闕佛龕碑〉局部

取自于還素譯：《書道全集・第 6 卷》（臺北：大陸書店，1989 年 1 月），圖 89（未編頁碼）。

圖 2-7：唐・褚遂良〈孟法師碑〉局部

取自唐・褚遂良，《孟法師碑》（東京：二玄社，1989 年 8 月），頁 5。

　　褚遂良比歐虞小約 40 歲，心中的王羲之典型更貼近唐太宗的旨意，武平一〈徐氏法書記〉載：

　　　　太宗於右軍之書特留睿賞……萬機之暇，備加執玩，〈蘭亭〉、〈樂毅〉
　　　　尤聞寶重。〔註73〕

〔註73〕唐・張彥遠：《法書要錄》（洪本），卷 3，頁 90。

圖 2-8：唐・褚遂良〈雁塔聖教序〉局部

取自唐・褚遂良，《雁塔聖教序》（東京：二玄社，1989 年 12 月），頁 4。

太宗蒐羅天下書法，在王羲之法帖中，最爲傾心的就是〈蘭亭序〉（圖 2-9）
和〈樂毅論〉（圖 2-10），這與褚遂良〈右軍書目〉中相應：前者被列爲「行
書第一」〔註74〕，後者則被列爲「正書第一」。因此這兩帖是褚遂良繼虞世南
後擔任侍書時最爲重要的王羲之書法典型，由此「祖述右軍」，〈樂毅論〉屬
於小楷，提按明顯，〈蘭亭序〉則是行書，充滿動感，褚遂良將兩者揉而爲一，
在師法史陵「疏瘦」的筆法基礎上，便可形成〈雁塔聖教序〉的風格。

─────────────────────

〔註74〕各本作「草書」，應爲「行書」之誤，從文末記載「晉右軍王羲之正書、行書
目」及其所記載中流傳於今日可見各帖可知。又（日）中田勇次郎：《中田勇
次郎著作集・第二卷・十七帖》（東京：株式會社二玄社，1984 年 9 月）：「（法
書要錄、津逮秘書本では草書とするのは誤り）」（頁 131）

圖 2-9：東晉・王羲之〈蘭亭序〉（馮摹本）局部 1

取自《行書百科》（《墨》六月臨時增刊）（東京：（株）藝術新聞社，1985年6月），頁 12。

圖 2-10：東晉・王羲之〈樂毅論〉局部

取自魏、晉、唐：《魏晉唐小楷集》（東京：株式會社二玄社，1990年3月中國法書選本），頁 20。

第三節　草書的規範化

〈唐朝敘書錄〉載：「（貞觀）十四年四月二十二日，太宗自爲眞草書屛風以示群臣，筆力遒勁，爲一時之絕。」〔註75〕而《書道全集》有草書屛風帖，足見唐太宗對於草書的重視。初唐草書的規範化也在唐太宗的計畫之中，蓋草書書寫速度快，與楷書相輔相成。草書規範化的典範可以《十七帖》（圖2-11）爲代表。

唐太宗購募天下王書，草書亦在其中，且據《法書要錄・右軍書語》所載：

> 《十七帖》長一丈二尺，即貞觀中內本也。一百七行，九百四十二字，是烜赫著名帖也。太宗皇帝購求二王書，大王草有三千紙，率以一丈二尺爲卷。取其書迹及言語以數相從綴成卷。以「貞觀」兩字爲二小印印之，褚河南監裝背。……《十七帖》者，以卷首有「十七日」字，故號之。二王書，後人亦有取帖內一句語稍異者，標爲帖名，大約多取卷首三兩字及帖首三兩字也。〔註76〕

此載《法書要錄・右軍書記》開端，可見其重要性，在王羲之所有作品中「在刻帖方面，最能代表王書本來面目又沒有爭議的作品大概就是《十七帖》了。」〔註77〕據上引文，其可說者有下列數端：

1. 《十七帖》爲唐代「烜赫著名帖」，不但連字數算得一清二楚：其長度爲一丈二尺，共計 107 行 942 字，並且有「貞觀」印記，確保其爲眞跡無誤。

2. 王獻之書跡遭到唐太宗之否定，顯見於其〈王羲之傳贊〉，引文中所謂太宗購求二王書，實則是以王羲之爲主，或因部分書跡爲王獻之書而一般人無法辨識故亦收入宮中，然這也顯示出王獻之又受到重視。（說詳下文）

3. 《十七帖》中各帖之命名一如《詩經》一般，乃是取句首數字爲名，而《十七帖》是這件一丈二尺的作品中，開頭的第一件作品，其開頭是「十七日」使然。這有助於各帖的討論，蓋因當時有此需要才將各帖分別命名，可見《十七帖》不但是「烜赫著名帖」，也曾有相當的討論。

〔註75〕唐・張彥遠：《法書要錄》（洪本），卷4，頁131。
〔註76〕唐・張彥遠：《法書要錄》（洪本），卷10，頁264。
〔註77〕王玉池：《二王書藝論稿・〈十七帖〉在王羲之書跡中的地位和重要版本評述》，頁234。

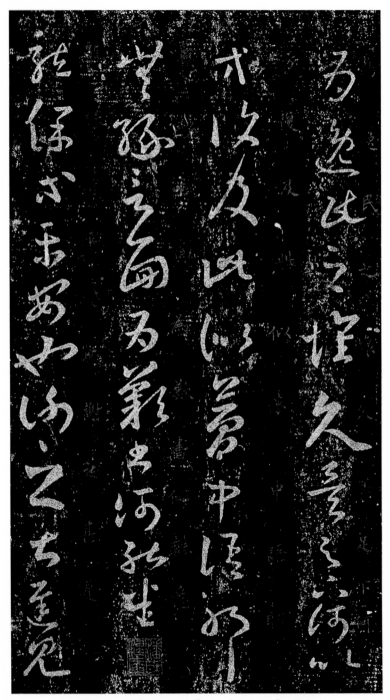

圖 2-11：東晉・王羲之《十七帖》局部

取自劉遠山編：《宋搨十七帖兩種》（杭州：西泠印社，2004 年
10 月），頁 27。

4. 因「取其書迹及言語以數相從綴成卷」，故可見《十七帖》中各帖具有相當的關係，其關係可能是書法上的風格相近或差異，也有可能是書寫內容的緣故。一般以爲是王羲之寫給周撫的書信，但其中卻參雜了一些給其他人的書作。〔註78〕

關於第一點，《十七帖》之爲「烜赫著名帖」，其爲太宗最爲重要的法帖之一，因爲〈十七帖〉曾是弘文館中的範本，可見於文末題款：

> 付直弘文館，臣解无畏勒充館本。臣褚遂良校無失。〔註79〕

據此可知《十七帖》在初唐時期便以刻帖之姿在弘文館中成爲書法範本，極有可能是最早的刻帖，這部法帖是經過相當的程序才能完成的，因爲根據今日可見王羲之法帖的墨跡本來看，王羲之的尺牘是一帖一面貌，〔註80〕而《十七帖》卻是一部「字數逾千的唯一一篇長篇巨作」〔註81〕，顯示《十七帖》在刻製的過程中被做過一些調整，才能成爲教材供弘文館中士子學習。

一、《十七帖》範本的形成

《十七帖》之成爲範本起於貞觀年間應屬可信，又《法書要錄・右軍書語》載：

> 開元皇帝又以「開元」二字爲二小印印之，跋尾又列當時大臣等。
> 〔註82〕

可見此件作品在唐玄宗開元朝時仍在宮中，因而得以再鈐上「開元」之印，〔註83〕並且跋尾列名當時大臣等，此中「等」字顯然不只一人，學者指出館本

〔註78〕王玉池：《二王書藝論稿・〈十七帖〉在王羲之書跡中的地位和重要版本評述》云：「這組信有少數帖不是給周撫的，應是收藏者不愼混入所致（如給郗愔的信）；但也有少數確係周撫的信，本應收而未收者。」（頁234。）那些存在《淳化閣帖》中王羲之致周撫的信何以未收入《十七帖》中並非本文之重點，然王玉池所說恰反證《十七帖》的組成原因包含書跡及言語兩個面向。

〔註79〕東晉・王羲之：《十七帖〈二種〉》（東京：株式會社二玄社，1989年5月中國法書選本），頁73。

〔註80〕清・楊守敬：《激素飛清閣評碑記・卷之三》：「且右軍筆法，一帖有一帖面目。」見於陳上岷編：《楊守敬評碑評帖記》（北京：文物出版社，1990年），頁77。

〔註81〕王玉池：《二王書藝論稿・〈十七帖〉在王羲之書跡中的地位和重要版本評述》，頁235。

〔註82〕唐・張彥遠：《法書要錄》（洪本），卷10，頁246。

〔註83〕「開元」兩字應爲一印而非如「貞」、「觀」成兩印，可見於唐・張彥遠：《歷代名畫記・敘古今公私印記》，卷3，頁42。（日）中田勇次郎已發之，見於中田勇次郎：《中田勇次郎著作集・中國書道史論考・十七帖》，第二卷，頁132。

「敕」下楷書題名「不符合當時唐人裱卷的實際」,〔註84〕實屬可信。然則,關於
《十七帖》版本的出入,宋人黃伯思《東觀餘論》有三條記載,有相當訊息:

> 右王逸少《十七帖》,迺先唐刻石本,今世閒有二:其一,於卷尾有
> 「勒」字及褚遂良、解如意校定者,人家獲得之;其一本即此本也。
> 洛陽李邯鄲家所蓄舊本頗與此相近。其餘世傳別本蓋南唐後主煜得
> 唐賀知章臨寫本勒石寘澄心堂者;而本朝侍書王著又將勒石,勢殊
> 疎拙;又有一版本,亦似南唐刻者,弟敍次顛舛,文爲十七帖而誤
> 目爲「十八帖」,摹刻亦瘦弱失眞。獨勒字本及此卷本乃先唐所刻,
> 右軍筆法具存,世殊艱得,誠可喜也。〔註85〕

黃伯思係北宋時人,據此知其所見版本有:

1. 唐刻本有二:一爲敕字本,一本無敕字。

2. 南唐刻本有兩系:(1) 世傳別本,爲賀知章所臨寫本,勒石置澄心堂;
   (2) 稱作「十八帖」〔註86〕者,其次序與敕字本不同。

3. 王著刻本,應即《淳化閣帖》。

黃伯思又有〈跋唐人所摹十七帖後〉,云:

> 予嘗見畢文將叔云,家有唐初人所摹此帖,「來禽」等四物外,又有
> 「密蒙華」一種,故先相文簡公〈答王黃門寄密蒙華詩〉云:「多病
> 眼昏詩懶讀,煩君遠寄密蒙華;愁無内史詞兼筆,爲覺眞方到海涯。」
> 蓋謂此也。然余按:今諸本並無此一種,而《法書要錄‧十七帖》
> 亦不載此,不知何緣畢氏本有之,但未嘗見此帖,無從知其眞僞,
> 姑記于此,以俟後觀云。〔註87〕

此則所記指出〈來禽帖〉中所記,除青李、來禽、櫻桃、日給滕等四物之外,
〔註88〕還有「密蒙花」一種,但不論是〈右軍書記〉或館本《十七帖》均不

〔註84〕 詳見王玉池:《二王書藝論稿‧〈十七帖〉在王羲之書跡中的地位和重要版本
評述》頁237~238。

〔註85〕 宋‧黃伯思:《宋本東觀餘論‧跋十七帖後》,卷下,頁244~245。

〔註86〕 「十八帖」可見於日本最澄(767~822)〈法書目錄〉中載:「十八帖大唐刻
石」,說見祈小春:《山陰道上:王羲之研究叢札‧〈十七帖〉爲何闕月日名白》
(杭州:中國美術學院出版社,2009年12月),頁258,注35。

〔註87〕 宋‧黃伯思:《宋本東觀餘論》卷下,頁315~316。

〔註88〕 東晉‧王羲之:《十七帖》(三井本),頁39~40。按:《十七帖》之版本眾多
且複雜,祈小春云:「三井本雖書法並非最佳,但帖文最全,且時代亦早(羅
振玉定爲唐拓,雖未必是,然至少爲宋拓應無疑問),作爲書跡文獻考察還是

見，黃所謂：「今諸本並無此一種」是也，表示黃伯思見到的《十七帖》原本與當時傳本並不相同，《十七帖》確實可能經過刪節。

　　日人中田勇次郎曾整理《十七帖》，將多種版本互見詳列頗爲明晰，今取與本文相關部分製表如表 2-2。

　　由表中可見，若將今館本《十七帖》與〈右軍書記〉相對照，則有 6 帖爲〈右軍書記〉所無（〈絲布衣帖〉、〈七十帖〉、〈邛竹杖帖〉、〈鹽井帖〉、〈胡母帖〉、〈清晏帖〉），而此 6 帖有被刻入《淳化閣帖》的（〈七十帖〉、〈清晏帖〉），因此這 6 帖出現的時間可能在〈右軍書記〉後、《淳化閣帖》前，因此，《十七帖》的演進在〈右軍書記〉之後仍在進行。

表 2-2：王羲之《十七帖》（館本）互見一覽表〔註89〕

編號	今本帖名	右軍書記	淳化閣帖
1.	郗司馬帖	右軍書記 1	
2.	逸民帖	右軍書記 2	
3.	龍保帖	右軍書記 4	淳化閣帖七 47 （遲見下失九字多一之字）
4.	絲布衣帖		
5.	積雪凝寒帖	右軍書記 6	
6.	服食帖	右軍書記 6 （與前合爲一帖）	淳化閣帖七 51 （首失二十一字）
7.	知足下帖	右軍書記 5	淳化閣帖七 48 （淳化首失八字誤出服食帖後）
8.	瞻近帖	右軍書記 3	
9.	天鼠膏帖	右軍書記 11	
10.	朱處仁帖	右軍書記 12	淳化閣帖七 50
11.	七十帖		淳化閣帖七 53
12.	邛竹杖帖		
13.	蜀都帖	右軍書記 7	淳化閣帖六 22
14.	鹽井帖		淳化閣帖七 52

此本爲優。」（祈小春：《山陰道上：王羲之研究叢札·〈十七帖〉爲何闕月日名白》杭州：中國美術學院出版社，2009 年 12 月，頁 229。）故引以爲據。
〔註89〕根據（日）中田勇次郎《中田勇次郎著作集·第二卷·中國書道史論考·十七帖》（東京：株式會社二玄社，1984 年 9 月），頁 175～176。

15.	省別帖	右軍書記 13	淳化閣帖六 10
16.	都邑帖	右軍書記 14	淳化閣帖六 11
17.	嚴君平帖	右軍書記 10 （諸本與譙州帖合爲一帖）	淳化閣帖六 23
18.	胡母帖		
19.	兒女帖	右軍書記 20	淳化閣帖六 21
20.	譙周帖	右軍書記 10	淳化閣帖六 23
21.	漢時帖	右軍書記 15	
22.	諸從帖	右軍書記 8	淳化閣帖六 13
23.	成都城他帖	右軍書記 16	
24.	旃罽胡桃帖	右軍書記 9	淳化閣帖六 17
25.	藥草帖	右軍書記 18	
26.	來禽帖	右軍書記 17	
27.	胡桃帖	右軍書記 17 （與前帖合爲一帖）	
28.	清晏帖		淳化閣帖七 49
29.	虞安吉帖	右軍書記 19	

《十七帖》對王羲之尺牘的刪節，除了前述《東觀餘論》中所載的「密蒙華」之外，今人祈小春曾從尺牘形式的角度考論，推測出以下幾點：〔註90〕

1. 刪去原有的「月日名白」或部分正文詞語，以統一形式。

2. 所選皆爲草書風格極爲相近的尺牘，以統一書風。

3. 可能對原帖的字跡作了相應調整或改動，以便臨摹辨識。

這幾個推測是極有可能的，唐代爲了達到草書規範的目的，對於教材不妥之處仍可能進行修正，而這部教材也傳播廣遠，遠在敦煌也發現遺跡（詳見後文）。

二、《十七帖》範本的書法特色分析

《說文解字》中說：「漢興有艸書。」〔註91〕論述在秦書八體之後，清人

〔註90〕 祈小春：《山陰道上：王羲之研究叢札‧《十七帖》爲何關月日名白》（杭州：中國美術學院出版社，2009 年 12 月），頁 250。

〔註91〕 東漢‧許慎撰、清‧段玉裁注：《說文解字注》（臺北：洪葉文化事業有限公司，1998 年 10 月），卷 15 上，頁 766。

段玉裁注指稱：「許蒙八體而附著之於此，言其不可爲典要。」〔註92〕在講究儒術的漢人看來，草書並非正式的文字，《法書要錄》所錄文章第一篇即爲東漢・趙壹〈非草書〉，有云：

> 夫草書之興也，其於近古乎？上非天象所垂，下非河洛所吐，中非聖
> 人所造。蓋秦之末，刑峻網密，官書煩冗，戰攻并作，軍書交馳，羽
> 檄紛飛，故爲隸草，趣急速耳，示簡易之指，非聖人之業也。〔註93〕

從儒家聖人之業的觀點來看，大大的非難草書，漢時草書的特點是赴速就急，因此減損隸書之字形，存其梗概，而章草具有隸書筆意，且保存八分隸書雁尾的特徵；而《十七帖》便不同，他幾乎揚棄了雁尾的筆法，這是邁向新體的明顯特徵，唐人蔡希綜云：

> 漢魏以來，章草彌盛，晉世右軍，特出不群，穎悟斯道，乃除繁就
> 省，創立制度，謂之新草，今傳《十七帖》是也。〔註94〕

可見唐人不但盛傳《十七帖》，而且將《十七帖》當作新草的典範，而這個新草相對的「舊草」乃是指章草，蔡希綜指出新草的的特色是「除繁就省」，在去除章草的隸意之後，新草尚有進一步的簡化，而創立制度者就是王羲之。初唐對草書立下新規範，無疑是肯認草書爲重要書體，與前述趙壹〈非草書〉對草書的詮釋完全不同。

　　《十七帖》的另一個特點是大致保留字字獨體的特徵，大部分的《十七帖》中的文字都是字字獨立的，據此可知其爲實用取向大於藝術表現取向，這樣可使草書的書寫便於學習而且字形準確；然則又不全是字字獨體，保留少數的連綿，這樣可使書寫更爲快速。

　　《十七帖》的第三個特色是用筆古拙，日人石川九楊曾分析指出：〈書譜〉與《十七帖》最大的差異就在「二折筆」與「三折筆」〔註95〕，《十七帖》的書寫比《書譜》多一折筆，例如橫畫的寫法，《十七帖》在筆畫末端多一個收筆動作（類似於楷書的頓筆動作），因此書寫態度較〈書譜〉嚴謹，書寫速度因而相對變慢，顯現出古拙的趣味，〈書譜〉則相對顯得流利華美。

〔註92〕東漢・許慎撰、清・段玉裁注：《說文解字注》，卷15上，頁766。

〔註93〕唐・張彥遠：《法書要錄》（洪本），卷1，頁1。

〔註94〕上海書畫出版社、華東師範大學古籍整理研究室編選點校：《歷代書法論文選》，頁273。

〔註95〕（日）石川九楊：〈巨大なる反動----孫過庭書譜〉，《墨》第20卷第2號（總第113號），頁86。

第四節　行書的規範化

虞世南〈筆髓論〉有「釋行」一段，云：

> 行書之體，略同於眞。至於頓挫盤礴，若猛獸之搏噬；進退鉤距，
> 若秋鷹之迅擊。故覆腕搶毫，乃按鋒而直引，其腕則內旋外拓，而
> 環轉紓結也。旋毫不絕，內轉鋒也。加以掉筆聯毫，若石璺玉瑕，
> 自然之理。亦如長空游絲，容曳而來往；又如蟲網絡壁，勁而復虛。
> 右軍云：「游絲斷而能續，皆契以天眞，同於輪扁。」又云：「每作
> 一點畫，皆懸管掉之，令其鋒開，自然勁健矣。」〔註96〕

這段文獻描繪得頗爲抽象，但有幾點值得注意：「行書略同於眞」，「眞」指的是
楷書，此由其前一段論述楷書而題名爲「眞書」可知；而此文中論述的內容多屬
自然界中動植物之意象，即其所謂的「自然之理」，師法自然爲學書者的重要指
南。而對於行書的書寫，必須強調線條以及如何書寫線條的筆法，就中以線條表
現重視「游絲」以及往來間的自然牽引（容曳而來往）最富特色。若以今日的眼
光來看，當時行書書寫的視覺焦點在於筆畫、線條、單字，字與字之間的關係比
較缺乏。在欣賞初唐行書作品時應當循著這樣的理解方向去詮釋才能相應。

一、唐太宗的行書作品

首先應該討論的是最具有影響力的唐太宗的行書，從而可見其對王羲之
行書的理解與詮釋。太宗不僅廣蒐王羲之作品，力讚王羲之書，更親自學習，
心慕手追，今有行書作品傳世，而且本身也有書法論述，表達對於王羲之的
理解與詮釋。清人趙之謙曾云：

> 重二王書，始唐太宗，今太宗御書碑具在，以印證世上二王書無少
> 異。謂太宗即二王可也。要知當日太宗重二王，群臣戴太宗，橅勒
> 之事，成於迎合。遂令數百年書家奉爲祖者，先失卻本來面目，而
> 後八千萬眼孔竟受此一片塵沙所眯，甚足惜也。此論實千載萬世莫
> 敢出口者，姑妄言之。阮文達言：「書以唐人爲極，二王書非唐人橅
> 勒亦不足貴。」與余意異而同。〔註97〕

〔註96〕 上海書畫出版社、華東師範大學古籍整理研究室編選點校：《歷代書法論文
選》，頁113。

〔註97〕 清・趙之謙選、趙而昌標點整理：《章安雜說》（上海：上海人民美術出版社，
1999年6月）原跡影本第2條（未編頁碼。按：此條據原跡影本，與趙而昌
所見稍異）。

趙之謙在長久的碑學研究之後，驚覺原來我們今日所見的二王書（更精確的說應僅王羲之，太宗並不欣賞王獻之）是經過唐人整理加工的，並非王羲之的本來面目。那主使者就是唐太宗，且以唐太宗對於王羲之的傾慕、心摹手追，可說唐太宗的書跡就是初唐對王羲之書法理解與詮釋的主導人。此說「受此一片塵沙所眛」若以時代風氣而言，一時代總有一時代的鑑賞態度，謂之「塵沙」是否失當姑且不論，但透過唐太宗之眼鏡而見卻是值得注意的詮釋觀點。

唐太宗的書學論述，見載於〈唐朝敘書錄〉，云：

> （太宗）嘗謂朝臣曰：「書學小道，初非急務，時或留心，猶勝棄日。凡諸藝業，未有學而不得者也。病在心力懈怠，不能專精耳……今吾臨古人書，殊不學其形勢，唯求其骨力，及得其骨力而形勢自生耳。然吾之所爲，皆先作意，是以果能成也。」〔註98〕

析而言之，太宗的書學觀念約有：

（一）「書學」屬於小道，並非急務，但太宗時時留心，努力不懈；太宗以此勉勵朝臣只要用心學習不懈怠，一定可以專精。可知太宗對於自身的書意學養相當有自信，自信來於其先天優越的皇帝條件，一則令虞世南、褚遂良爲侍書，可隨時切磋；再則廣蒐王羲之書法，得以以一流書跡爲取法對象，〔註99〕加上自身時時留心，因此得有所成。

（二）然則所謂學得專精，方法並非求其外在的形勢，而是要掌握內在的「骨力」，能掌握骨力，自然能產生形勢，因此，骨力是本，形勢是末。

（三）作書先「作意」，可遠紹王羲之的「意在筆前」〔註100〕與「書意轉深」〔註101〕。

〔註98〕唐・佚名：〈唐朝敘書錄〉，見於唐・張彥遠輯：《法書要錄》（洪本），卷4，頁131～132。

〔註99〕太宗重視取師法對象，太宗所撰〈帝範後序〉有謂：「取法乎上，僅得乎中，取法乎中，祇爲其下。」（清・董誥等編，《欽定全唐文》（臺北：大通書局，1975年4月），卷10，頁131。）

〔註100〕東晉・王羲之：〈題〈衛夫人〈筆陣圖〉〉後〉：「夫欲書者，先乾嚴墨，凝神靜思，預想字形大小、偃仰、平直、振動，令筋脈相連，意在筆前，然後作字。」（唐・張彥遠輯：《法書要錄》（洪本），頁7。）

〔註101〕王羲之：〈論書〉：「須得書意轉深，點畫之間皆有意，自有言所不盡，得其妙者，事事皆然。」（唐・張彥遠輯：《法書要錄》（洪本），卷1，頁4。）

以下嘗試以這些理解向度，詮析太宗書作〈晉祠銘〉（圖2-14）、〈溫泉銘〉（圖2-15）對於王羲之書法的理解與詮釋：

（一）〈晉祠銘〉：開頭是「眞書」，寫得和虞世南十分近似。〔註102〕可說「略同於眞」。

（二）〈晉祠銘〉雖屬行書，然而不乏草書與楷書相雜，這樣的表現可在王羲之尺牘中找到，如〈快雪時晴帖〉（圖2-16）就非常典型，還有如〈九月三日帖〉、〈建安帖〉〔註103〕等等。

（三）由於將字的注意力集中在點畫或單字上，因此字與字之間的空間比較均等，偶爾有些牽連，但由於字距太遠，顯得牽強不自然，這是明顯顯示唐法的一個面向。

（四）〈晉祠銘〉稍近眞書；〈溫泉銘〉稍近草書。兩者都具王羲之筆意，且有帝王宏大開闊氣象。〔註104〕

（五）〈溫泉銘〉的字距較小，但因爲注意力不在字間，因此亦顯單調。

唐太宗是將王羲之行書體手書上石的重要人物，〔註105〕因爲他的示範，行書體取得更正式的書體地位，這是順應時代大流的具體反映。

二、初唐〈蘭亭序〉的臨摹本及其傳布現象

在太宗蒐羅的王羲之書法作品中，應屬〈蘭亭序〉最具影響力，李綽《尚書故實》載：

> 太宗酷好法書，有大王眞蹟三千六百紙，率以一丈二尺爲一軸。寶惜者獨〈蘭亭〉爲最，置於座側，朝夕觀覽。〔註106〕

〔註102〕參見黃宗義，《褚遂良楷書風格研究》，頁224。

〔註103〕兩帖見於東晉‧王羲之：《王羲之尺牘集‧下》（東京：株式會社二玄社，1990年7月中國法書選本），〈九月三日帖〉在頁28，〈建安帖〉在頁31。

〔註104〕白銳以爲：「〈晉祠銘〉不僅在用筆、結字上效仿〈蘭亭〉就連三十八個各有千秋、絕無雷同的「之」字也著實可與〈蘭亭〉變化豐富的「之」字媲美。……此書通篇流溢出一種虎步龍行、豪放不羈的帝王氣概。」（白銳：〈從唐太宗的「〈蘭亭〉情結」說開去〉，《中國書法》2006年第5期（總第257期），頁80。

〔註105〕行書入碑或以爲始自唐太宗，然在唐太宗之前已經有虞世南〈聖隆道場碑〉，見於宋‧趙明誠《宋本金石錄》（北京：中華書局，1991年1月），卷3，頁62。但其影響不如唐太宗，據此故云。

〔註106〕唐‧李綽：《尚書故實》（臺北：商務印書館，1965年12月叢書集成簡編本（第707冊）據寶顏堂本排印），頁1。

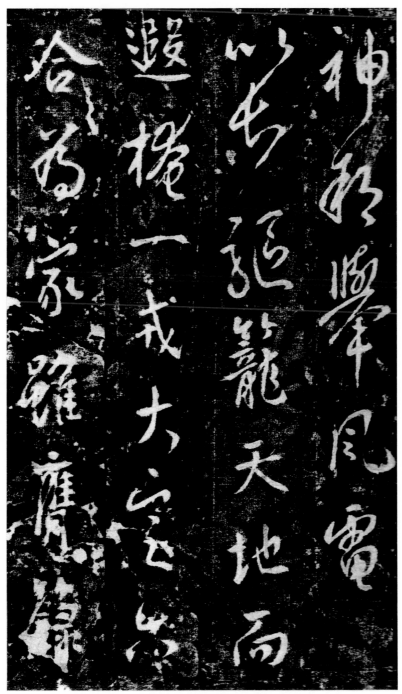

圖 2-12：唐・太宗〈晉祠銘〉局部

取自唐・唐太宗：《晉祠銘・溫泉銘》（東京：二玄社，1989 年 12
月），頁 35。

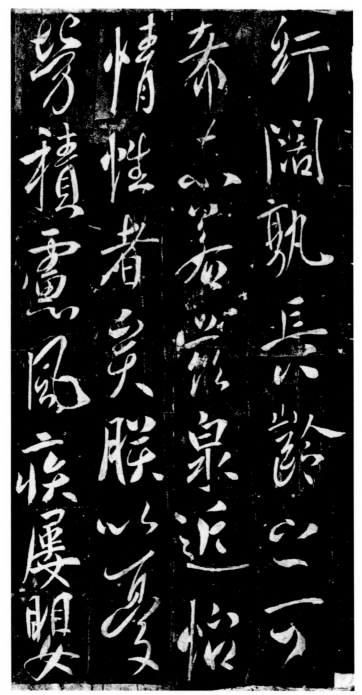

圖 2-13：唐・太宗〈溫泉銘〉局部

取自唐・唐太宗：《晉祠銘・溫泉銘》（東京：二玄社，1989
年 12 月），頁 56。

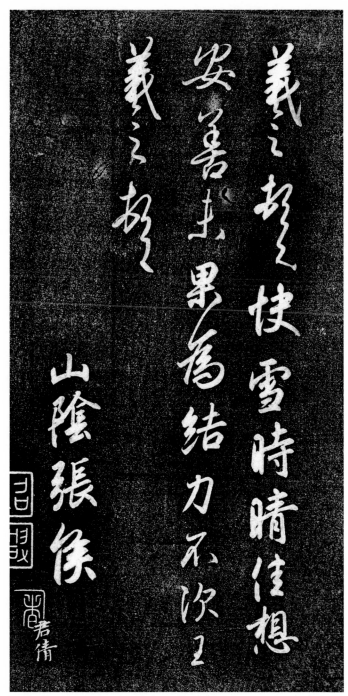

圖 2-14：東晉・王羲之〈快雪時晴帖〉(快雪堂帖)
取自東晉：王羲之：《王羲之尺牘集・上》(東京：二玄社，
1990 年 12 月)，頁 49。

唐太宗賺取〈蘭亭序〉後，將之置於座側朝夕觀覽，酷愛之情不難想見；又何延之〈蘭亭記〉，云：

> 右軍之書，朕所偏寶，就中逸少之跡，莫如〈蘭亭〉，求見此書，勞於寤寐。〔註107〕

因而有「蕭翼賺蘭亭」的故事廣為傳頌，載諸《法書要錄》；太宗〈筆意論〉一文云：

> 夫學書者，先須知有右軍絕妙得意處：真書〈樂毅論〉、行書〈蘭亭〉、草書〈十七帖〉。勿令有死點，畫書之道也。〔註108〕

標舉了右軍絕妙之書中的行書即為〈蘭亭序〉。又武平一〈徐氏法書記〉載：

> 太宗於右軍之書，特留睿賞。貞觀初，下詔購求，殆盡遺逸。萬幾之暇，備加執玩，〈蘭亭〉、〈樂毅〉尤聞寶重。嘗令搨書人湯普徹等搨〈蘭亭〉賜梁公房齡已下八人，普徹竊搨以出，故在外傳之。〔註109〕

寶愛〈蘭亭序〉可見如此，提及湯普徹等人搨摹〈蘭亭序〉以賜高官八人，此係對於諸高官肯定而分享自身所愛之舉，因為「法書」屬王官集團所有，不會輕易示人，這個搨書賜人之舉有異於常，才會被記錄下來，後文載：「普徹竊搨以出，故在外傳之」，亦屬非法，故以「竊」字稱之。搨書之事亦見於〈蘭亭記〉，云：

> 帝命供奉搨書人趙模、韓道政、馮承素、諸葛貞等四人各搨數本，以賜皇太子諸王近臣。〔註110〕

可以肯定的是，〈蘭亭序〉是唐代王官中最重要的行書範本，「四人各搨數本」開啓了書法史上錯綜複雜的蘭亭學。而唐人對於〈蘭亭序〉來由的看法尚有如劉餗（？～？）《隋唐嘉話》中所載：

> 王右軍〈蘭亭序〉，梁亂出在外，陳天嘉中為僧永所得。至太建中，獻之宣帝。隋平陳日，或以獻晉王（隋煬帝），王不之寶。後僧果從帝借搨。及登基，竟未從索。果師死後，弟子僧辯得之。太宗為秦王日，見搨本驚喜，乃貴價市大王書，〈蘭亭〉終不至焉。及知在辯師處，使蕭翊就越州求得之，以武德四年入秦府。貞觀十年，乃搨

〔註107〕唐・張彥遠：《法書要錄》（洪本），卷3，頁100。

〔註108〕清・董誥等編：《欽定全唐文・太宗》（臺北：大通書局，1975年4月），卷10，頁133。

〔註109〕唐・張彥遠：《法書要錄》（洪本），卷3，頁90。

〔註110〕唐・張彥遠：《法書要錄》（洪本），卷3，頁103。

十本以賜近臣。帝崩，中書令褚遂良奏：「〈蘭亭〉先帝所重，不可

留。」遂秘於昭陵。〔註111〕

〈蘭亭序〉眞跡自始自終就只靠如此這般的記載而在人間流傳，眞跡原本寄

望於昭陵之挖掘而得見，然早在五代已經由溫韜（？～926）盜墓而不見其蹤

而落空，〈蘭亭序〉在唐代的傳布到底有哪些？大陸研究者陳忠康分作以下四

種：〔註112〕

　　（一）唐代搨書人的複製品。（前文已引述）

　　（二）唐人臨摹本。

　　（三）自運、變體、作僞、集字等，稱爲「別派」。

　　（四）刻石本，可信者唯「定武刻石本」。

茲將上述四種形式（依序簡稱爲搨本、臨本〔註113〕、別派、刻石本）參酌啓

功〈蘭亭帖〉考〕〔註114〕所考相應的版本臚列製成表 2-3。

表 2-3：〈蘭亭序〉在初唐的傳播形式

作　　品	依　　據	啓功說法〔註115〕
搨本 神龍半印本 （馮承素雙鉤摹本）〔註116〕	「神龍」半印，神龍（705～706） 爲唐中宗李顯之年號，郭天錫跋 斷定爲馮承素摹本。〔註117〕	唐摹本。

〔註111〕唐・劉餗：《隋唐嘉話》（北京：中華書局，2005 年 1 月程毅中點校本），卷
　　　　下，頁 53～54。按：此條所記與何延之〈蘭亭記〉略有不同，參見水賚佑：
　　　　〈宋代〈蘭亭序〉之研究〉，見於華人德、白謙慎主編：《蘭亭論集》（蘇州：
　　　　蘇州大學出版社，2000 年 9 月），頁 175。

〔註112〕陳忠康：〈〈蘭亭序〉版本流變與影響〉（北京：中央美術學院美術學博士論文，
　　　　2008 年 5 月），第 2 章，頁 15。

〔註113〕「摹」單字的意思是指將作品放置於書寫紙張之下，再照著字跡複製，與嚮
　　　　搨之法相近；「臨」則是將字帖置於書寫紙張旁，故兩者不同。

〔註114〕啓功：《啓功叢稿・〈蘭亭帖〉考》（臺北：華正書局，1991 年 5 月。）以爲
　　　　世傳摹本刻本不出五類：唐人摹搨本、前人臨寫本、定武石刻本、傳刻本、
　　　　僞造本（頁 42。），考證頗精，且以啓功的背景，得見諸本原跡，應具說服
　　　　力，然即因啓功考證的版本爲其經眼所見，因此與本文寫作目的不同故此表
　　　　以陳忠康所論爲主、啓功所論爲輔。

〔註115〕見於啓功：《啓功叢稿・〈蘭亭帖〉考》，頁 42～48。

〔註116〕「雙鉤摹本」即是「嚮搨本」是使用硬黃覆蓋在書跡上，然後雙鉤字形再加
　　　　以塡墨的複製方式，與下列臨摹本不同。

〔註117〕見於上海書畫出版社編：《蘭亭序二十二種》（上海：上海書畫出版社，1998
　　　　年 5 月），頁 107～112。（影印原跡）

臨本	褚遂良摹本	蘇才翁卷首題名：「褚摸王羲之蘭亭帖」〔註118〕。	
	虞世南臨本（張金界奴本）	董其昌跋：「似永興所臨」〔註119〕；梁清標確認，列爲「蘭亭八柱」第一。〔註120〕	懷疑它是宋人據定武本臨寫。
	褚遂良黃絹本蘭亭	米芾跋：「右唐中書令河南公褚遂良字登善臨晉右將軍王羲之蘭亭宴集序。」〔註121〕	是臨寫的，非摹搨的；不是米跋的那件原物。
	歐陽詢臨本	墨跡本不存，被刻爲定武蘭亭。〔註122〕 李之儀（1035～1117）：「今所傳者參訂，獨定州本爲佳，似是鐫以當時所臨本模勒，其位置近類歐陽詢，宜詢筆也。」〔註123〕	
	文嘉跋本		有蘇易簡題「有若像夫子」
別派	集字聖教序		
刻石本	定武本	據歐陽詢臨本刻石〔註124〕	未定爲歐陽詢或唐搨與否

　　以上乃列舉今日知名數本，可知諸本被定爲初唐某書家之作的說法都不免主觀推定而缺乏客觀實證，尤其諸本都不具名，而經過研究比勘，今傳〈蘭亭序〉摹本，恐均屬輾轉摹寫，並非來自〈蘭亭序〉原跡，但〈蘭亭序〉爲

〔註118〕見於上海書畫出版社編：《蘭亭序二十二種》，頁36（影印原跡）。

〔註119〕見於上海書畫出版社編：《蘭亭序二十二種》，頁24（影印原跡）。

〔註120〕據佘雪曼：〈談王羲之蘭亭敘與唐摹本〉，《書譜》總第19期，1977年12月，頁69。按：乾隆曾題：「此卷經董其昌定爲虞永興摹，以其爲諸法外別有神韻也。」（見於上海書畫出版社編：《蘭亭序二十二種》，頁15（影印原跡））足見「摹」之概念與「臨」並無分別。

〔註121〕見於上海書畫出版社編：《蘭亭序二十二種》，頁132（影印原跡）。

〔註122〕佘雪曼：〈談王羲之蘭亭敘與唐摹本〉，《書譜》總第19期，1977年12月，頁69。

〔註123〕宋・桑世昌：《蘭亭考》（臺北：世界書局，1988年11月藝術叢編第一輯），卷5，頁292。

〔註124〕佘雪曼：〈談王羲之蘭亭敘與唐摹本〉，《書譜》總第19期，1977年12月，頁69。

一精彩之書跡，則是可以肯定的。〔註125〕

　　〈蘭亭序〉在唐代初期的存在，還可見於典籍記錄，到張彥遠的《法書要錄》中已經屢見不鮮。〔註126〕唐代〈蘭亭序〉傳播廣泛是不爭的事實，而這樣的結果乃是由於唐太宗的寶惜，出於分享的心理，讓群臣與搨書手複製的結果，即便〈蘭亭序〉的眞僞在今天仍爲世人所爭論，這樣一種王羲之的行書典範，已經在唐太宗的尊崇下成爲千古行書之宗。

三、〈集字聖教序〉的典範意涵

　　比較上述各本〈蘭亭序〉作品，其行款相近，但風格卻不盡相同，而證明〈蘭亭序〉確實存在在初唐的書法社會，最有力的證據卻是表2-4中的「別派」——〈集字聖教序〉（圖2-17）中大量的〈蘭亭序〉文字。

　　〈集字聖教序〉作品的產生在唐初的記載不多，較早的記載如黃伯思《東觀餘論》引《書苑》〔註127〕云：

> 唐文皇製〈聖教序〉，時都城諸釋諉弘福寺懷仁集右軍行書勒石，累年方就，逸少劇蹟咸萃其中，今觀碑中字與右軍遺帖所有者，纖維克肖，《書苑》之說信然。〔註128〕

集字者懷仁是唐太宗時期的弘福寺的和尚，所謂的「都城諸釋」之證可見於帖末「京城法侶建立」〔註129〕字樣。書體雖指明爲「行書」，但若與〈蘭亭序〉相較，則〈集字聖教序〉成了另一種典型，因爲作品中參雜了些許草書，〔註130〕還有部分楷書，使楷書、行書、草書三體併陳，表現範圍更大，此與〈蘭亭序〉之字字行書之表現雖然不同，但在王羲之尺牘中可找到近似的作

〔註125〕此說據李郁周：〈八柱神龍本〈蘭亭序〉字勢評析〉，李郁周：《書理書跡研究》（臺北：蕙風堂1997年3月），頁166～180。李以〈集字聖教序〉、〈興福寺斷碑〉摹用〈蘭亭序〉的字加以對照，斷定此二碑所用的底本均非人稱最佳版本的神龍本〈蘭亭〉，反而近於八柱第一本（傳虞世南摹本）。

〔註126〕如唐・張彥遠：《法書要錄》（洪本），武平一〈徐氏法書記〉（卷3，頁90）、何延之〈蘭亭記〉（卷3，頁99～104）、韋述〈敘書錄〉（卷4，頁133）、李約〈壁書飛白蕭字記〉（卷3，頁109）、竇臮〈述書賦〉（卷5，頁174）。

〔註127〕《書苑》之作者爲宋人周越，據啓功：《啓功叢稿》，頁259。

〔註128〕宋・黃伯思：《宋本東觀餘論》，頁262。

〔註129〕東晉・王羲之：《集字聖教序》（東京：二玄社，1990年4月中國法書選本），頁37。

〔註130〕以東京二玄社，1990年4月中國法書選本爲例，如頁32的「窮」、頁5的「若」、頁12的「願」等均近草書，不一一捻出。

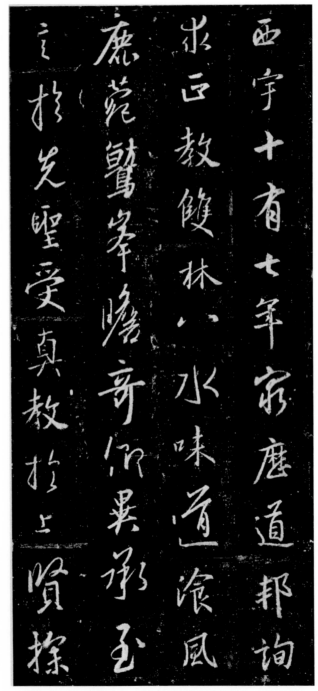

圖 2-15：東晉・王羲之〈集字聖教序〉局部 1

取自東晉・王羲之：《集字聖教序》（東京：二玄社，
1990 年 4 月），頁 12。

品，亦即：〈集字聖教序〉是〈蘭亭序〉外的另一初唐行書典範。王書尺牘短小，此作長達 1904 字，〔註 131〕體現了王羲之規範化的意義，尺牘短小，可有效掌握一時的敏思巧藝；長篇鉅製，則有相當的字例，更便於師法。懷仁等人花了好幾十年的時間所完成的，可視爲體現晉書唐法的標誌，觀唐太宗的行書碑刻，不論〈晉祠銘〉或〈溫泉銘〉的書寫意識不僅在〈蘭亭序〉，更貼近於〈集字聖教序〉，可見懷仁集字之舉與唐太宗旨意相合。

再者，〈聖教序〉集字的工作，花了好幾年的時間，王羲之偉大的書跡幾乎被囊括其中，此從帖中所記年月線索考察，《舊唐書・玄奘傳》：

> 顯慶元年，高宗又令左僕射于志寧、侍中許敬宗、中書令來濟、李義府、杜正倫、黃門侍郎薛元超等，共潤色玄奘所定之經。〔註 132〕

此是顯慶元年高宗之令，翁方綱曾指出〈集字聖教序〉文末之列名，並無杜正倫：

> 此碑末列潤色系銜無杜正倫，蓋潤色之命，始於顯慶元年，而是碑建立在咸亨三年，又在其後十又六年，上距貞觀二十二年製序，則又後二十五年矣。〔註 133〕

據《舊唐書・杜正倫傳》：「(顯慶) 三年，坐與中書令李義府不協，出爲橫州刺史，仍削其封邑。」李義府當時當權有寵於上，並且賣官樹黨，杜正倫以先進自處，而李義府恃恩，不爲之下，因而有隙，而雙雙訟於上前，上以大臣不合兩責之，杜貶橫州刺史而卒，李貶普州刺史，〔註 134〕於次年 (顯慶 4 年，659 年) 8 月復爲宰相，〔註 135〕而《集字聖教序》建成於咸亨 3 年，因而杜正倫之名銜已無而李義府之名銜仍在。至於懷仁所花費的時間只能說花了不少年月，因爲不能確知懷仁開始工作的時間，據翁方綱之說，可以 25 年爲上限。

因爲〈集字聖教序〉萃集了許多王羲之名跡，喻蘅〈從懷仁集〈聖教序〉試析〈蘭亭序〉之疑〉曾指出懷仁摹集的途徑，大致有四個方面：〔註 136〕

〔註 131〕本 (日) 西林昭一：〈《集字聖教序》〉〈解說〉(東晉・王羲之：《集字聖教序》(東京：二玄社，1990 年 4 月中國法書選本)，頁 39。

〔註 132〕後晉・劉昫，《舊唐書》，冊 16，頁 5019。

〔註 133〕清・翁方綱：《蘇米齋蘭亭考》(臺北：世界書局，1988 年 11 月藝術叢編第一輯) 卷 8，頁 494。

〔註 134〕宋・司馬光撰、元・胡三省音註：《資治通鑑》，冊七，頁 6310。

〔註 135〕宋・司馬光撰、元・胡三省音註：《資治通鑑》，冊七，頁 6317。

〔註 136〕喻文見於華人德、白謙慎主編：《蘭亭論集》(蘇州：蘇州大學出版社，2000 年 9 月)，頁 36～41，

（一）大量字跡集中摹自〈蘭亭序〉構成〈聖教序〉的基本骨架。又以馮承素摹本最相近。如「群」、「集」、「崇」、「領」、「茂」等字。

（二）從右軍其他書帖中摹集者。初步有二十多種書帖：如

 （1）〈孔侍中帖〉之「書」字

 （2）〈奉橘帖〉之「降」字

 （3）〈修載帖〉之「明」字

 （4）〈快雪時晴帖〉之「陰」字

 （5）《大觀·追尋帖》之「頻」字

 （6）《大觀·建安帖》之「苦」字

 （7）《十七帖》之「川」字

 （8）《大觀·羲之白耳帖》之「更」字

（三）借用王獻之的書跡。如〈范新婦帖〉中的「等」、「慶」、「寂」等字。

（四）採取偏旁假借的辦法。如「括」、「拙」、「提」、「埵」、「礙」等字。

除了以上四種見解之外，尚有些看法：如碑中字跡與右軍原跡即為相近，連細部都十分逼真。因此，探索〈集字聖教序〉的字源成了許多學者的興趣，從王澍以下，言之鑿鑿，影印技術進步後，更兩相比勘，從無異議，如鄭聰明的《試論〈集字聖教序〉的體勢特徵》〔註137〕，而李郁周《書理書跡研究·八柱神龍本〈蘭亭序〉字勢評析》更從比勘的方法，證明〈集字聖教序〉中的字並非取自神龍本，而是另外的版本，不是今日可見的版本。〔註138〕

〔註137〕鄭聰明提出具體的數字：「取自〈蘭亭帖〉計有六十九個字，〈喪亂帖〉有四字，〈得示帖〉二字，〈哀禍帖〉二字，〈孔侍中帖〉三字，〈憂懸帖〉一字，〈平安帖〉四字，〈何如帖〉九字，〈快雪時晴帖〉四字。」（鄭聰明：《試論〈集字聖教序〉的體勢特徵》，臺北：台北市立美術館，1987年8月，頁11。另該書目錄中有「集字取自〈蘭亭〉及他帖的字」一節，自頁139～152，惜該書闕如，只印至頁138，筆者曾親口問於鄭先生，鄭先生亦不知所以然，可惜亦可怪也。

〔註138〕李郁周：《書理書跡研究·八柱神龍本〈蘭亭序〉字勢評析》（臺北：蕙風堂筆墨有限公司出版部，1997年3月）以為：「唐太宗所得到的〈蘭亭序〉也不是神龍本，而是〈蘭亭序〉原跡真本，否則懷仁與大雅便採輯不到如此雅健的字。」（頁178。）唐太宗之得〈蘭亭序〉，載諸典籍，因無真本，難以議論，因此，廣而申之，懷仁是否得以原跡摹刻〈集字聖教序〉則不能證成，然經過對照，顯然〈集字聖教序〉中所採〈蘭亭序〉諸字是另有母本的。

　　前述所謂「右軍遺帖」意味著宋初已經有許多〈集字聖教序〉中的王羲之書找不到原本出處，但經過上面的比勘，〈集字聖教序〉摘取自二王書跡是能肯定的。〈集字聖教序〉的集字工作是基於對於王羲之崇拜的心理支持下完成的，啓功有詩云：

　　　　集字辛苦倍書丹，内學何如外學寬。多智懷仁尋護法，半求王字半求官。〔註139〕

意謂懷仁辛苦集王字比手書辛苦百倍，但就中卻不少失誤文字，以一個僧人來說是極爲不尋常之事，〔註140〕究其原因，乃因懷仁製作此碑時的著力點在王羲之書法而非佛典，通篇文字在序與記兩部分失誤不大，偏偏在〈心經〉的集字上出現重大失誤，更見其迎合上意之動機。

　　〈集字聖教序〉保留大量王羲之書跡，較輾轉翻刻的刻帖或許更高度的傳達王羲之書作的本來面目，王羲之〈蘭亭序〉以及諸多尺牘，都在懷仁的集字之列，〈集字聖教序〉是一部長篇作品，不同於王羲之短小尺牘，已經喪失了晉人悠游自在的書寫韻致，取而代之的是嚴格整齊的書寫規範，可視爲將轉晉韻轉化爲唐法最具體的作品。

〔註139〕啓功：《論書絕句》（香港：香港商務印書館，1985年3月），第42首，頁86。
〔註140〕啓功：《啓功叢稿・堅淨居藝談・〈集字聖教序〉宋拓整幅的發現兼談此碑的一些問題》舉例如〈心經〉「般」字誤爲「股」字、「色」字誤爲「包」字，別字之外，還有誤字，「波羅揭諦」誤作「般羅揭諦」，經題爲〈般若多心經〉更顯對於内典（佛經）的外行。（詳見頁262～263。）

第三章　初盛唐對王羲之書法推重的繼承與轉向

　　唐太宗在王羲之傳裡力讚右軍，尤其將其他書家嚴加貶抑，遂使天下書法歸於一統——全歸於王羲之書法系統之內，雖然唐太宗還予以王羲之「盡善盡美」的褒讚，但「定於一尊」的嚴峻法式，終究不是中國文化兼容並蓄之本色，即便初唐所完成的規範具有相當的彈性，例如：只在用筆上講究、只規範審美趣味，在字形上還是鼓勵學習王羲之講究變化的，這在初唐許多的楷書碑版、《十七帖》、〈集字聖教序〉等代表作品中均可驗證。

　　從後設的角度來說，初唐時期，因為唐太宗獨尊王羲之書法，促使唐代社會習用的楷書、行書、草書不但獲致全面的規範化，更到達「極則」的境界，從今日的眼光來看，這些典範已然難以超越，確實成為百世學習王羲之書法系統的重要法帖，隨著唐太宗逝世，書法的走向兩個方向，一為繼承，一為轉化，前者繼續遵循王羲之法式，後者則對於王羲之法式開始產生搖動，走向轉化的道路。

第一節　從孫過庭〈書譜〉到李嗣真〈書品後〉

　　初唐書法的規範化，不但表現在書寫作品上，書法理論也進行支撐，其中孫過庭的〈書譜〉最為詳密，可以呼應唐太宗的旨意，而初唐的另一篇書法理論——李嗣真的〈書品後〉，便回歸書法藝術多元欣賞的本色，前者是繼承發展，後者則是轉化的端倪。

一、〈書譜〉爲初唐王羲之書法規範化的代言人

　　孫過庭〈書譜〉的寫作成於垂拱三年，今日眞跡猶存，以第一手的眞跡傳眞對初唐書法之見解，他是初唐與唐太宗觀念相近的書論人物，以一位參軍小官，〔註1〕，未能儕身王官集團核心，對於唐代王官書寫法式的建立無法向歐虞等人在權力核心進行推展，但在〈書譜〉一文中，大大的爲唐太宗的崇王路線發聲，深刻而且周備，以下是分段論述之。

（一）以王羲之爲標竿的書法論述

　　〈書譜〉論述的核心基礎，乃是王羲之書法，其文開頭即云：

> 夫自古之善書者，漢魏有鍾、張之絕，晉末稱二王之妙。王羲之云：「頃尋諸名書，鍾、張信爲絕倫，其餘不足觀。」可謂鍾、張云沒，而羲、獻繼之。又云：「吾書比之鍾、張：鍾當抗行，或謂過之；張草猶當雁行。然張精熟，池水盡墨，假令寡人耽之若此，未必謝之。」此乃推張邁鍾之意也。考其專擅，雖未果於前規，摭以兼通，故無慚於即事。〔註2〕

一開頭從鍾張二王等四賢論述，可見此問題縈懷於其心良久，另一方面，這也是初唐面對的問題——必須選擇一個標準以便遵循，選擇的對象一般以爲是「四賢」，孫過庭先引王羲之本人的說法支撐自己崇王的論述基礎，目的在發揮其「推張邁鍾之意」，與鍾繇、張芝相比較，王羲之兼通楷行草三體，切合唐代的需要。接著，孫過庭駁斥「今不如古」的評論，直接肯定王書：

> 評者云：「彼之四賢，古今特絕；而今不逮古，古質而今研。」夫質以代興，妍因俗易。雖書契之作，適以記言；而淳醨一遷，質文三變，馳騖沿革，物理常然。貴能古不乖時，今不同弊，所謂「文質彬彬。然後君子。」何必易雕宮於穴處，反玉輅於椎輪者乎！又云：「子敬之不及逸少，猶逸少之不及鍾、張。」意者以爲評得其綱紀，而未詳其始卒也。〔註3〕

〔註1〕《書斷》載：「孫虔禮字過庭，陳留人，官至率府錄事參軍。」（唐·張彥遠輯：《法書要錄》（洪本），卷9，頁238。）「參軍」據清·黃本驥：《歷代職官表·歷代職官簡釋》（臺北：宏業書局，1994年11月）「參軍事」條爲七品至九品的小官（頁123），據此故云。

〔註2〕唐·孫過庭：《書譜》（東京：株式會社二玄社，1989年9月中國法書選本），頁2～4。

〔註3〕唐·孫過庭：《書譜》，頁4～6。

前賢的評論是古人勝於今人，但孫過庭不以爲然，他的主張是書法應當與時俱進，他清楚意識到時代變遷的洪流，認爲應當從客觀的角度鑑賞，文質兼顧，不能一味崇古。如此之論述，便使王羲之的成就得以凌駕鍾繇與張芝，但卻引來另一個質問：王獻之要如何安排？孫過庭不以爲意，一一將其他「三賢」擊破，云：

> 且元常專工于隸書，伯英尤精於草體，彼之二美，而逸少兼之。擬草則餘眞，比眞則長草，雖專工小劣，而博涉多優。總其終始，匪無乖互。〔註4〕

孫過庭以爲王羲之兼有楷書與草書兩方面的優勢，是「博涉多優」的典範，由此可見初唐孫過庭對書法的要求，是必須楷書與草書的兼通的，行書也就自然包含在其中，王羲之便具足這樣的條件，孫過庭認爲楷書與草書是是互通的，這也是孫過庭獨標王羲之，而不取鍾王的原因。至於王獻之，孫云：

> 謝安素善尺牘，而輕子敬之書。子敬嘗作佳書與之，謂必存錄，安輒題後答之，甚以爲恨。安嘗問敬：「卿書何如右軍？」答云：「故當勝。」安云：「物論殊不爾。」子敬又答：「時人那得知！」敬雖權以此辭折安所鑒，自稱勝父，不亦過乎！且立身揚名，事資尊顯，勝母之里，曾參不入。以子敬之豪翰，紹右軍之筆札，雖復粗傳楷則，實恐未克箕裘。況乃假託神仙，恥崇家範，以斯成學，孰愈面牆！後義之往都，臨行題壁。子敬密拭除之，輒書易其處，私爲不惡。義之還見，乃歎曰：「吾去時眞大醉也！」敬乃內慚。是知逸少之比鍾張，則專博斯別；子敬之不及逸少，無或疑焉。〔註5〕

先從謝安對王獻之輕視的態度說起，謝安對王獻之書不以爲然，是孫氏與前賢相應的一個切入點，雖然在歷史的潮流中，二王地位不無升降，但孫過庭偏取對王獻之不利的批評，顯然是意圖貶抑王獻之，尤有甚者，此事件以王獻之「自稱勝父」——悖離儒家文化傳統的罪名將王獻之擊倒。接著，孫過庭提出自己的學習經驗：

> 余志學之年，留心翰墨，味鍾張之餘烈，挹義獻之前規，極慮專精，時逾二紀。有乖入木之術，無間臨池之志。〔註6〕

〔註4〕唐・孫過庭：《書譜》，頁6～7。

〔註5〕唐・孫過庭：《書譜》，頁7～10。

〔註6〕唐・孫過庭：《書譜》，頁10。

孫過庭從十五歲起便鑽研書法，前舉四賢均深入研究，可知前述四賢之比較後獨尊王羲之的說法乃是經過自身實踐而來，至此可知，〈書譜〉論述的基礎乃是闡揚爲一典範——王羲之書法的，這和唐太宗是相呼應的。

（二）〈書譜〉所示初唐對書法規範化的追尋

但與唐太宗不同的是，唐太宗爲一國之君，孫過庭只是一卑微小官，前者日理萬機，即便有意心追手摹加之以一等眞跡在手，所發的議論只在一種高層次的境界述說，如其〈論書〉所謂「今吾臨古人之書，殊不學其形勢，惟在求其骨力，而形勢自生耳。」〔註7〕孫過庭則在點畫中仔細推敲，可見唐初尚法的深入實踐，〈書譜〉云：

> 觀夫懸針垂露之異，奔雷墜石之奇，鴻飛獸駭之資，鸞舞蛇驚之態，絕岸頹峰之勢，臨危據槁之形；或重若崩雲，或輕如蟬翼；導之則泉注，頓之則山安；纖纖乎似初月之出天涯，落落乎猶眾星之列河漢；同自然之妙有，非力運之能成；信可謂智巧兼優，心手雙暢，翰不虛動，下必有由。一畫之間，變起伏於鋒杪；一點之內，殊衄挫於毫芒。況云積其點畫，乃成其字；曾不傍窺尺牘，俯習寸陰；引班超以爲辭，援項籍而自滿；任筆爲體，聚墨成形；心昏擬效之方，手迷揮運之理，求其妍妙，不亦謬哉！〔註8〕

孫過庭之所以「無間臨池之志」，其目的在務使下筆時能「下必有由」，顯現唐人重視傳統的一面，當然，傳統也是唐人擷擇的結果，初唐人正在建立一種新的傳統，只是他們清楚的知道自己身處於一種新時代，這可由他們「剖析前古」〔註9〕的論述中得到驗證；又「同自然之妙有」也是初唐人追求的境界，下筆之際，心中的藍本是「懸針垂露」、「奔雷墜石」、「鴻飛獸駭」、「鸞舞蛇驚」、「泉注」、「山安」、天涯初月、河漢列星等一系列自然之意象，顯示接續王羲之一貫高峰墜石之書法自然的傳統，不過與王羲之不同的是，此中

〔註7〕上海書畫出版社、華東師範大學古籍整理研究室編選點校：《歷代書法論文選》頁120。

〔註8〕唐·孫過庭：《書譜》，頁10～13。

〔註9〕虞世南〈書旨述〉，唐·張彥遠：《法書要錄》（洪本），卷3，頁68。剖析前古的具體行動還有李嗣眞〈書品後〉、張懷瓘〈書斷〉、竇蒙〈述書賦〉等，細數歷代書家品評，漸趨縝密。而「剖析前古」亦與「探本尋源」相爲表裡，拙論：〈唐人楷書的文化意涵〉第2章第3節「探本尋源的書法意識」有論述，可參看。

有大段的點畫推敲、甚至注意點畫與結字的關係，乃是透過千錘百鍊的手段以獲致妙契自然之道，唐人尚法與王羲之講求的敏思與巧意之不同在此表露無遺。〈書譜〉又云：

> 夫運用之方，雖由己出，規模所設，信屬目前，差之一豪，失之千里，苟知其術，適可兼通。心不厭精，手不忘熟。若運用盡於精熟，規矩諳于胸襟，自然容與徘徊，意先筆後，瀟灑流落，翰逸神飛，亦猶弘羊之心，預乎無際；庖丁之目，不見全牛。〔註10〕

何其嚴峻的規矩要求！依據孫過庭的標準，進行書法創作之前，需先將規矩完全掌握，而這個規矩是「差之一豪，失之千里」的精準，這在歐陽詢〈九成宮醴泉銘〉或虞世南〈孔子廟堂碑〉的學習中不難體會；而孫過庭的要求不僅如此，還須精熟，顯然此中「意先筆後」的論述完全迴於王羲之「意在筆前」的意涵，前者要求的是在書寫時必須具備十足的基礎功夫，達到熟練規矩的境地才能揮灑自如；而後者之重點在於揮毫之前應先具備表現的情思，王羲之云：

> 夫欲書者，先乾研墨，凝神靜思，預想字形大小、偃仰、平直、振動，令筋脈相連，意在筆前，然後作字。〔註11〕

王羲之認爲書寫前應當將心神寧靜下來，預想書寫文字內容的大小、俯仰、直曲、節奏，目的是要筋脈相連，注重書寫節奏的掌握爲其關鍵，相同的「意在筆前（先）」，在孫過庭的詮釋之下完全變成新的要求，必須以嚴峻的規矩爲其支撐，但卻又不能陷入規矩的泥淖之中，必須運用精熟，超拔而出，對此要求，孫過庭又提出：

> 初學分佈，但求平正；既知平正，務追險絕；既能險絕，復歸平正。
>
> 初謂未及，中則過之，後乃通會。通會之際，人書俱老。〔註12〕

平正、險絕、平正的三階段論是初唐書法表現對於王羲之書法最佳的詮釋了，在孫過庭看來，三階段分屬「未及」、「過之」、「會通」，只有經過這樣三階段的鍛鍊，才有可能獲致「人書俱老」的最高境界，而人的老也意味著王羲之書作晚年方出色的觀點。〈書譜〉的論述，清晰可見其詮釋的出發點乃在大時代呼喚規矩的文化背景之下。

〔註10〕唐・孫過庭：《書譜》，頁37～38。
〔註11〕王羲之：〈題衛夫人筆陣圖後〉，唐・張彥遠：《法書要錄》（洪本），頁7。
〔註12〕唐・孫過庭：《書譜》，頁40。

　　孫過庭的長篇大論也是唐代不同於東晉偏安尚簡的文化風氣，〈書譜〉云：

> 好異尚奇之士，玩體勢之多方；窮微測妙之夫，得推移之奧賾。著
> 述者假其糟粕，藻鑒者挹其菁華，固義理之會歸，信賢達之兼善者
> 矣。存精寓賞，豈徒然與？〔註13〕

喜好新奇的人，把玩書法藝術結體與筆勢無窮的變態；有興趣於探本尋源的
人，便探索字體演變的深微奧秘。撰寫文章的人，借用文字的軀殼闡述自己
的見解；而精於鑑賞的人則賞玩菁華的書作。因此，「書法」原本是會合多方
義理的，賢達的人自當兼善，因此，保存並賞玩菁華，怎麼會是徒然的呢？
在這段闡釋中，可見出孫過庭對書法的見解包含多個向度：「體勢」（書法字
跡的結體與筆勢）、「推移」（字體演變）、「糟粕」（文字記錄語言的功能）、「藻
鑑」（品藻與鑑賞），孫過庭將這些向度都在〈書譜〉撰述中發揮出來，孫過
庭的表現，不僅闡釋了王羲之書法的奧義，也充分的了自己，而上述幾個向
度是發掘唐人對王羲之書法理解與詮釋時不可忽略的。

　　接著，孫過庭具體說出自身對書法規矩建立的迫切感，〈書譜〉云：

> 而東晉士人，互相陶淬。至於王謝之族，郗庾之倫，縱不盡其神奇，
> 咸亦挹其風味。去之滋永，斯道愈微。方復聞疑稱疑，得末行末，
> 古今阻絕，無所質問；設有所會，緘秘已深；遂令學者茫然，莫知
> 領要，徒見成功之美，不悟所致之由。或乃就分布于累年，向規矩
> 而猶遠，圖真不悟，習草將迷。假令薄解草書，粗傳隸法，則好溺
> 偏固，自閡通規。詎知心手會歸，若同源而異派；轉用之術，猶共
> 樹而分條者乎？加以趨吏適時，行書爲妥；題勒方畐，眞乃居先。
> 草不兼眞，殆於專謹；眞不通草，殊非翰札，眞以點畫爲形質，使
> 轉爲情性；草以點畫爲情性，使轉爲形質。草乖使轉，不能成字；
> 眞虧點畫，猶可記文。回互雖殊，大體相涉。故亦傍通二篆，俯貫
> 八分，包括篇章，涵泳飛白。若毫釐不察，則胡越殊風者焉。〔註14〕

此段可分作以下數點來看：

1. 東晉王謝家族、郗庾之輩都具有「風味」，是孫過庭以爲最近可取法的
   對象，然則因爲缺乏具體的要領，縱然想學習，也是無從下手；
2. 眞草二體乃同源而異派，兩者互爲表裡；

〔註13〕唐・孫過庭：《書譜》，頁40。
〔註14〕唐・孫過庭：《書譜》，頁40。

3. 楷書與行書各有其使用場合，草書應該也有，從現存書跡來看，通常是如孫氏本篇用作打草稿或書寫尺牘，再者繼承智永一脈抄寫佛經。

4. 眞草相爲表裡之外，仍須探索文字的演變，是以仍須學習二篆、八分、尺牘、飛白等書體。

至此已可一窺孫過庭〈書譜〉的基本觀念：以王羲之爲圓心，「剖析前古」，期望對初唐的書法社會建立一套規矩法式。

孫過庭研究過前賢、剖析過前古，以爲「篆隸草章，工用多變，濟成厥美，各有攸宜。篆尙婉而通，隸欲精而密，草貴流而暢，章務檢而便。」而經前面的耙梳，可知其背後的書寫意識仍在王羲之的規範化上，是以競逐諸體之美，並非孫氏所關心，他所關心的是書法寫作更高層次的問題：

> 然後凜之以風神，溫之以妍潤，鼓之以枯勁，和之以閒雅。故可達
> 其情性，形其哀樂，驗燥濕之殊節，千古依然。〔註15〕

說穿了就是書法表現性情的終極目的，孫過庭講究技法，最後仍以形其哀樂爲歸，此蓋「千古依然」，爲了達到更高層次的表現，提出「五乖五合」之說，〔註16〕是以「不揆庸昧，輒效所明；庶欲弘既往之風規，導將來之器識，除繁去濫，睹跡明心者焉。」爲後人立下規矩典範之意甚明。

而其最終追尋的境界並不止於規矩，更要會通，達到中和的境界：

> 是以右軍之書，末年多妙，當緣思慮通審，志氣和平，不激不厲，
> 而風規自遠。子敬已下，莫不鼓努爲力，標置成體，豈獨工用不侔，
> 亦乃神情懸隔者也。〔註17〕

「志氣和平，不激不厲」的平和境界又與傳統美學源自於音樂的「和」相呼應。因此孫過庭〈書譜〉的立論有一個遙契儒家傳統的終極關懷，以「和」的標準來看活潑跳宕的王獻之書，自然是有隔的。

初唐法帖爲唐太宗搜刮始盡，一般人難得見到眞跡，對於學子透過弘文館所傳授的書法則已經是消化過的了，如歐陽詢、虞世南等人的教學與《十

〔註15〕唐・孫過庭：《書譜》，頁22。

〔註16〕唐・孫過庭：《書譜》：「又一時而書，有乖有合，合則流媚，乖則彫疎，略言其由，各有其五：神怡務閒，一合也；感惠徇知，二合也；時和氣潤，三合也；紙墨相發，四合也；偶然欲書，五合也。心遽體留，一乖也；意違勢屈，二乖也；風燥日炎，三乖也；紙墨不稱，四乖也；情怠手闌，五乖也。乖合之際，優劣互差。得時不如得器，得器不如得志，若五乖同萃，思遏手蒙；五合交臻，神融筆暢。暢無不適，蒙無所從。」（頁23～25。）

〔註17〕唐・孫過庭：《書譜》，頁41～42。

七帖》的傳授。孫過庭〈書譜〉對於書寫規範的要求不但嚴格，而且周全、嚴密，這顯示唐人對於書寫規範的要求已是全面性的書法文化活動。

（三）〈書譜〉中所反映的初唐書法學習樣板

這裡再關心孫過庭對於王羲之書法的理解與詮釋，並藉此文獻窺見初唐學習之一斑，〈書譜〉云：

> 代有〈筆陣圖〉七行，中畫執筆三手，圖貌乖舛，點畫湮訛。頃見
> 南北流傳，疑是右軍所制，雖則未詳真偽，尚可發啟童蒙。既常俗
> 所存，不藉編錄。〔註18〕

這是初唐書法社會學習王羲之書法的一個樣板：〈筆陣圖〉，流傳於南北，但在孫過庭眼中看來，是「圖貌乖舛、點畫湮訛」，據此所記，可知是一份書法學習入門導引資料，上面畫有執筆的方法。〈筆陣圖〉在《法書要錄》中不乏記載，分別有衛夫人〈筆陣圖〉及王羲之〈題衛夫人筆陣圖後〉，前者宋人朱長文《墨池編》中有云：「舊傳右軍所作，後見張彥遠《要略》以為衛夫人之辭，然亦莫可考驗也。」〔註19〕可見〈筆陣圖〉在唐宋時期流傳廣遠；後者則顯非右軍所作，〔註20〕但一般人無由考證，〈筆陣圖〉七行應是《法書要錄》所載之七條〈筆陣出入斬斫圖〉（圖 3-1）〔註21〕其內容為甚為抽象，卻可見前述孫過庭對於筆法描述之淵源，但這對初學者來說是難以體會的，至於「執筆三手」，前述〈筆陣出入斬斫圖〉下有執筆緩急與遠近的說明，或與此相關，然已不可確考。〔註22〕

從「七條筆陣出入斬斫圖」要學習唐代書法規範在今日看來是十分抽象的，不過這是初唐以來追求書法範式的具體表現，今日所見，更已經長時間的演化。〔註23〕

〔註18〕 唐・孫過庭：《書譜》，頁 26～27。

〔註19〕 宋・朱長文：《墨池編》（《四庫藝術叢書・古畫品錄（外廿一種）》，上海古籍出版社，1991 年 8 月影印文淵閣四庫全書本》，冊 812，頁 624。按：《要略》當為《要錄》之誤，參見朱建新：《孫過庭書譜箋證》（香港：中華書局香港分館，1985 年 9 月），頁 51。

〔註20〕 朱建新：《孫過庭書譜箋證》引朱長文《墨池編》所說，認為羲之不可能前往許、洛，足以證明為偽託。頁 54。

〔註21〕 唐・張彥遠：《法書要錄》（洪本），卷 1，頁 6。

〔註22〕 據朱建新：《孫過庭書譜箋證》：「至中畫執筆三手，則後世無聞。」（頁 49。）

〔註23〕 今傳衛夫人〈筆陣圖〉、王羲之〈題衛夫人〈筆陣圖〉後〉等篇章，應是由此七行〈筆陣圖〉所增演而產生的，而原始的〈筆陣圖〉容有唐代以前的內容，

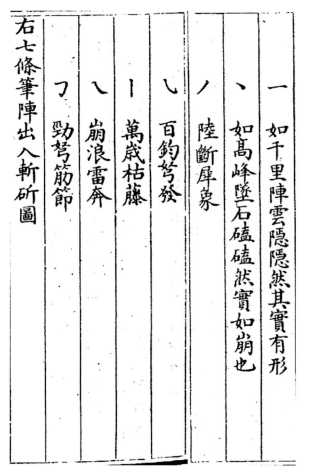

圖 3-1：唐・張彥遠《法書要錄》所載七條筆陣
出入斬斫圖

取自南齊・謝赫等撰：《古畫品錄（外二十一種）》（上
海：上海古籍出版社影印文淵閣四庫全書本，1991
年 8 月），卷 1，頁 107。

要之，已爲初唐人改造爲時代所需的規律，「筆陣」之說，已見其與唐太宗之
論書相呼應，唐耕餘指出：「太宗以『陣』論書，意固有在，率直言之，則才
兼文武之得意語也。馬上得天下，自是本色，出自唐太宗言，甚爲貼切，若
貞觀十四年之前，已有〈筆陣圖〉之存在，則以『陣』論書之語，已爲陳腐
之言，太宗豈爲之。故吾信『陣』字之說，爲始於太宗，開〈筆陣圖〉之先
河者，其源即始於此。」（唐耕餘：〈〈筆陣圖〉蛵化階段及其内容〉，《書法叢
刊》2000 年第 4 期（總第 64 期），頁 77。）該文並論述了〈筆陣圖〉演化的
過程；其後，張天弓：〈論〈筆陣圖〉的作僞年代〉（張天弓：《張天弓先唐書
學考辨文集》，北京：榮寶齋出版社，2009 年 12 月，頁 122～128。）亦有相
關論述及補充説明，二文並可參看。

第二個學習樣板的表現是〈筆勢論〉一文的流傳，〈書譜〉又載：

> 代傳羲之與子敬〈筆勢論〉十章，文鄙理疏，意乖言拙，詳其旨趣，
> 殊非右軍。且右軍位重才高，調清詞雅，聲塵未泯，翰牘仍存。觀
> 夫致一書，陳一事，造次之際，稽古斯在；豈有貽謀令嗣，道叶義
> 方，章則頓虧，一至於此！又云與張伯英同學，斯乃更彰虛誕。若
> 指漢末伯英，時代全不相接；必有晉人同號，史傳何其寂寥！非訓
> 非經，宜從棄擇。〔註24〕

前述「筆陣圖七行」還約略有啓發童蒙的價值，也普遍流傳，是以僅持保留
態度，此則對於〈筆勢論〉十章直接批評否定，從文理、立意、用語、旨趣
等方面來論述，孫過庭斷定：〈筆勢論〉十章，絕對不是右軍的作品，尤其從
「張伯英」的時代考察，指出此篇僞作的最大敗筆：孫過庭認爲若指的是漢
末的張芝（？～192，字伯英），則在時間上不可能吻合（王羲之：303～361），
因爲兩者相差一百多年，若是王羲之時代還有個「張伯英」則史傳不可能沒
有記載，而就當時「鍾張二王」的書法典範來看，指的應是漢末張芝，被未
深識者串連了起來。

　　孫過庭這個見解，正好見證了初唐〈筆勢論〉流行的事實，晚近敦煌本
〈筆勢論〉的發現，更可證其流傳廣布。這件當時普遍的樣板，在印刷術尚
未普及的年代，文獻的傳遞依靠傳抄，就不免羼入一己之思想。今傳〈筆勢
論〉多種，內容不盡相同，大抵可分作兩個系統，余紹宋云：

> 張彥遠《法書要錄》有錄無書，或亦因其出於僞作。《墨池編》與《書
> 苑菁華》載之，兩本互異。《書苑菁華》本有「創臨」、「啓心」、「視
> 形」、「說點」、「處戈」、「健壯」、「教悟」、「觀彩」、「開腰」、「節制」、
> 「察論」、「譬成」十二章，與〈書譜〉所言十章不合；《墨池編》首
> 段無「同學張伯英」數語，亦與〈書譜〉所稱不符，其本文無《書
> 苑菁華》之詳而較爲切實。〔註25〕

《法書要錄》所選錄的文章較爲謹慎，是以僅題名〈王羲之教子敬〈筆論〉〉
而不錄其文，〔註26〕而《墨池編》爲北宋朱長文所編；《書苑菁華》則稍晚，

〔註24〕 唐·孫過庭：《書譜》，頁31～32（墨跡影本）、頁62（薛氏本）。

〔註25〕 余紹宋：《書畫書錄解題·僞託》（北京：北京圖書館出版社，2003年3月據
1932年國立北平圖書館排印本影印），頁572。

〔註26〕 唐·張彥遠：《法書要錄》（洪本），目錄，頁1。

應在南宋，兩者內文出入頗大，〔註27〕但都受到〈書譜〉紀錄的影響。事實上，傳晚唐人韋續所編的《墨藪》已收錄此文，〔註28〕而與《書苑菁華》同一系統，但其各章名目稍有不同：「創臨」作「創意」、「說點」作「點說」、「觀彩」作「觀形」、「開腰」作「開要」、「節制」作「節度」。用語較爲古典，其中「觀形」一章與「視形」一章名目重複，且特多注語，與前幾章殊爲不類；而到《墨池編》時反倒更爲精簡，據蔡淵迪〈敦煌〈筆勢論〉殘卷研究〉指出，乃因《墨池編》刪除注文的關係，今有敦煌抄寫本，〔註29〕載錄 10 章，現存第 5、6、7 章殘卷及完整的第 8、9、10 三章，有小字注文，卻與前述諸本均不同，雖然不是初唐本，〔註30〕但由此可見〈筆勢論〉流傳之廣及其本身具有演繹的特質。

〔註27〕 據蔡淵迪：〈敦煌本〈筆勢論〉殘卷研究〉（《敦煌研究》，2010 年第 3 期（總第 121 期），頁 111～114。）所說，《書苑菁華》系統載錄 12 章，其首二章與王羲之〈題衛夫人〈筆陣圖〉後〉之內容相彷彿，應是後人將之羼入的，而且有小字注文。《墨池編》爲第二系統：載錄 10 章，與〈書譜〉所云相合，且不錄小字注文，但朱長文編次之時，「凡事理不可通者」徑爲刪削，其所錄 10 章，可能是因爲看到〈書譜〉的記載而刪削。

〔註28〕 《墨藪》舊題唐人韋續所做，張天弓考證，成書約與《法書要錄》同時或稍晚，屬於晚唐作品，據此故云。張天弓：〈略論先唐書學文獻〉，見於張天弓：《張天弓先唐書學考辨文集》（北京：榮寶齋出版社，2009 年 12 月），頁 394。

〔註29〕 見於新文豐編輯部編：《敦煌寶藏・第十四輯》（臺北：新文豐出版公司，1986～1988 年），第 134 冊，頁 628。此卷現藏法國巴黎國家圖書館，編號 P.4936。

〔註30〕 沈樂平指出敦煌本〈筆勢論〉：「甚至有可能就是唐代流行的版本亦即最類孫過庭所見之本。」（沈樂平：《敦煌書法綜論》，杭州：浙江古籍出版社，2009 年 10 月，頁 183。）而沃興華通過對照分析也以爲：「孫過庭〈書譜〉對〈與子敬筆勢論〉的批評比較切中敦煌本和《墨池編》本，說明它們可能就是初唐流行的本子。」（沃興華編：《敦煌書法藝術》，上海：上海人民出版社，1994 年 12 月，頁 63。）雖然用語保守，但似乎樂觀的指出敦煌本〈筆勢論〉近乎孫過庭《書譜》所指稱的〈筆勢論〉，實則值得保留：陳琪：〈敦煌遺書書法淺探〉：「推測墨池本是依照敦煌本的相似本而抄錄的。」（蘭州：蘭州大學歷史文化學院敦煌學研究所博士論文，2007 年 5 月，頁 102。）亦有本末倒置之嫌。事實上，沈樂平已知：由於該卷與編號 P.5 同鈔〈筆勢論〉，而 P.5 之正面爲一回鶻文字寫卷，是以書寫的時間約在五代至宋初的時間。（沈樂平：《敦煌書法綜論》，杭州：浙江古籍出版社，2009 年 10 月，頁 178～179。）其次，蔡淵迪指出：「以其書法約略推之，當是晚唐所抄。」（蔡淵迪：〈敦煌本〈筆勢論〉殘卷研究〉，《敦煌研究》，2010 年第 3 期（總第 121 期），頁 114，注 1。）從書法角度分析頗有見地。實則其內容已露時代書寫法式之變革，即「第八，字體之法，並宜上寬下狹。（注：若頭小尾大，不相稱）」（正文字跡明顯，注文參見陳祚龍編：《敦煌資料考屑・上冊・關於坊間流傳的〈筆勢論〉》，臺北：臺灣商務印書館，1979 年 6 月，頁 153。）所謂「上寬下狹」的結字原則乃是顏眞卿楷書的標誌，在注中認爲不相稱的「頭小尾大」則是初唐楷

　　初唐欲將王羲之變化如雲的書法納入規範的框架中，而此一規範又尚在追求中，因此傳布的人不免將一己之心得寫入，甚至修改原文，因此，「王羲之筆勢論」的含意是「學習書法的筆勢理論」，蓋初唐時期，王羲之是書法唯一的典範，但在宮廷系統之外的學習上卻極為困難，因為書法本身的學習必須仰賴一流的法帖以及口傳手授上，而法帖又被唐太宗大量蒐羅至宮中，就算民間偶有真跡，亦必秘而不宣，因此，即便是有造詣的書家，也難以窺見王羲之全貌，此時口傳手授就更顯得重要，而教學者對於無法體會的東西自然無法傳授，進而進行刪節或修改，從這個角度看，〈筆勢論〉的多種版本，反而是其廣泛流行的反映。這些情況在〈書譜〉文本中亦有所論述：

> 夫心之所達，不易盡于名言；言之所通，尚難形於紙墨。粗可髣髴
> 其狀，綱紀其辭。冀酌希夷，取會佳境。闕而末逮，請俟將來。今
> 撰執使轉用之由，以祛未悟。〔註31〕

意謂書法之道，難以言說，僅能「綱紀其辭」，然則孫過庭仍努力不懈的要以優美的駢文，論述複雜的「執使轉用」等用筆技巧，目的是使人明白，去除疑惑。試將時代拉回初唐，孫過庭以一介小官，相當自信的意圖揭發書法用筆執使轉用的奧秘，由於自身深刻的體悟，因此可以大膽的否定流傳於民間的王羲之〈筆勢論〉，〔註32〕那一般塾師在時代的變動下或以一己的體悟改動〈筆勢論〉便不足為奇了。

書的結字原則，據此可知此作絕非初唐作品。反觀唐‧韋續：《墨藪》本「節度章第十」謂：「夫學書作字之體，須遵正法，字之形勢並不得上寬下窄。(注：若此是頭重尾輕不相勝置也。)」(文淵閣四庫全書本第812冊，頁397。) 宋‧朱長文：《墨池編》本：「九曰字體之形，不宜上闊下狹，如此則輕重不相稱也。」(文淵閣四庫全書本第812冊，頁622～623。) 此二者的要求則是典型的初唐王字系統的楷書典範，因此，敦煌寫本的〈筆勢論〉很難說是孫過庭所見的〈筆勢論〉。又，亦不可以此作為孫過庭〈書譜〉所謂「文筆理疏，意乖言拙」的證據，因為結字的「上寬下狹」是顏真卿變革楷書的結果，此楷書法式並不見於初唐以前。

〔註31〕唐‧孫過庭：《書譜》，頁62～63 (薛氏本)。

〔註32〕孫過庭〈書譜〉因以真跡流傳至今，彌顯珍貴，然則孫在當時是不受重視的，是以今日對於孫過庭的高度讚揚乃是後設之說，不符合孫過庭在當時的坎壈纏身，拙論：〈論中國歷代對孫過庭〈書譜〉的評價與詮釋〉(《逢甲人文社會學報》，臺中：逢甲大學人文社會學院，第20期，2010年6月，頁144～149。) 有較清楚的論說，可參看唐代的部分。

（四）〈書譜〉對王羲之書法表現情感的詮釋

在孫過庭之前，對於書法美的描寫多取譬人文或自然圖畫，所謂「近取諸身」、「遠取諸物」的象天法地，與文字的起源互相結合，而在〈書譜〉中，孫過庭提出王羲之書作有不同的情感表現，云：

> 但右軍之書，代多稱習，良可據爲宗匠，取立指歸。豈惟會古通今，亦乃情深調合。致使摹搨日廣，研習歲滋，先後著名，多從散落；歷代孤紹，非其効與？試言其由，略陳數意：止如〈樂毅論〉、〈黃庭經〉、〈東方朔畫贊〉、〈太師箴〉、〈蘭亭集序〉、〈告誓文〉斯並代俗所傳，眞行絕致者也。寫〈樂毅〉則情多怫鬱；書〈畫贊〉則意涉瑰奇；〈黃庭經〉則怡懌虛無；〈太師箴〉又縱橫爭折；暨乎蘭亭興集，思逸神超，私門誡誓，情拘志慘。〔註33〕

此又重述王羲之爲標竿的本懷，其意不斷反覆，可謂念茲在茲。而提出王羲之書法之爲標竿，不僅於其書寫技法之高明融貫古今，更是「情深調和」：在書作中表達出自身的情感，而其情感的表達與書寫內容同一節奏。孫過庭歷數王羲之名作，認爲所以流傳下來，這是重要原因，他體會出王羲之書寫〈樂毅論〉時，融入樂毅「城拔業乖」〔註34〕的鬱結心情；書寫〈東方朔畫贊〉時，融入「奇怪恍惚」〔註35〕的瑰麗奇境；書寫〈黃庭經〉時，融入體悟道經虛無長生的愉悅情致；書寫〈太師箴〉時「另有激昂凌厲的態度」〔註36〕；書寫〈蘭亭序〉時，則融入「蕙風和暢」的神思；書寫〈告誓文〉時，則不免融入「瘝寐永歎」〔註37〕的悲思筆意。孫過庭詮釋了王羲之名跡的情感流露，可言者有：

1. 王羲之在不同的作品中，表達出不同的情調美感；
2. 書法的筆意與內容的含意兩者相融爲一；

〔註33〕　唐·孫過庭：《書譜》，頁33～36。

〔註34〕　王羲之書曹魏·夏侯玄〈樂毅論〉句，（魏、晉、唐：《魏晉唐小楷集》，東京：二玄社，1990年3月中國法書選本），頁24。

〔註35〕　王羲之書西晉·夏侯湛〈東方朔畫贊〉句，魏、晉、唐：《魏晉唐小楷集》，頁33。

〔註36〕　王仁鈞：《書譜導讀》（臺北：蕙風堂筆墨有限公司出版部，2007年9月），頁84。王羲之書〈太師箴〉今無傳本，今可見嵇康撰有同名文章（明·張溥輯：《漢魏六朝百三名家集·嵇中散集》南京：江蘇古籍出版社，2002年3月，第2冊，頁279～280。）未能確認，疑即爲該文。

〔註37〕　江吟主編：《王羲之書法全集·智永集王字告誓文》（杭州：西泠印社出版社，2008年6月）句，第8冊，頁582。

3. 作品表現出來的情感乃是出自於書寫者本人，而不只是閱讀者的想像；對王羲之書作這樣的理解與詮釋很難說是王羲之的初衷，然而，卻被孫過庭解讀出來，為王羲之書法的藝術表現作了新的詮釋，孫氏接著解說云：

> 所謂涉樂方笑，言哀已歎。豈惟駐想流波，將貽嘽嗳之奏；馳神睢
> 渙，方思藻繪之文。雖其目擊道存，尚或心迷義舛。莫不強名為體，
> 共習分區。豈知情動形言，取會風騷之意；陽舒陰慘，本乎天地之
> 心。既失其情，理乖其實，原夫所致，安有體哉！〔註38〕

孫過庭指出，人們自身情感的表達，因為有開心的事才會笑，論及傷心事則不免感嘆伯牙鼓琴奏出平和的旋律、曹丕睢水馳想水面文章等事並非特例，只是人們心中不能明白其中的關係而強加區分，事實上，內心情感的激動所表現出來的，不論是書法或文章，都根源於「天地之心」，因此，孫過庭將前述王羲之的書寫內容與書法表現兩者的內在情感融通為一，就是理所當然的了。

二、〈書品後〉對王羲之書法規範化轉向的論述

相較於〈書譜〉以王羲之為唯一的典範，〈書品後〉承認不同的書法家的價值是與〈書譜〉完全不同的論述型態，書法品評自非始自李嗣真（？～696），然而李嗣真確有新的見解與創新。

與〈書譜〉的時代相近，卻預示了唐代文化的轉型，或者說，唐代本身就是具有如此具體而有彈性的文化特質，李嗣真〈書品後〉云：

> 其議於品藻，自王愔以下，王僧虔、袁、庾諸公已言之矣，而或未
> 周，今採諸家之善，聊指同異，以貽諸好事。其前品已定，則不復
> 銓列。素未曾入，而可措者，亦後云爾。……始於秦世，終唐室，
> 凡八十一人，分十等。〔註39〕

王愔之作徒留其目，〔註40〕品評不見；王僧虔〈論書〉、袁昂〈古今書評〉則是對書家個別表現的品藻，價值區分尚不明顯，至庾肩吾〈書品論〉則分作九品，此實是仿當時的九品中正制度而延伸的，自有價值區分之意味，然其簡單區分古文、科斗甚至以為篆籀等「信無味之奇珍，非趣時之急務。且具

〔註38〕 唐・孫過庭：《書譜》，頁36～37。
〔註39〕 唐・李嗣真，〈書品後〉，見於唐・張彥遠：《法書要錄》（洪本），卷3，頁80。
〔註40〕 唐・張彥遠：《法書要錄》（洪本），卷1，頁21。

錄前訓，今不復兼論」〔註41〕，而以爲「惟草正疏通，專行於世，其或繼之者，雖百代可知。」〔註42〕其評論「善草隸者一百二十八人。」〔註43〕人數雖不少，但乃是集中對漢魏南北朝名士的品評，其廣度不如李嗣眞，〈書品後〉是「始於秦氏，終唐氏，凡八十一人，分爲十等」，兩者大不相同。茲敘其所開展之對王羲之書法的詮釋意義如下：

（一）與孫過庭或唐太宗獨尊王羲之的型態完全不同，正是一種多元價值的肯認，孫過庭在唐時不名，不入九品，唐太宗屬帝王神札，渠稱「不敢寓言」〔註44〕，但李嗣眞不可能不知王羲之被初唐獨尊的情況；然李列逸品者爲第一，且特別獨立李斯，以爲「傳國之遺寶」，表示李重視文字根源，是一種探本尋源的表現；

（二）復次，又在九品之上增列「逸品」，名列逸品的除了李斯之外，就是鍾繇、張芝、王羲之、王獻之四人，這又凸顯了與孫過庭及唐太宗相異的觀點，以王獻之而言，乃是唐太宗及孫過庭在道德上給予強烈的批判，終究是貶抑的，而〈書品後〉即便指出王獻之近似的缺陷，如「有害名教」、「時有失體處」〔註45〕等，但終究是有神助的雅頌之流——褒讚的。這兩者有極大的差異。

因此，李嗣眞的〈書品後〉呈現的是一種多元立體的初唐品評規模，與前人又更進一步。

展讀李嗣眞〈書品後〉，在其獨創的「逸品」中雖列五人，然對王羲之的評論是最豐富的，可以想見，王羲之是初唐最爲重要的典範，李嗣眞評云：

> 右軍正體，如陰陽四時，寒暑調暢，岩廊宏敞，簪裾肅穆。其聲鳴也，則鏗鏘金石；其芬郁也，則氛氳蘭麝；其難徵也，則縹緲而已仙；其可覿也，則昭彰而在目。可謂書之聖也。〔註46〕

在「規矩」要求的意識型態之下，首列王羲之的楷書，並稱之以「書之聖」；又評：

> 若草行雜體，如清風出袖，明月入懷，瑜瑾爛而五色，黼繡摛其七

〔註41〕唐・張彥遠：《法書要錄》（洪本），卷2，頁51。
〔註42〕唐・張彥遠：《法書要錄》（洪本），卷2，頁51。
〔註43〕唐・張彥遠：《法書要錄》（洪本），卷2，頁51。
〔註44〕唐・張彥遠：《法書要錄》（洪本），卷3，頁80。
〔註45〕唐・張彥遠：《法書要錄》（洪本），卷3，頁81。
〔註46〕唐・張彥遠：《法書要錄》（洪本），卷3，頁81。

采，故使離朱喪明，子期失聽，可謂草之聖也；其飛白猶霧縠卷舒，
烟雲炤灼，長劍耿介而倚天，勁矢超忽而無地，可謂飛白之仙也。

又如松岩點黛，蓊鬱而起朝雲；飛泉漱玉，灑散而成暮雨。既離方
以遁圓，亦非絲而異帛，趣長筆短，差難縷陳。〔註47〕

除「書之聖」外，李嗣真還評右軍草書爲「草之聖」、飛白書爲「飛白之仙」，
所用的形容語句以達極致，無以復加，因而稱之「趣長筆短，差難縷陳」，而
所用的形象，不失自然與人文的和諧比喻，自然界的況喻尤多，與文字出自
自然遙相呼應，成爲傳統。可見，李嗣真對於王羲之書法的詮釋是一種超越
法度，遙契天然的最高關懷，李嗣真感受到言詮王羲之「飄若浮雲，矯若驚
龍」之筆勢的困難：

評曰：元常每點多異，羲之萬字不同，後之學者，恐徒傷筋膂耳。

然右軍肇變古質，理不應減鍾，故云：「或謂過之」。〔註48〕

若以規矩或實用的角度來看王羲之變化如雲的書法，確實產生極大的衝突，
故發「後之學者，恐徒傷筋膂耳」之感嘆，李嗣真清楚的意識到這一個面向，
這是將王羲之書法轉化爲唐代書寫規範最大的挑戰之處；另一方面，李嗣真
肯定時代變化的需要，不厚古薄今，認同王羲之超越鍾繇的觀點，這又再次
傳達出尊崇王羲之書法的書寫意識。

通讀整篇〈書品後〉，在「中上品」以前可見明顯的王羲之標準，而「中
中品」以下，或離王羲之典範太遠，已難以較量，這一方面看出李嗣真以王
羲之爲標準的寫作態度，另一方面也顯現出對王羲之以外的書法欣賞，可視
爲初唐到盛唐的過渡。

第二節　張懷瓘與〈述書賦〉對王羲之書法的詮釋

初唐由唐太宗獨尊王羲之所立的規範可說是極爲深刻廣遠，但隨著太宗
逝世，書法對於規矩的追求逐漸產生動搖與變化。首先，王羲之的書法以變
化著稱，這與實用的文字記錄功能不能說毫無衝突；其次，王羲之的書法充
分表現出自己的情感，尤其經過孫過庭等人的詮釋之後，更堅定了書法藝術
表現的基礎。

〔註47〕唐・張彥遠：《法書要錄》（洪本），卷3，頁81。
〔註48〕唐・張彥遠：《法書要錄》（洪本），卷3，頁81。

　　從初唐的書法表現上來看，規矩的追尋已經到達一個高峰，後繼者自是不乏其人，終究，書法兼具實用性與藝術性，實用性方面隨著國家安定而有穩定的發展，而藝術性方面，繩之以規矩，日久生厭乃人之常情，不容否認，高度的用筆技巧與嚴密的間架結構是一種藝術表現，但書法之表現並不僅僅如此而已，它在初盛唐間，隨著唐太宗的逝世，有了新的變化，李嗣眞〈書品後〉多元的欣賞已見其端，《法書要錄》中還載有崔備、李約兩人的〈壁書飛白「蕭」字記〉以及張弘靖〔註49〕〈蕭齋記〉，所頌讚的是蕭子雲壁書「蕭」字，並非王羲之書法，這顯示王羲之書法之典範性受到挑戰。

　　就論述方面來看，張懷瓘（？～？）無疑是唐代著作最富、甚且最完整的論述專家，他所活躍的時代已經是盛唐時期，〔註50〕經過初盛唐穩定的發展，論述的核心概念已經不是孫過庭般的以王羲之書法爲中心，張懷瓘的書論著作豐富，今所傳〈書估〉、〈二王等書錄〉、〈書議〉、〈文字論〉、〈書斷〉具載於《法書要錄》，分篇述論如下：

一、張懷瓘〈書估〉對王羲之書法的量化詮釋

　　首先，張懷瓘在〈書估〉中對書法作品量化的詮釋頗爲特殊，從傳承的角度看，此與李嗣眞等品書系列作品有相近之處，因爲他將書作分作五等，具有等差的價值概念；但若從量化的角度來看，卻使品書活動從高尚的欣賞變爲經濟的交換，這象徵唐人對於書法作品的珍視與收藏。

　　張懷瓘將書作量化的標準是繼承初唐書法規範化的王羲之書法爲參照標準，〈書估〉云：

> 因取世人易解，遂以王羲之爲標準。如大王草書字直，一百五字乃敵一行行書，三行行書敵一行眞正，偏帖則爾。至如〈樂毅〉、〈黃庭〉、〈太師箴〉、〈畫贊〉、〈累表〉、〈告誓〉等，但得成篇，即爲國寶，不可計以數字，或千或萬，惟鑑別之精粗也。他皆仿此。〔註51〕

〔註49〕　《法書要錄》作「高平公」（唐・張彥遠：《法書要錄》（洪本），卷3，頁111），即張彥遠之祖父，據後晉・劉昫：《舊唐書・張延賞傳》即是「張弘靖」（卷129，頁3610～3613）。

〔註50〕　據（日）中田勇次郎撰、盧永璘譯：《中國書法理論史》（天津：天津古籍出版社，1987年12月）：「張懷瓘……活躍於唐玄宗開元年間到唐肅宗乾元年間。」（頁37。）

〔註51〕　唐・張彥遠：《法書要錄》（洪本），卷4，頁112。

明確量化了王羲之書法的價值，很具體的說明王羲之書法在盛唐的價格，特別注意的是所列諸「國寶」均屬楷書，〔註52〕〈蘭亭序〉入葬昭陵，不在其列，此又可見唐人渴求楷書規範之文化意識。若與〈書譜〉相較，孫氏以王羲之為唯一之標準，對其他三賢均有非議，而張懷瓘之論述，則是基於「世人易解」與量化標準。

　　量化使書作價值做殘酷的價值分析，即便價值有高低之分，但所列諸作都是有價值的，這也是多元認肯的表現，前述二王已在〈書品後〉透出相當的地位，〈書估〉更進一步闡釋：

> 子敬年十五六時，常白逸少云：「古之章草，未能宏逸，頗異諸體。今窮偽略之理，極草縱之致，不若藁行之間，於往法固殊，大人宜改體。」逸少笑而不答。及其業成之後，神用獨超，天姿特秀，流便簡易，志在驚奇，峻險高深，起自此子。然時有敗累，不顧疵瑕，故減於右軍行書之價，可謂子為神駿，父得靈和，父子真行，固為百代之楷法。〔註53〕

王獻之洞見父親草書的表現不足之處，從章草發現草書的表現空間可進一步發揮，因此希望父親能改體，這在儒家倫理傳統上是不被允許的，卻展現了王獻之對於草書表現的敏銳度，雖然不能得到父親的認可，他仍堅持新的創作表現：「流變簡易，志在驚奇，峻險高深」，開創了新的草書表現境界，從文字實用的功能轉移到藝術表現的新境界，這是王獻之的堅持，卻是唐太宗所反對的，但事過境遷，盛唐的張懷瓘已經將之視為楷模典範了。由〈書估〉量化的詮釋來看，王獻之草書的價格應在王羲之的行書和草書之間。不僅王獻之，張懷瓘還將書法史作了統整，云：

> 然文質相沿，立其三估，貴賤殊品，置其五等。三估者：篆籀為上估，鍾張為中估，羲獻為下估。……且如右軍真書妙極，又人間切

〔註52〕〈累表〉仍是一件楷書作品，今不見傳，宋・米芾：《寶章待訪錄》「黃素黃庭經」條云：「逸少真書，此（黃庭）經與〈樂毅論〉、〈太史箴〉、〈告誓文〉、〈累表〉也；〈蘭亭〉、〈洛神賦〉皆行書，其他並草書也。」（四庫全書存目叢書編纂委員會編：《四庫全書存目叢書・史部八四》，濟南：齊魯書社，1996年8月，頁532。）據此故云。

〔註53〕唐・張彥遠：《法書要錄》（洪本），頁112～113。王獻之勸其父親改體的事在張懷瓘的著作中多次出現，亦可見於〈書議〉（唐・張彥遠：《法書要錄》（洪本），卷4，頁124）、〈書斷〉（唐・張彥遠：《法書要錄》（洪本），卷7，頁195。）文字小異。

須，是以價齊中估，古遠稀世，非無降差，崔、張玉也；逸少金也。

大賈則貴其玉；小商乃重其金。膚淺之人，多任其耳，但以王書爲

最，眞草一槩，暑無差殊，豈悟右軍之書，自有十等！〔註54〕

所謂的「三估」是文質變化的區分，當然上估自是優於中估、下估，但並非世俗一般的價值，較多的屬於是文化上的，是以王羲之楷書極爲美妙「又人間切須」，所以價齊中估；打個比方，崔張爲玉、而逸少爲金，乃因人間都王羲之書法的價值，就像金子一般通俗，而崔張的名跡難得一見，就如高貴的美玉，因而有時價值連城，超越金子一般。張懷瓘又對王羲之所有書法提出見解，有別於一般膚淺的俗人，只要一聽到王羲之書法作品便以爲是最高等級，不管楷書或草書，張懷瓘認爲，王羲之各種書體的表現成就並不相同，是有等差的，他不盲從迷信，是基於自己廣博的見識，反證初盛唐社會對於王羲之書法的盲目崇拜。

二、張懷瓘〈書議〉對王羲之書法各體表現的價值詮釋

在〈書估〉中，張懷瓘僅指出「右軍之書，自有十等」，但並未詳說，在其另一篇書論〈書議〉則有明確的區分，茲據以製表如表 3-1。

表 3-1：張懷瓘〈書議〉真行草章四體書法家排名一覽表

排名 ＼ 書體	真書	行書	章草	草書
第一	逸少	逸少	子玉	伯英
第二	元常	子敬	伯英	叔夜
第三	世將	元常	幼安	子敬
第四	子敬	伯英	伯玉	處冲
第五	士季	伯玉	逸少	世將
第六	文靜	季琰	士季	仲將
第七	茂弘	敬和	子敬	士季
第八	✕	茂弘	休明	逸少
第九	✕	安石	✕	✕

此表清楚呈現了王羲之四體書法作品在張懷瓘心中的價值：只有楷書與行書名列第一，章草爲第五、草書更落居第八，此與世俗一聽到王羲之書作便以爲最高等級的習慣不同，張懷瓘亦知此理，於草書之後特加說明：

〔註54〕唐・張彥遠：《法書要錄》（洪本），卷 4，頁 113。

或問曰：此品之中，諸子豈能悉過於逸少？答：人之材能各有長短，諸子於草，各有性識，精魄超然，神彩射人，逸少則格律非高，功夫又少，雖圓豐妍美，乃乏神氣，無戈戟銛鋭可畏，無物象生動可奇，是以劣於諸子，得重名者，以眞行故也。舉世莫之能曉，悉以爲眞草一槩，若所見與諸子雷同，則何煩有論？今製品格，以代權衡，於物無情，不饒不損，惟以理伏，頗能面質，冀合規於玄匠，殊不顧於聾俗。夫聾俗，無眼有耳，但聞是逸少，必闇然懸伏，何必須見？見與不見一也。〔註55〕

張懷瓘以爲王羲之所得的偉大名聲是起於他的楷書和行書的表現，在草書方面，他認爲王羲之的格調不高，而且不夠用功，所以雖然榜上有名，但乃是敬陪末座。注意張懷瓘的要求：可畏的銛鋭戈戟與可奇的生動物象，張懷瓘這兩方面的要求不在行書、楷書，卻在草書，顯示他對草書有獨特的要求與心得；進而言之，如此未嘗不是時代轉變使然，書法的表現在初唐王羲之籠罩之下的一種反動，張懷瓘關心書法作品之價值，已經嗅得時風轉變的氣味，不但對王獻之傾心，對於王羲之草書，他更加嚴厲批評，道：

逸少草有女郎材，無丈夫氣，不足貴也。〔註56〕

這種嚴厲的批評，在初唐是難以想像的，但卻是張懷瓘所大聲疾呼的，他一而再、再而三的指斥：「世人雖不能甄別，但聞二王，莫不醉心。」〔註57〕演繹至此，可知這樣嚴厲的批評是有其主張的，這不僅是張懷瓘獨自的思維，亦由時代風氣使然，張懷瓘是居時代轉變之際，其書法理論如實的反應當時狀況，尤其對草書鑑賞不由耳目，不但專擅，亦自有主張，〈書議〉云：

嵇叔夜身長七尺六寸，美音聲，偉容色，雖土木形體，而龍章鳳姿，天質自然，加以孝友溫恭，吾慕其爲人。常有其草寫〈絕交書〉一紙，非常寶惜，有人與吾兩紙王右軍書，不易。〔註58〕

前表所列草書的排名，嵇叔夜排名第二，第一爲伯英張芝，係因其「創立規範，得物象之形，均造化之理」〔註59〕；排名第二的便是嵇康，張懷瓘特加捻出所寶惜之〈絕交書〉一紙，不與王羲之兩紙交易；試析其鑑賞形式：首

〔註55〕唐・張彥遠：《法書要錄》（洪本），卷4，頁123。
〔註56〕唐・張彥遠：《法書要錄》（洪本），卷4，頁125。
〔註57〕唐・張彥遠：《法書要錄》（洪本），卷4，頁124。
〔註58〕唐・張彥遠：《法書要錄》（洪本），卷4，頁125。
〔註59〕唐・張彥遠：《法書要錄》（洪本），卷4，頁123。

先是從其身高、音聲、形貌，然後欣賞他的氣質與道德修養，可見對書法的鑑賞還是和人聯繫在一起。

通覽〈書議〉，篇幅不大，特在草書的述論致力，可見唐代在社會長期的穩定中，人心思變，追求新的視覺美感的趨向，是以〈書議〉標舉「風神骨氣者居上，妍美功用者居下。」〔註60〕另一方面，張懷瓘領悟草書「囊括萬殊，裁成一相」〔註61〕的獨特魅力，仍不乏自身的主觀的喜好。

三、張懷瓘《書斷》論述王羲之書法在書法史的定位

《書斷》是張懷瓘篇幅最大的作品，論述最爲全面完整。論述的展開之前有一段序文，辨明書法在藝術表現與實用功能的調和；全文分三卷：卷上述論書法十體源流，著十贊一論；卷中較論書法優劣，爲神、妙、能三品，並撰神、妙兩品書家之傳；卷下則列能品書家傳，對於所見聞的書法史作一總整理。

在討論此作對王羲之的理解與詮釋之前，先從張氏論述規模中討論其論述之角度：

（一）張懷瓘頗能從書法發展歷史宏觀的角度來說明書法的現象，對於古代傳說多所辨證。由於張氏廣泛蒐集並解析文獻，因此具實證精神，然這實證精神主要是文獻上的分析，對於書跡作品的探索仍然十分有限，這可由其中對於古文、大篆、籀文等書體的論述觀察得知。這種僅從文獻上實證的精神一方面顯現對於前賢文獻的尊重，卻也是迷思，這是時代所限。

（二）張懷瓘宏觀的視角之下，不但每一種書體都被重新審視，每一位書家也都被重新審視，甚至書家的每一書體都被重新審視，張懷瓘將之列於適當的位置中，近於時空的座標系統之下。

（三）張氏所討論的是書家，對於個別作品論述不多，顯示書法作品的價值附屬於書家個人的價值之下，或是品德、或是風度、或是功業等等，書作本身的價值不容易被獨立對待，孫過庭不被列名是最顯著的例子。

〔註60〕唐・張彥遠：《法書要錄》（洪本），卷4，頁121。張懷瓘再三論述書法鑑賞應在神采、風神的高度，不在字形、狀貌的妍美，如其〈文字論〉中所述：「深識書者，惟觀神彩，不見字形」（唐・張彥遠：《法書要錄》（洪本），卷4，頁128。）之名言，〈文字論〉在這部分有更多的論述。

〔註61〕唐・張彥遠：《法書要錄》（洪本），卷4，頁124。

在如此之論述規模之下，如欲討論對於王羲之的評價與詮釋，應從其傳記入手，因為在張懷瓘的心目中，書法的價值首先決定在人的價值，所書作品則在於其次，〔註62〕《書斷》載：

> 王羲之，字逸少，瑯琊臨沂人。祖正，尚書郎。父曠，淮南太守。逸少骨鯁高爽，不顧常流，與王承、王沉為「王氏三少」。起家祕書郎，累遷右軍將軍、會稽內史。初度浙江，便有終焉之志，昇平五年卒，年五十九，贈金紫光祿大夫加常侍。尤善書，草、隸、八分、飛白、章、行備精諸體，自成一家法，千變萬化，得之神功，自非造化發靈，豈能登峰造極？〔註63〕

這是《書斷》王羲之傳的前半，由此所述，可為前述宏觀的視野再添一證：這是史家書寫的記傳體的書寫形式，先從人物之籍貫、祖先敘述，再論其功業事蹟。雖然這是一篇書法家的傳記，而非歷史人物的正史傳記，論述的重點應是在書法表現，即便如此，張懷瓘接續的是品格、風度的描述，引「王氏三少」以見其在世時頗負盛名；接著論述王羲之的官職。這些基本資料完備之後，再分析其書法成就，終篇所述，僅有分體，並無具體作品的分析。

張懷瓘的寫作方式和孫過庭完全不同，孫過庭以駢文書寫，是文學的書寫意識；《書斷》則是以傳記的角度立論，是史書的書寫意識，因此在張懷瓘看來，書法附屬於人，人則存在於人倫系統之中；在〈書譜〉的書寫中，孫過庭闡釋書法具體操作的形式與內涵，落實在書寫本身。而兩者相同的則在於相信萬物為造化所創，人的舉止行為為「人」所做，「人」的底層受制於「造化」。是以〈書譜〉論述右軍不同作品的書作具有不同情感的原因在於「本乎天地之心」〔註64〕，《書斷》對於右王羲之諸體的卓越成就，歸因於「神功」，所謂「自非造化發靈，豈能登峰造極？」歸指於超越的自然神力──人只有在神的協助作用之下才能達到最高境界。

〔註62〕 由於如此的書寫意識，因此張氏寫下：「我唐四聖：高祖神堯皇帝、太宗文武聖皇帝、高宗天皇大聖皇帝，鴻猷大業，列乎冊書，多才能事，俯同人境，翰墨之妙，資以神功。開草隸之規模，變張王之今古，盡善盡美，無得而稱。今天子神武聰明，制同造化，筆精墨妙，思極天人，或頌德銘勛，函耀金石；或恩崇惠縟，載錫侯王。赫矣光華，懸諸日月，然猶進而不已，惟奧惟玄，非區區小臣所敢揚述。」（唐・張彥遠：《法書要錄》（洪本），卷8，頁203。）這點可為旁證。

〔註63〕 唐・張彥遠：《法書要錄》（洪本），卷8，頁212。

〔註64〕 唐・孫過庭：《書譜》，頁37。參前節所述。

其次，討論《書斷》中論述王羲之書法諸體的成就，《書斷‧王羲之傳》云：

> 然割析張公之草，而濃纖折衷，乃愧其精熟；損益鍾君之隸，雖運用增華，而古雅不逮。至研精體勢，則無所不工，亦猶「鐘鼓云乎」「雅頌得所」。觀夫開襟應務，若養由之術，百發百中，飛名蓋世，獨映將來，其後風靡雲從，世所不易，可謂冥通合聖者也。隸、行、草書、章草、飛白俱入神，八分入妙。〔註65〕

前述王羲之之所以書法成就卓越的原因在於造化神功的襄助，而王羲之畢竟是人不是神，是以諸體的表現仍有差異，身當盛唐的時代，已經過了客觀化、標準化的時代需求，張懷瓘認清了這個方面的事實，稱之「雅頌得所」即爲此意，以爲王羲之的隸書（楷書）、行書、草書、章草、飛白等五體都入神品，八分書也到達妙品。

王羲之達到神品的有五體，八分則在妙品，這顯示出與初唐最大的差異，《書斷》神品所列，並非僅此數體，茲將所載神品人數及名單製如表3-2：〔註66〕

表3-2：《書斷》所載十種書體神品人數及名單一覽表

書體	神品人數	神品名單
古文	0	（缺）
大篆	1	史籀
籀文	1	史籀
小篆	1	李斯
八分	1	蔡邕
隸書	3	鍾繇、王羲之、王獻之
行書	4	王羲之、鍾繇、王獻之、張芝
章草	8	張芝、杜度、崔瑗、索晉、衛瓘、王羲之、王獻之、皇象
飛白	3	蔡邕、王羲之、王獻之
草書	3	張芝、王羲之、王獻之

從這份表單中可知，張懷瓘《書斷》對於「史」的觀念以及傳統的重視，王羲之身處的時代是一個即爲動盪的時代，史稱魏晉風流，蓋彼之時，東漢名教瓦解，儒家價值受到懷疑，加之以外患侵擾，國家難保，於是乎轉而追

〔註65〕唐‧張彥遠：《法書要錄》（洪本），卷8，頁212～213。

〔註66〕唐‧張彥遠：《法書要錄》（洪本），卷8，頁203～204。

求自身風度；而時序入盛唐，唐代已經度過一段承平時期，思索國家根源與文化血脈，表現在文字書寫上則探索漢字的演變及其意義之所在，乃知前人也有不可抹滅的貢獻，然而限於資料，多數書跡已經灰飛湮滅，聊成三品區分如此，史籀、李斯均為整理文字有功之人，卻非藝術表現傑出人物，可見〈書斷〉的論述兼顧了文字的實用與藝術表現兩者。

另張懷瓘〈書斷〉可討論的還有兩個方面：

（一）立體縱向書法歷史的定位

張懷瓘〈書斷〉「八分」中云：

> 二王八分即挂壁之類。唯蔡伯喈乃造其極焉。〔註67〕

〈書斷〉評論十體，依序為古文、大篆、籀文、小篆、八分、隸書、草書、行書、飛白、草書，在這十體中，王羲之從八分開始留名，但被評為「挂壁之類」並不高明。張懷瓘對於各體書具有相當的認識，肯定王羲之對於今體的貢獻，但也指出王羲之不能精擅篆籀的事實，張懷瓘云：

> 古文可為上古，大篆為中古，小篆為下古，三古為實，草隸為華，
> 妙極於華者羲獻，精窮於實者籀斯。〔註68〕

以花、實為喻，古文篆籀為實，羲之、獻之為花。因此，張懷瓘的鑑賞不單是個別的平面的欣賞，而是縱向的為書家在書法歷史的座標系統上定位，二王成了這個座標的重要基準。

（二）二王之比較

既然張懷瓘整理了之前的書法史，伯仲之間的較論自是難免，二王地位之升降因時有異，張懷瓘亦有討論，云：

> 其間備精諸體，唯獨右軍，次至大令。然子敬可謂〈武〉盡美矣，
> 未盡善也；逸少可謂〈韶〉盡美矣，又盡善也。〔註69〕

王羲之以備精諸體，且風格文雅，被譽為盡善盡美；王獻之則突出藝術表現的美，未能盡善，表面看來，王羲之的評價似乎更勝王獻之，而事實上，張懷瓘是更欣賞王獻之的，尤其是在行草書方面，草書在前述王獻之屢勸王羲之改體的故事中已然見之，張懷瓘在《書斷》卷上，「行書」中云：

〔註67〕原始文獻見於唐・張彥遠：《法書要錄》（洪本），卷7，頁192。
〔註68〕唐・張彥遠：《法書要錄》（洪本），卷8，頁208。
〔註69〕唐・張彥遠：《法書要錄》（洪本），卷9，頁240。

若逸氣縱橫，則羲謝於獻；若簪裾禮樂，則獻不繼羲。雖諸家之法
悉殊，而子敬最爲遒拔。〔註70〕

肯定王羲之端雅的風格，但對於王獻之逸氣縱橫的揮灑顯然更爲傾心，甚至
以爲王獻之的行書表現是最好的，這裡的「法」指的是表現的手法，而非初
唐講究的法度，回顧張懷瓘在〈書議〉的排名榜，王羲之在王獻之之前，可
見張懷瓘對於此兩人評價的挣扎：一方面，「世人易解」的是王羲之的標準，
故評價王羲之爲第一，但這已將漸漸成爲過去式，王獻之的表現令張懷瓘激
賞，盛唐書風的轉變隱然可見。

其次，還有一段有趣的較論，是王羲之與吳·皇象（字休明）的較論：

懷瓘以爲右軍隸書以一形而衆相，萬字皆別；休明章草雖相衆而形
一，萬字皆同。各造其極。〔註71〕

王羲之書法以講究變化爲唐人盛稱，而張懷瓘從反向思維讚譽皇象形式整齊
規律的章草，今傳章草作品中，皇象〈急就章〉仍是經典，因爲字數眾多，
可謂具有字典級的地位，張懷瓘是草書大家，深知書法創作實踐中個別文字
書寫表現的難度不同，初唐追尋規範，已經揚棄了章草，而取王羲之《十七
帖》之今草，張懷瓘之標舉皇象字典級的書寫功力，也是盛唐對初唐典範轉
向的現象之一，盛唐追索更多元的書法表現，是以對皇象有高度評價。

四、竇臮（竇蒙注）〈述書賦〉之二王並列

不同於張懷瓘考證文獻與書跡的書寫方式，竇臮〈述書賦〉完全著眼於
書跡，其稱：

今記前後所親見者，并今朝自武德以來迄于乾元之始，翰墨之妙，
可入品流者，咸亦書之。〔註72〕

是知記載內容乃皆親眼所見，時代起迄上自周、秦，下至肅宗乾元年間，可
謂實錄。所論王羲之乃繫之於晉六十三人〔註73〕之下，云：

博哉四庾，茂矣六郗，三謝之盛，八王之奇。……然則窮極奧旨，
逸少之始。虎變而百獸跧，風加而衆草靡，肯綮遊刃，神明合理。

〔註70〕唐·張彥遠：《法書要錄》（洪本），卷7，頁195。
〔註71〕唐·張彥遠：《法書要錄》（洪本），卷8，頁211。
〔註72〕唐·張彥遠：《法書要錄》（洪本），卷5，頁140。
〔註73〕據唐·竇蒙注文，唐·張彥遠：《法書要錄》（洪本），卷5，頁140。

雖興酣蘭亭，墨仰池水，〈武〉未盡善，〈韶〉乃盡美，猶以爲登泰

山之崇高，知群阜之迤邐。逮乎作程昭彰，褒貶無方。穠不短，纖

不長。信古今之獨立，豈末學而能揚。〔註74〕

「四庾」、「六郗」、「三謝」、「八王」頗能彰顯晉世士族的時代特色，王羲之
被放在此一系統中，被譽爲「窮極奧旨」的開拓者，並以虎變的多彩斑斕使
百獸蜷伏以及風行草偃之譬喻形容其超然獨立之地位；又以庖丁解牛之游刃
有餘形容王羲之的筆法高明，暗和神明；並稱頌他如泰山般崇高、褒貶無方、
穠纖合度。至於其子王獻之列於其後，竇臮云：

幼子子敬，創草破正。雍容文經，踴躍武定，態遣妍而多狀，勢由

己而靡罄。天假神憑，造化莫竟。象賢雖乏乎百中，偏悟何慚乎一

聖。〔註75〕

評價王獻之的創格，創連綿的行書〔註76〕打破正格，與張懷瓘所一再舉說的
「大人宜改體」遙相呼應，更稱頌王獻之書字的姿態妍美多姿，筆勢發自己
身而源源不絕，彷彿是上天授與、神明所假，雖然王獻之不能如王羲之般全
方位，但在行草的表現上確實不愧爲頂尖。竇臮將二王並舉，云：

斯二公者，能知方祁氏之奚午，天性近周家之文武。誠一字而萬殊，

且含規而孕矩。〔註77〕

以春秋晉國大夫祁奚、祁午父子以及周之文王、武王爲喻，其並稱的書寫意
識顯然，與前述張懷瓘的書寫意識相近，與初唐獨尊王羲之的典範呈現已然
不同。

第三節　初盛唐書法表現意識轉換中王羲之的地位

　　經過書法論述的耙梳，初唐獨尊王羲之的風氣到了盛唐有顯著的改變，
具體表現在幾個方面：（一）欣賞更爲多元，促進表現更爲多元；（二）而且
具有探本尋源的書法意識，上溯八分古文；（三）追求書法上更新的視覺刺激。
本節從書法的作品中進行分析，以明盛唐書法表現中王羲之的地位。

〔註74〕唐・張彥遠：《法書要錄》（洪本），卷5，頁146、147～148。
〔註75〕唐・張彥遠：《法書要錄》（洪本），卷5，頁148。
〔註76〕「創草破正」指的是行書，竇蒙注：「幼子獻之，字子敬，晉中書令。今世上
　　　　多見行書獨步，不可具舉跡書之。」（唐・張彥遠：《法書要錄》（洪本），卷5，
　　　　頁148。）據此故云。
〔註77〕唐・張彥遠：《法書要錄》（洪本），卷5，頁148。

一、唐太宗後初盛唐帝王的書法

在初唐的書法社會，由於唐太宗以帝王之姿獨尊王羲之，加之以動用國家資源，廣蒐王羲之書法，整個初唐社會便在王羲之為唯一典範的籠罩之下進行規範化，足見帝王影響之劇。張懷瓘〈書斷〉載：

> 我唐四聖：高祖神堯皇帝、太宗文武聖皇帝、高宗天皇大聖皇帝，鴻猷大業，列乎冊書，多才能事，俯同人境，翰墨之妙，資以神功。開草隸之規模，變張王之今古，盡善盡美，無得而稱。今天子神武聰明，制同造化，筆精墨妙，思極天人。或頌德銘勛，函耀金石；或恩崇惠縟，載錫侯王。〔註78〕

稱頌初唐高祖、太宗、高宗之書法，謂「開草隸之規模，變張王之今古」，太宗備集王書已於前章述論。高宗李治（628～683）亦愛好王羲之書法，規模大致步趨太宗，孫承澤《庚子銷夏錄》「高宗萬年宮銘」條載：

> 初唐帝王留心書學，太宗每得二王帖，輒令諸王臨五百遍，另易一帖，故所書多可觀。至太宗〈晉祠碑〉不見佳，不如《淳化帖》中諸書，高宗〈萬年宮銘〉筆致生動，有晉人遺致，勝似所書〈李勣碑〉。〔註79〕

唐初帝王在太宗的影響下，對於書學均有相當造詣，並非僅止於閱覽欣賞天府收藏而已，亦下筆操作，今仍有作品可驗。唐高宗傳世行書碑多種，〈萬年宮銘〉（永徽5年，651）、〈大唐記功頌〉（顯慶4年，659）、〈李勣碑〉（儀鳳2年，677）等均與太宗〈晉祠銘〉、〈溫泉銘〉有相近之處，均源自王羲之書法體勢，舉例而言，王右軍〈蘭亭序〉「之」字的變化為行書律則，近人高二適（1903～1977）曾手批〈大唐記功頌〉即指出（參圖3-2）：

> 「之」字搆別體，此守右軍〈蘭亭〉法。〔註80〕

行書寫碑應襲自太宗，可與〈溫泉銘〉相呼應。而則天武后〈昇仙太子碑〉（聖曆2年，699）（圖3-3）更開女性寫碑之例，所做體勢也是一派王羲之書法，兼有行草書，略具章草筆意，行列整齊，書寫意識在單字上，但字形大小相近，有規矩卻缺乏跌宕趣味，顯示出對於王字已顯疲態，尤其此碑字體較大，

〔註78〕唐・張彥遠：《法書要錄》（洪本），卷8，頁203。

〔註79〕清・孫承澤：《庚子銷夏錄》（上海：上海書畫出版社，1994年10月中國書畫全書本第7冊），卷6，頁783。

〔註80〕尹樹人、徐純原編：《高二適手批唐李治大唐記功頌》（南京：江蘇美術出版社，2011年5月），頁24。

圖 3-2：唐・高宗〈大唐記功碑〉局部

取自尹樹人、徐純原編：《高二適手批唐李治大唐記功頌》（南京：江蘇美術出版社，2011 年 5 月），頁 24。就中有七個「之」字都不同，可見王羲之〈蘭亭序〉遺法。

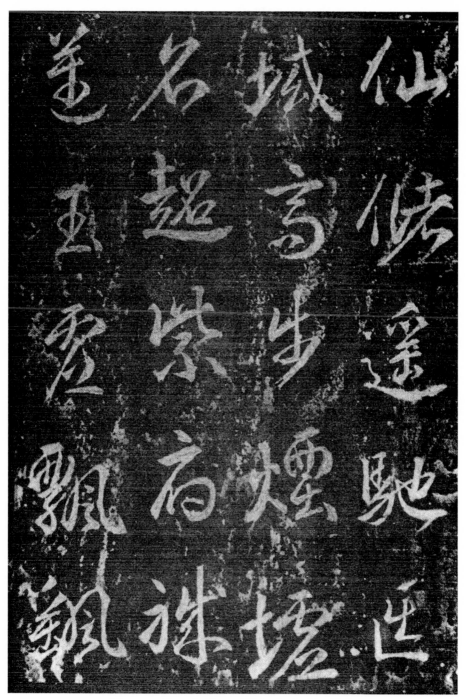

圖 3-3：周・武則天〈昇仙太子碑〉局部

取自：《中國書法全集・22 褚遂良卷》（北京：榮寶齋出版社，1999 年 9 月），
頁 280。是碑體兼行草書，第一行末更是武后所造「月」字。

以側鋒入筆，保留王字的勁利，卻顯單薄，是以增加筆壓，試圖讓字更為緊密卻感吃力。竇蒙注記中載王方慶獻王氏累代祖父書跡 11 卷之事，〔註 81〕是知當時仍在研習王氏一門書法，但武后已有感「魏晉以降，代乏名儒，穿鑿多門，形聲轉謬」〔註 82〕，對於魏晉以來文字的使用有些不滿，進而「思返上皇之化」〔註 83〕而造新字十八字，返古之意識顯然，唯手段粗暴，不能傳久。〔註 84〕

到了中宗李睿（656～710），對王羲之書法的崇拜已見消退，今存中宗〈賜盧正道敕〉（圖 3-4），字徑 15 公分，中宗捨王羲之筆法體勢，「用寫題額的方法寫出來的」〔註 85〕；另有睿宗，竇臮云：

> 睿宗垂文，規模尚古。〔註 86〕

「尚古」意味著追尋更為古老的書法，竇蒙注云：「性淳和，好書史，尚古質，書法正體，不樂浮華。」〔註 87〕是也。至於唐玄宗，竇臮〈述書賦〉載：

> 開元應乾，神武聰明。風骨巨麗，碑版崢嶸。思如泉而吐鳳，筆為
> 海而吞鯨。諸子多藝，天寶之際。迹且師於翰林，嗟源淺而波細。
>
> 〔註 88〕

「風骨巨麗，碑版崢嶸」，道出唐玄宗盛唐的氣勢，是一種華美壯闊的風格，竇蒙注更詳：

> 少工八分書及章草，殊異英特。自諸王殿下已下，多效吳嗣、李涂，
> 雖有工夫，不能高遠。開元中，八分書北京義堂〈西岳華山〉、〈東
> 岳封禪〉碑，雖有當時院中學士共相摹勒，然其風格大體皆出自聖
> 心。〔註 89〕

〔註 81〕 詳見唐・張彥遠：《法書要錄》（洪本），卷 6，頁 162。
〔註 82〕 清・董誥等編，《欽定全唐文》（臺北：大通書局，1975 年 4 月），卷 96，頁 1246。
〔註 83〕 清・董誥等編，《欽定全唐文》，卷 96，頁 1246。
〔註 84〕 關於武則天改字的文化意涵，參見拙論：〈唐人楷書的文化意涵〉，第 6 章，頁 203～207。
〔註 85〕 見（日）伏見沖敬撰、竇金蘭譯：《中國書法史》（天津：人民美術出版社，2000 年 7 月），頁 117。
〔註 86〕 唐・張彥遠：《法書要錄》（洪本），卷 6，頁 162。
〔註 87〕 唐・張彥遠：《法書要錄》（洪本），卷 6，頁 162。
〔註 88〕 唐・張彥遠：《法書要錄》（洪本），卷 6，頁 162～163。
〔註 89〕 唐・張彥遠：《法書要錄》（洪本），卷 6，頁 163。

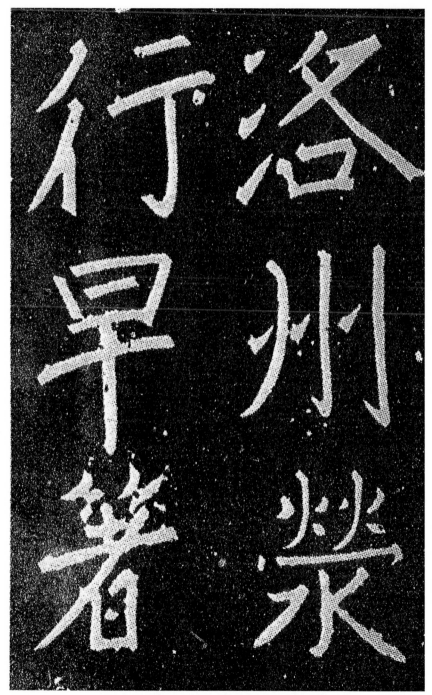

圖 3-4：唐・中宗〈賜盧正道敕〉局部

取自（日）伏見冲敬撰、實金蘭譯：《中國書法史》（天津：人民美術出版社，2000 年 7 月），頁 117。

工於八分書及章草，竟與初唐大異，究其原因，《宣和書譜》說得好：

> （明皇）臨軒之際，留心翰墨，初見翰苑書體狃於世習，銳意作章
> 草、八分，遂擺脫舊學。〔註90〕

所謂的「狃於世習」，檢竇臮〈述書賦注〉載：「開元初，時尚褚、薛。」〔註91〕
得知褚薛流麗之風，為時尚所珍，筆畫飛動衍至浮華，前述睿宗：「書法正體，
不樂浮華。」〔註92〕蓋有已也。是以唐玄宗銳意於八分書與章草，所欲擺脫
的「舊學」，明顯指的就是王羲之綺麗之書風。

　　唐玄宗所做八分書，今仍有傳可見，相較於初唐寸楷，風格仍屬華麗，
擺脫舊學者，一方面八分字形本身即較為古典；二方面是字體變大；三方面
是尚肥。這也是唐玄宗提倡後行成流行的盛唐書風特色。這幾個角度提供對
唐玄宗以及盛唐書風重要的思考面向。

　　唐玄宗行書名作〈鶺鴒頌〉（附圖 3-5）很能說明這點，不僅「斑斑猶有
祖父風」〔註93〕而且頗具一己之姿，烏瑩君曾經將〈鶺鴒頌〉與〈蘭亭序〉、
〈集字聖教序〉對比加以比較分析提出：

> 細觀〈鶺鴒頌〉卷，結構遒緊，筆畫勁健，多中鋒鋪毫，豐腴中秀
> 潤逸出。其結字取法〈蘭亭序〉、〈聖教序〉，如「其」、「清」、「在」、
> 「夫」、「懷」、「為」等字與大王相近。可見唐玄宗行書風格主要受
> 到王羲之的影響。〔註94〕

分析透闢，在此資取以為兩者的比較，烏君所舉 6 例，與〈蘭亭序〉相似的有
5 例，顯見與〈蘭亭序〉關係親密，故此暫不論〈集字聖教序〉的部分，僅就
〈蘭亭序〉（參圖 3-7）之部分與之較論（參圖 3-6）。可見唐玄宗之繼承與轉向：
〈鶺鴒頌〉結構遒緊，與〈蘭亭序〉的悠遊異趣；〈鶺鴒頌〉筆畫勁健也與〈蘭
亭序〉的優雅不同；〈鶺鴒頌〉「中鋒鋪毫」與〈蘭亭序〉「側筆取妍」亦相異；

〔註90〕撰人未詳：《宣和書譜》（北京：中華書局 1985 年，叢書集成初編影印津逮秘
書本），卷 1，頁 34。

〔註91〕唐・竇臮撰、唐・竇蒙注，〈述書賦〉，見於唐・張彥遠：《法書要錄》（洪本），
卷 5，頁 167。

〔註92〕唐・竇臮撰、唐・竇蒙注，〈述書賦〉，見於唐・張彥遠：《法書要錄》（洪本），
卷 5，頁 162。

〔註93〕黃山谷跋〈鶺鴒頌〉語，見於明・張丑：《清和書畫舫》（上海：上海書畫出
版社，1992 年中國書畫全書本第 4 冊），啄字號第三，頁 167。

〔註94〕烏瑩君：〈唐玄宗〈鶺鴒頌〉考論〉，《中國書法》2012 年第 10 期，總第 234
期，頁 55。

〈鶺鴒頌〉「豐腴」與〈蘭亭序〉之「瘦勁」又不同，但「秀潤逸出」的風格
詮釋卻近似〈蘭亭〉風格。〈鶺鴒頌〉淵源於〈蘭亭序〉的幾個字，指證歷歷，
絲絲入扣，其起筆（如「夫」、「懷」、「爲」上端的幾處）或接筆（如「在」字
的末二筆、「懷」字又旁的1～3筆）的動作纖微克肖，這是經過刻意且長期的
模仿，而且在書寫時以爲心中範本加以揣摩，這表示唐玄宗學習的方式在「形
似」部分的在意，與唐太宗「殊不學其形似」的主張有所不同。

圖 3-5：唐·玄宗書〈鶺鴒頌〉局部

取自《中國書法全集·第 23 卷》（北京：榮寶齋，1996
年 8 月），頁 175。

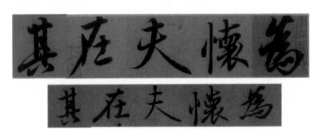

圖 3-6：唐・玄宗〈鶺鴒頌〉（上）與東晉・王羲之〈蘭亭序〉（下）之比較

整理自鳥瑩君：〈唐玄宗〈鶺鴒頌〉考論〉，《中國書法》2012 年第 10 期，總第 234 期，頁 55。

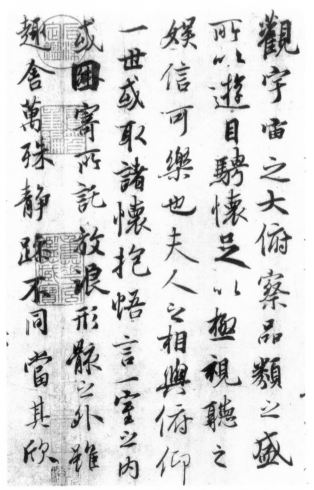

圖 3-7：東晉・王羲之書〈蘭亭序〉（馮摹本）局部 2

取自東晉・王羲之：《蘭亭敘〈五種〉》（東京：株式會社二玄社，1989 年 12 月中國法書選本）頁 16。

若從整體神采來看，烏君提出「秀潤逸出」之說與〈蘭亭序〉相近，但唐玄宗的〈鶺鴒頌〉「豐腴」面貌，顯得更為雄壯，事實上烏君將兩者字形大小挪近，與原作不符，從原作尺寸可計算出如圖3-6之比例，大小字不同，書寫之感受大異。

以上考述唐太宗之後的幾位皇帝的書法表現，可以發現太宗歿後，王羲之書法之崇拜現象已然消退不少，皇帝的書法體勢，一方面往更古典的方向走，另一方面字體有變大的趨勢。以下試就初盛唐皇帝以外的書法家，載於書法史上幾位明顯受到王羲之影響的書法家來論析。

二、陸柬之

陸柬之（？～？）是初唐書家，其書法主要是繼承虞世南，李嗣真〈書品後〉：

> 陸學士柬之受於虞祕監，虞祕監受於永禪師，皆有法體。〔註95〕

陸柬之得到虞世南的傳授，虞世南則傳承智永之筆法，所謂的「法體」指的即是王羲之書法的系統，李嗣真又云：

> 陸柬之學虞草體，用筆則青出於藍。〔註96〕

李嗣真以為陸柬之不僅得到虞世南的傳授，而且在用筆上有更傑出的表現，對虞世南的讚譽極高。張懷瓘《書斷》載：

> 陸柬之……虞世南之甥。少學舅氏，臨寫所合，亦猶張翼換義之表奏，蔡邕為平子後身，而晚習二王，尤尚其古。中年之迹，猶有怯懦，總章以後，乃備筋骨，殊矜質樸，恥夫綺靡，故欲暴露疵，同乎馬不齊髦，人不櫛沐。雖為時所鄙，回也不愚，拙於自媒，有若通人君子。尤善運筆，或至興會，則窮理極趣矣。調雖古澀，亦猶文王嗜昌蒲葅，孔子蹙頞而嘗之，三年乃得其味，一覽未窮，沉研始精。然工於效倣，劣於獨斷，以此為少也。隸、行入妙，章草書入能。〔註97〕

指出陸柬之學習的歷程，先是學習其舅虞世南書法，可達到逼肖的程度；繼而師法二王，尤其重視二王書法質樸的一面，甚至表現出不修邊幅的樣態，

〔註95〕唐・張彥遠：《法書要錄》（洪本），卷3，頁80。

〔註96〕唐・張彥遠：《法書要錄》（洪本），卷3，頁85。

〔註97〕唐・張彥遠：《法書要錄》（洪本），卷8，頁226。

目的是避免綺靡書風，以致於呈現出「古澀」的情調，這在初唐對於王羲之書法的詮釋有其獨特的一面。陸柬之有〈文賦〉墨跡傳世（附圖 3-7），今據以論述。〔註98〕

首先，〈文賦〉大致上保留一個字接著一個字，中間有偶爾有少數的連貫，這與初唐的法式：行書規仿〈蘭亭序〉或楷書取法〈樂毅論〉、〈黃庭經〉等不同，也與〈十七帖〉不類，倒與唐太宗的〈晉祠銘〉相近，而此種形式與王羲之尺牘〈快雪時晴帖〉、〈孔侍中帖〉相近，在《淳化閣帖》二王法帖中亦多可見楷書、行書、草書同時表現，並非創舉，但值得一提的是陸柬之此作文字內容並非尺牘，其字數遠遠多於尺牘，全篇114行，一千六百餘字，可算是長篇鉅製。

其次，陸柬之書寫的並非自作文章，可以更為單純的致力於筆法書寫上與王羲之尺牘分心於書寫內容並不相同，或者說，他分離了文書合一的創作方式。

再者，就中有許多字形逼近〈蘭亭序〉，然則如前所述，陸柬之此書在書寫意識上偶爾加入一些草書字形或帶筆連綿，這就表示他雖熟悉〈蘭亭序〉，但不單純複製〈蘭亭序〉的筆意，而是另有主張，可惜這個主張的創意不足，因此張懷瓘稱之：「劣於獨斷」，在張懷瓘看來陸柬之保留更多的古典氣息。可知，在張懷瓘的視野之下，陸柬之的企圖不是創新，而是守舊，放在初唐的時空背景之下，「守舊」有其意義在，建國初期，規範尚待建立，保留古典氣息，代表了文化傳承，自有其意義在焉。

從初唐到盛唐的書風有明顯的轉變，因此對陸柬之的評斷必須考量其背景，李嗣真屬於初唐時期之人物，當時講究規矩，陸柬之一方面能繼承虞世南的筆法，一方面能上窺王氏書風，李嗣真給予肯定；但到了身處於盛唐的張懷瓘時期，對於陸柬之保守的表現頗有微詞，所謂「然工於效做，劣於獨斷，以此為少也。」繼承多、創造少，已不符合盛唐書法社會的期待。書家學習王羲之書法，在初唐、盛唐兩個時空背景之下有不同的期待視野，從李嗣真與張懷瓘二人對陸柬之不同的評價上可見一斑。

〔註98〕 〈文賦〉是否為陸柬之真跡雖有異論，但仍屬佳作，並且能符合唐人評述，故據以論述。陸柬之尚有〈五言蘭亭詩〉刻本傳世，內容為抄寫王羲之〈蘭亭詩〉，見載於唐・褚遂良：〈右軍書目〉（唐・張彥遠：《法書要錄》（洪本）：「纏利害二十二行。」（卷3，頁71。）），然輾轉翻刻，明・董其昌以為臨自王羲之書，日人中田勇次郎同意此說，以為《鬱岡齋帖》之版本具〈蘭亭序〉之風韻，（說見戴蘭村譯：《書道全集・第八卷》臺北：大陸書店，1989 年 1 月，頁 163）可從，然筆者未見鬱岡齋本全幅，又幾經翻刻，故以〈文賦〉為主。

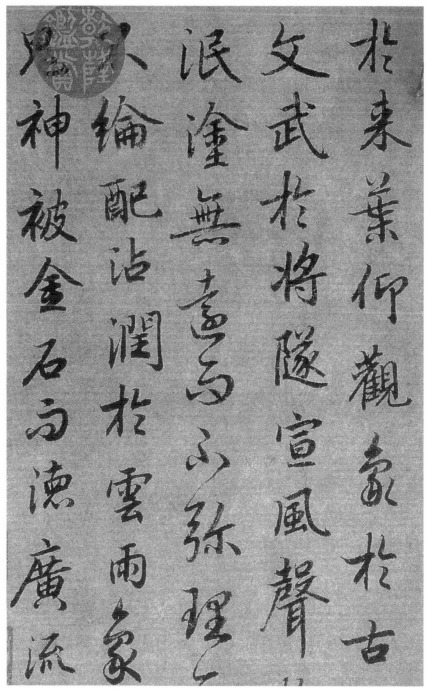

圖3-8：唐‧陸柬之〈文賦〉局部

取自許洪流編：《文賦》（杭州：浙江人民美術出版社，2002年1月），
頁33。

三、漢王李元昌

漢王元昌（619～643）是唐高祖的第七子，爲太宗李世民之弟，身在皇室，有機會得到一流師資的指導，李嗣真〈書品後〉載：「太宗與漢王元昌、褚僕射遂良等接受之於史陵。」〔註99〕可見漢王元昌與太宗及褚遂良有著相同的師承，〈書品後〉將漢王元昌的書法品第列在第五等級的「中上品」，僅略遜於初唐歐、虞、褚三大家的「上下品」，評價頗高，並載：

　　漢王作獻之氣勢，或如舞劍，往無鄰幾。〔註100〕

李嗣真認爲李元昌的書法表現出王獻之的氣勢，論若舞劍，頗具特色，而師法王獻之則不在其兄唐太宗之規範之下；又〈述書賦〉載：

　　漢王童年，自得書意。風承義獻，守法不二。〔註101〕

謂「童年」意指李元昌「雖在童年，已精筆意。」〔註102〕是個極具天賦的皇子。而在竇臮的眼下，李元昌取法二王，雖謹守法度，但兼學王獻之，與唐太宗的旨意不同，可惜其書跡尚無緣得見。

四、李懷琳

李懷琳在唐初以作僞知名，竇臮〈述書賦〉載：

　　爰有懷琳，厥迹疎壯。假他人之姓字，作自己之形狀。高風甚少，
　　俗態尤多，吠聲之輩，或浸餘波。〔註103〕

竇臮應曾目睹李懷琳書跡，以爲其書是粗疏雄壯一路，並不高明，尤以好作僞跡之名當世，然風格不高，甚至顯露俗態。其具體事件，可見於竇蒙〈述書賦・注〉，云：

　　李懷琳，洛陽人。國初時好爲僞迹，其〈大急就〉稱王書，及〈七
　　賢書〉假云薛道衡作敘，及〈竹林敍事〉并衛夫人，咄咄逼人。〈嵇
　　康絕交書〉並懷琳之僞迹也。〔註104〕

李懷琳所作的僞跡包括王羲之、薛道衡、衛夫人等等，今傳李懷琳所書〈嵇康絕交書〉（附圖3-9），宋人黃伯思曾見之，並與劉無言討論，載之《東觀餘論》：

〔註99〕唐・張彥遠：《法書要錄》（洪本），卷3，頁79～80。
〔註100〕唐・張彥遠：《法書要錄》（洪本），卷3，頁85。
〔註101〕唐・張彥遠：《法書要錄》（洪本），卷6，頁163。
〔註102〕唐・張彥遠：《書林藻鑑》引《墨池編》，卷8，頁115。
〔註103〕唐・張彥遠：《法書要錄》（洪本），卷6，頁163。
〔註104〕唐・張彥遠：《法書要錄》（洪本），卷6，頁163。

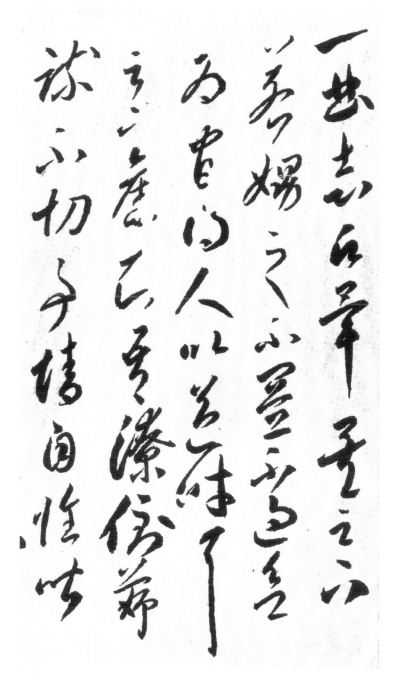

圖 3-9：唐・李懷琳〈絕交書〉局部

取自唐・李懷琳：《絕交書》（東京：二玄社，書跡名品叢刊
本（142），1974 年 11 月），頁 36。

劉言《續帖》中李懷琳所書〈絕交書〉多有古字，若「尭」、「臺」、「舊」、「獵」、「酒」、「教」、「幸」、「覺」、「置」等字，疑有所受，非懷琳自能作也。予言，張彥遠言，昔嵇叔夜自書〈絕交書〉數紙，人以右軍數帖來易，惜不與之。則叔夜書唐世尚有之，疑懷琳嘗見之，故放焉。決非自能作也。……其卷尾云：「右軍書」，蓋誤。〔註105〕

劉無言指出〈嵇康絕交書〉中有許多近於古字的字形，恐怕不是李懷琳能自作的，因此懷疑此作是臨自嵇康；又引文中記錄中張彥遠所記張懷瓘寶惜嵇康〈絕交書〉一事，則可見於張懷瓘《書議》一文當中，應屬可信。〔註106〕而此數字今本仍可見之，字形近於章草，在初唐習用的今草不同，故啓人疑竇，黃伯思以爲李懷琳仿嵇康之作，是可以同意的。

又李懷琳另有〈老子帖〉〔註107〕，風格略近，有流利華美之氣，但略覺粗疏靡弱，可驗證〈述書賦〉之說。而〈大急就〉之僞竟使李懷琳儕身文林館，寶蒙載：

有姓謝名道士者能爲繭紙，嘗書〈大急就〉兩本，各十紙，言詞鄙下，跋尾分明，徐、唐、沈、范，蹤跡炬赫，勞茹裝背，持以質錢。貞觀中，勅頻搜尋，彼之錢主，封以詣闕，太宗殊喜，賜縑二百疋。懷琳乃上別本，因得待詔文林館，故在內之本有「貞觀」印焉。〔註108〕

此段當是李懷琳作僞的實錄，先有謝道士製作繭紙，李懷琳作僞書，然後將其中的一本賣給別人，貞觀年間，唐太宗下令廣蒐王羲之書，買主便獻給唐太宗，因而獲得兩百疋綢緞。李懷琳又獻上另一本，因而得以到文林館待詔，而這件李懷琳僞作的作品，被收入宮內，鈐上「貞觀」的印記，這則記載可見當時太宗蒐書之一斑。

〔註105〕《東觀餘論・記與劉無言論書》，卷上，頁101～102。按：引文中草字依序爲：「尭」、「臺」、「奪」、「麤」、「酒」、「教」、「幸」、「覺」、「置」。分別可見於頁14、頁16、頁16、頁36、頁19、頁18、頁20、頁21、頁22。按：日・伏見沖敬首字釋作「羌」（伏見沖敬：《唐・李懷琳：《絕交書》，唐・李懷琳：《絕交書》（東京：二玄社，書跡名品叢刊（142）），1974年11月，頁47。），恐誤。

〔註106〕唐・張懷瓘：〈書議〉：「嵇叔夜，身長七尺六寸，……常有其草寫〈絕交書〉一紙常寶惜，有人與吾兩紙王右軍書，不易。」《法書要錄》（洪本），卷4，頁125。）此中載〈絕交書〉爲「一紙」而非「數紙」。兩者稍有出入。

〔註107〕見於《中國法帖全集・4・汝帖》，頁132。《中國法帖全集・5・蘭亭續帖》，頁176～177。

〔註108〕唐・張彥遠：《法書要錄》（洪本），卷6，頁163。

五、盧藏用

盧藏用（664～713）早先取法於孫過庭，張懷瓘《書斷》載：

> 盧藏用，字子潛，京兆長安人，官至黃門侍郎。書則幼尚孫草，晚
> 師逸少，雖關於工，稍閑體範，八分之製，頗傷疎野，若況之前列，
> 則有奔馳之勞，如傳之後昆，亦有規格之法。子潛隸、行、草入能。
> 〔註109〕

盧藏用之取法先後有孫過庭、王羲之，但其作書體除楷書、行書、草書之外，還有八分書，今有〈漢紀信碑〉、〈蘇瓌碑〉均爲八分書，〔註110〕，恐與唐玄宗之好尙有關，與王羲之稍遠，茲不具論。盧藏用是少數由孫過庭上探王羲之者，惜未見行草書跡，從孫過庭學習可印證孫過庭〈書譜〉中自稱：「嘗有好事，就吾求習。」之不妄以外，也證明孫過庭學習王羲之書法的成就以及推廣的事實。

六、賀知章

賀知章（659～744）活躍於初盛唐，以「性放善謔」知名，竇蒙〈述書賦注〉載：

> 知章性放善謔，晚年尤縱，無復規檢。年八十六，自號四明狂客，
> 每興酣命筆，好書大字，或三百言、或五百言，詩筆唯命。問有幾
> 紙，報十紙，紙盡語亦盡。二十紙、三十紙，紙盡語亦盡。忽有好
> 處，與造化相爭，非人工所到也。〔註111〕

在初唐衿斂的書法風氣中，賀知章是一個特別的人物，此中所載，賀知章晚年尤其放縱、不拘規矩，而且乘酒作書，興酣落筆書寫大字三、五百字，深具抒情與表演性質，謂問有幾紙，依據紙張多寡而作詩，書寫長度精準之詩句，足見其綜合藝術表現之長才，這與初唐重視規矩不同，而與張旭確有若干相近。基於此，賀知章對於王羲之書法必有不同之詮釋。

賀知章書跡，見存於宋人王寀《汝帖》中的〈東陽帖〉、〈敬和帖〉、〈隔日帖〉三件，宋人許開已指爲非。〔註112〕今存草書〈孝經〉（圖 3-12）一般

〔註109〕唐·張彥遠：《法書要錄》（洪本），卷9，頁238。
〔註110〕見於《中國書法全集·22褚遂良》，圖版56、57，頁286～287。
〔註111〕唐·張彥遠：《法書要錄》（洪本），卷6，頁165。
〔註112〕宋·許開：《二王帖評釋》（清·陳慶年橫山草堂1914年據康熙18年俞良貴臨本刻製本），卷中，頁12a。

以為即賀知章之手筆，﹝註113﹞相較於孫過庭〈書譜〉、李懷琳〈絕交書〉更接近盛唐書風，這仍可看作是王羲之書風的延續，側筆取妍是其基調，單字字形右下角的轉折筆法與智永〈草書千字文〉相似，而字形也近於二王規矩，但有些方面已經與初唐所表現的二王書風不同，試解析如下。

圖 3-10：（傳）唐・賀知章：〈孝經〉局部

取自戴蘭村譯：《書道全集・第 8 卷》（臺北：大陸書店，1989
年 1 月），圖 97（未編頁碼）。

﹝註113﹞ 此件書跡因後有「建隆二年（961）冬重粘表賀監墨跡」字樣而被認定是賀知
　　　章手跡。說見《書道全集・第八卷》，頁 179。

　　首先，此作書寫速度較孫過庭〈書譜〉或《十七帖》更快，這並不是技巧純熟的緣故，而是忽略許多技巧的結果，如「之」字的字形較爲一致，顯然對於〈蘭亭序〉不是亦步亦趨，致使此件書作餘韻較少。其次，此作使用許多尖銳的起筆，初唐含蓄之書寫意識被大大削弱，比較〈書譜〉或《十七帖》等初唐作品即可顯然易見。又，細筆連綿，如圖中第三行：「安厝之爲之宗」六字連綿，爲王羲之帖中所無。

　　這幾個方面的表現與初唐時期講究規範的書寫意識顯然不同，但在抒發個人筆墨情感方面更爲凸顯，若將〈孝經〉做整體佈局的檢視，則部分段落的重筆特別顯眼，這和累數千字始終一律的鈔經書法迥然不同，則其書寫意識，已經不乏在經書內容之外的筆墨上表現，這也是其特色之一。

七、李邕

　　李邕（675～747）〔註114〕個性突出，狂放不羈，遭牽連於柳勣之案，受「杖殺」酷刑，因此未得善終，因此張懷瓘〈書斷〉以及竇臮〈述書賦〉均未見品藻。〔註115〕

　　李邕書法出自王羲之，李後主曾云：

　　　　李邕得右將軍之氣而失於體格。〔註116〕

具有王羲之書法之氣質，但體格不類；《宣和書譜》載：

　　　　邕精於翰墨，行草之名尤著。初學右將軍行法，既得其妙，乃復擺
　　　　脫舊習，筆力一新。〔註117〕

李邕擅長文章，在書法上則以行書知名，傳世碑刻有〈李思訓碑〉（圖3-11）、〈麓山寺碑〉、〈法華寺碑〉等均是行書碑。

　　〈李思訓碑〉一名〈雲麾將軍碑〉，爲李邕作品中最爲煊赫者，歷代評爲李書中第一，如明楊愼《昇庵集》云：

〔註114〕本（日）中田勇次郎：〈李邕の書〉，（日）中田勇次郎：《中田勇次郎著作集・第三卷》（東京：株式會社二玄社，1984年9月），頁189。

〔註115〕本陳師欽忠：〈唐代書風衍壇之研究〉（臺北：國立政治大學中國文學研究所博士論文，1990年），頁128。

〔註116〕南唐・李煜：〈定武蘭亭・跋〉，上海書店出版社編：《歷代碑帖大觀・蘭亭序二十二種》（上海：上海書店出版社，1998年5月），頁230。

〔註117〕馬宗霍輯：《書林藻鑑》，卷8，頁135。

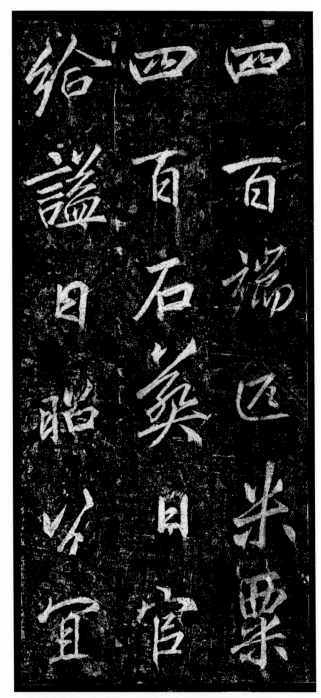

圖 3-11：唐・李邕〈李思訓碑〉局部

取自取自唐・李邕：《李思訓碑》（東京：株式會社二
玄社，1988 年 8 月中國法書選本），頁 49。

> 李北海書〈雲麾將軍碑〉爲第一。其融液屈衍，紆徐妍溢，一法〈蘭
> 亭〉，但放筆差增其豪，豐體使益其媚。〔註118〕

可見李邕法乳王羲之之一斑，在王字基礎上，「放筆增其豪，豐體使益其媚」，兩
語道破李邕「擺脫舊習」之手段，卻是唐代百年突破王羲之書法的第一人。陳師
欽忠曾從筆法與結體上具體分析李邕如何突破王羲之藩籬，在筆法方面，有云：

> 李邕的筆法猛削健利，行筆節奏較右軍明快，尤其在〈李思訓碑〉
> 中，用筆豪宕，起筆爭折，直多於曲，表現出一派天風噭噭，迅疾
> 駘蕩的神氣，而無過多的迂徐盤屈，含蓄不露的姿態。〔註119〕

不斤斤於婉轉盤旋的小動作，甚至使用更多的直線條，行筆速度快而顯得果
決豪氣，而在起筆之處化圓曲爲方折之筆；在結體上，有云：

> 右軍偏於精巧，而李邕重於大局。……王羲之的行書是在天矯之中，
> 保持著動態結構的均衡，有一種溫潤疏朗的風韻；而李邕的形態變
> 化更爲欹側，造險而生奇，筆勢開闊的幅度較大。〔註120〕

與其用筆相呼應，均從大處著眼，棄右軍韻藉風流的柔美風格，轉向造險生
奇的奇崛筆勢，這種變化是十分劇烈的，呼應了盛唐泱泱大度的氣運。

這種棄精巧而重大局的變化，事實上就是書寫大字的一種改變，前述高
宗步驅太宗，企圖以果決的筆法彰顯氣勢；武后的〈昇仙太子碑〉更從增加
筆壓的方式促使結構緊密，都是順承性的繼承，改變有限；李邕「首變右軍
行法」〔註121〕，是從本質上一新筆力的書家，尤其啓發後世大字書寫之蹊徑，
影響深遠，〔註122〕孫退谷云：

> 北海書宋初人不甚重之，至蘇、米而稍習其法，又至趙文敏，每作
> 大書，一意擬之矣。〔註123〕

較之高宗或武則天更爲有效的解決書寫「大」字的困境。然必須說明的是，
李邕仍屬王羲之系統中，其大字僅在4公分見方左右。

〔註118〕馬宗霍輯：《書林藻鑑》，卷8，頁136。

〔註119〕陳師欽忠：〈唐代書風衍嬗之研究〉第3章第2節，頁129。

〔註120〕陳師欽忠：〈唐代書風衍嬗之研究〉第3章第2節，頁130。

〔註121〕〈張丑管見〉語，引自馬宗霍輯：《書林藻鑑》，卷8，頁136。

〔註122〕陳師欽忠一一析論李邕之代表作，總結李邕行書碑版對後世的影響三：（一）
示後人以二王矩矱；（二）手寫與銘石兩體合流；（三）行書與楷書分疆並治。
（詳見陳師欽忠：〈唐代書風衍嬗之研究〉第3章第2節，頁126〜135。）

〔註123〕清‧孫承澤：《庚子銷夏錄》（上海：上海書畫出版社，1994年10月中國書
畫全書本）「李邕岳麓寺碑」條，卷6，頁785。

八、高正成

高正臣（？～？）活動於初盛唐之際，張懷瓘《書斷》載：

> 高正臣，廣平人。官至衛尉少卿。習右軍之法，脂肉頗多，骨氣微
> 少，修容整服，尚有風流，可謂堂堂乎張也。玄宗甚愛其書。……
> 自任潤州、湖州，筋骨漸備，比見蓄者，多謂爲褚。後任申、邵等
> 州，體法又變，幾合於古矣。陸柬之爲高書告身，高常嫌，不將入
> 帙，後爲鼠所傷，持示先君，曰：「此鼠甚解正臣意耳！」風調不合，
> 一至於此。正臣隸、行、草入能〔註124〕

此述高正臣書體變化的軌跡，而其基礎則在王羲之書法，先是逼眞褚書，後
改變體法，疑是以脂肉肥美出之，以結主意，因爲唐玄宗不喜歡褚字，能夠
令「玄宗甚愛其書」勢必變瘦勁褚書爲肥美一路。而記載高正臣不滿陸柬之
爲之書寫告身之事，謂「風調不合，一至於此。」蓋因陸主古質，高喜今妍，
二人同淵源於王羲之書法，卻書寫出完全相異的風格。

高正臣有碑誌流傳，如楷書〈杜君綽碑〉、〈燕氏碑〉具見初唐楷書規範；
〔註125〕行書〈明徵君碑〉（附圖 3-12）則更體現出對於王羲之書法的追隨，
個別字幾個字幾乎全似〈集字聖教序〉，可知〈集字聖教序〉已經廣爲學習者
資取爲範本；而與〈集字聖教序〉不同的是使用了界格處理，意味著書寫的
重點幾乎完全集中在單字上面，把一個個字填入界格中，除了忽略字與字之
間的關係之外，也將文字大小作了相當的調整，使之一致化，顯示出王羲之
行書標準化的流風；而其用筆較〈集字聖教序〉更爲疏瘦流動，則是源自當
時褚薛書風的影響。

九、昭陵諸碑

昭陵爲唐太宗之陵墓，位於長安西北醴泉縣的九嵕山，從貞觀 10 年文德
皇后葬於此開始，一直到唐太宗去世，先後營造 13 年。〔註126〕昭陵在唐代是
特別的存在，檢《唐會要》所載唐代帝王諸陵陪葬者，獻陵約 25 人，昭陵多
達 150 幾人，乾陵 16 人、定陵 8 人，其餘陵寢，陪葬者寥寥，甚至無人陪葬，

〔註124〕唐・張彥遠：《法書要錄》（洪本），卷9，頁236。

〔註125〕圖版可見於《中國書法全集・22褚遂良》，〈杜君綽碑〉在頁258、〈燕氏碑〉
在頁259。

〔註126〕參朱關田：〈昭陵碑志書人〉，《中國書法全集・22褚遂良》，頁15。

〔註127〕此為其特別之一端；其次，由於唐太宗是闡揚王羲之書法的最重要人物，而其陵寢諸碑正可為觀察之指標。

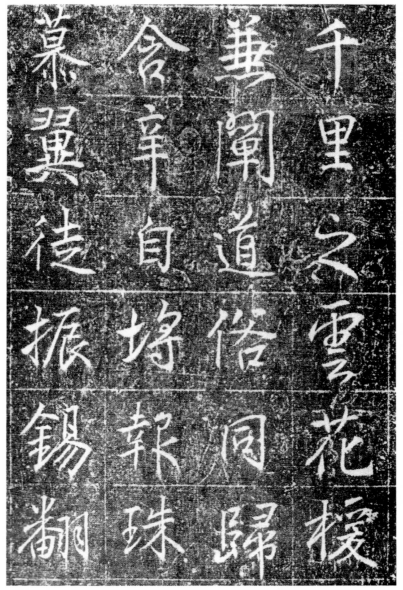

圖 3-12：唐・高正臣〈明徵君碑〉局部。

取自《中國書法全集・22 褚遂良》（北京：榮寶齋出版社，1999 年
9 月），頁 260。

〔註127〕詳見宋・王溥：《唐會要》（北京：中華書局，1998 年 11 月），卷 21，頁 412
　　　～416。

　　昭陵碑刻在宋代歐陽脩、趙明誠等人的著作中均有著錄，宋人陳思的《寶刻叢編》引田槩《京兆金石錄》最爲豐富，多達 51 種，清人羅振玉撰《昭陵碑錄》，表列宋以來著錄 17 種共 88 碑，〔註 128〕可謂詳密，今試論其中可見拓本者，以《書道全集》所製表爲基礎，加註「風格」一欄，〔註 129〕增補如表 3-3。〔註 130〕

表 3-3：《書道全集》所列昭陵 28 碑一覽表

碑　名	書　者	書　體	立碑時間〔註 131〕	風　格
〈溫彥博碑〉	歐陽詢	楷書	貞觀 11 年	歐體
〈段志玄碑〉	不明	楷書	貞觀 16 年	近虞體，時作一二筆分隸
〈文安縣主墓誌〉	不明	楷書	貞觀 22 年	近歐體
〈孔穎達碑〉	不明	楷書	貞觀 22 年	近虞體
〈順義公碑〉	不明	楷書	貞觀 23 年	不明〔註 132〕
〈房玄齡碑〉	褚遂良	楷書	高宗初年	褚體
〈褚亮碑〉	不明	八分	高宗初年	八分書
〈豆盧寬碑〉	不明	楷書	永徽 1 年	近歐體
〈薛收碑〉	不明	楷書	永徽 5 年	近褚早期書體
〈高士廉塋兆記〉	趙模	楷書	永徽 6 年	歐虞間
〈崔敦禮碑〉	不明	楷書	顯慶 1 年	當是知敬書〔註 133〕
〈張胤碑〉	不明	楷書	顯慶 3 年	近褚體〔註 134〕
〈李靖碑〉	王知敬	楷書	顯慶 3 年	近歐體
〈尉遲敬德碑〉	不明	楷書	顯慶 4 年	近歐體

〔註 128〕　羅振玉：《昭陵碑錄・附錄》，羅振玉：《羅雪堂先生全集・續編八》（臺北市：文華出版公司，1969 年），頁 3289～3303。

〔註 129〕　關於昭陵諸碑風格，明人趙崡《石墨鐫華》頗有見解，但認爲〈張胤碑〉：「得河南之支流而開平原之門戶者」；〈許洛仁碑〉：「極似隋〈賀若誼碑〉」不免主觀；又所評論未遍及 28 碑，故提出另解。

〔註 130〕　原始資料表格見於《書道全集・第七卷》頁 25。凡增補者一律出注。

〔註 131〕　此據羅振玉：《昭陵碑錄・附錄》所載略有調整，因原書或有問號，並未說明，故依原始資料。詳見羅振玉：《羅雪堂先生全集・續編八》（臺北市：文華出版公司，1969 年），頁 3289～3303。

〔註 132〕　《書道全集》所揭載者爲碑額，近於魏碑體勢，碑文未見。

〔註 133〕　碑字未見，此據明・趙崡：《石墨鐫華》（北京：中華書局，1985 年叢書集成初編本）補，卷 2，頁 22。

〔註 134〕　《書道全集》，頁 26。

〈蘭陵公主碑〉	不明	楷書	顯慶 4 年	近歐體
〈許洛仁碑〉	不明	楷書	龍朔 2 年	近褚體
〈杜君綽碑〉	不明	楷書	龍朔 2 年	近歐體
〈清河公主碑〉	暢整	楷書	麟德 1 年	近褚體
〈紀國先妃陸氏碑〉	不明	楷書	乾封 1 年	近歐體
〈張阿難碑〉	僧普昌	楷書	咸亨 2 年	近虞體
〈馬周碑〉	不明	八分	上元 1 年	八分書
〈阿史那忠碑〉	不明	楷書	上元 2 年	近歐體
〈李勣碑〉	唐高宗	行書	儀鳳 2 年	近王字
〈乙速孤神慶碑〉	僧行滿	楷書	載初 2 年	近歐體
〈乙速孤行儼碑〉	白義旺	八分	開元 13 年	八分書
〈唐儉碑〉	不明	楷書	開元 29 年	近歐體
〈牛秀碑〉	不明	不明	不明	（未見圖版）
〈姜遐碑〉	姪晊	不明	不明	近褚體〔註 135〕

　　檢此昭陵 28 碑，與其說是初盛唐碑誌的縮影，無寧稱其爲「唐碑淵藪」，此爲清人葉昌熾所稱：

　　　　昭陵爲唐碑淵藪，撰人書人，皆極一時之選。〔註 136〕

碑製撰文人姑且不論，書人則包括歐陽詢、褚遂良兩大家，虞世南亦有相近筆勢的〈孔穎達碑〉，可視爲其爲追隨者，〔註 137〕其餘書風除了八分書之外，大多偏向歐陽詢、或偏向虞世南、或偏向褚遂良，所謂「唐碑淵藪」確有見地，所呈顯的是初盛唐對王羲之書法的融通與傳播，表中所謂的近歐、近虞或近褚，蓋其書風表現不能離此數者。

　　因爲歐陽詢、虞世南、褚遂良三者在初唐不但位居權力核心，而且書法成就高，檢李嗣眞〈書品後〉所列唐代諸家，僅此三人名列上品，〔註 138〕昭陵諸碑作者均在其下。趙模之記載另可見於何延之〈蘭亭記〉：

〔註 135〕圖片參見《中國書法全集・22 褚遂良》，頁 264。

〔註 136〕清・葉昌熾：《語石》（北京：中華書局，2005 年 4 月），卷 1，頁 27。

〔註 137〕趙崡云：「此碑（〈孔穎達碑〉）……全習虞永興，而結法稍疏，自非中唐以後人所辦。黃長睿亦云世傳爲永興書。非也，祭酒末後永興十年，乃學永興法者書也。」（明・趙崡：《石墨鐫華》（北京：中華書局，1985 年叢書集成初編本），卷 2，頁 23。）

〔註 138〕唐・張彥遠：《法書要錄》（洪本），卷 3，頁 80～88。三大家在頁 83。

帝命供奉搨書人趙模、韓道政、馮承素、諸葛貞等四人各搨數本以
賜皇太子諸王近臣。〔註139〕

是曾親見、親自摹搨〈蘭亭序〉的人，而所書〈高士廉塋兆記〉（附圖3-13）
未脫歐虞範圍，以此知趙模雖有機會研習王羲之真跡，然而或者學力不逮，
或者官位不高，僅能在歐虞之下。

王知敬在李嗣真〈書品後〉中與陸柬之同樣名列中中品，張懷瓘〈二王
等書錄載〉云：

貞觀十三年，敕購求右軍書並貴價酬之，四方妙蹟，靡不畢至。敕
起居郎褚遂良、校書郎王知敬等於玄武門西、長波門外科簡。〔註140〕

因此可知，王知敬也是曾經目睹王羲之真跡的人物而且在鑑定上有相當的功
力，可與褚遂良一同科簡王羲之書跡，今所見〈李靖碑〉（附圖3-14）圭角明
顯，近於歐褚，仍在三大家範圍之內。劉熙載說得好：

唐初歐、虞、褚外，王知敬、趙模兩家書，皆精熟遒逸，在當時極
為有名。知敬書〈李靖碑〉、模書〈高士廉碑〉，既已足徵意法，而
同時有書佳而不著書人之碑，潛鑑者每謂出此兩家之手。書至於此，
猶不得躋歐、虞之列，此登嶽者所以必凌絕頂哉！〔註141〕

在昭陵28碑中，雖然不乏精美之作，在當時或許也有極高的書名，因為當時
需要書碑，不可能都請初唐三大家書寫，但仔細研究其書法水準，實不能逾
越初唐三大家，或者規規焉模擬王羲之法式，除此之外就是八分書，這三者
可說囊括了的初盛唐之際唐碑的風格。

前論諸家，均屬初盛唐知名者，不但書史所載，亦多書跡可考，但初盛
唐之際書家並不止這些人，如就〈述書賦・注〉所載就有45人，〔註142〕然通
檢《法書要錄》所載書家，載明出自王羲之的並不多，蓋因初唐太宗廣蒐王
羲之書法，名跡進入內府，一般人難得一見，徐浩云：

從十三年書更不出，外人莫見。〔註143〕

〔註139〕唐・張彥遠：《法書要錄》（洪本），卷3，頁103。

〔註140〕唐・張彥遠：《法書要錄》（洪本），卷4，頁118。

〔註141〕清・劉熙載：《藝概・書概》（臺北：漢京文化事業有限公司，1985年四部刊
要本），卷5，頁156。

〔註142〕唐・張彥遠：《法書要錄》（洪本），卷5，頁141。

〔註143〕唐・張彥遠：《法書要錄・古跡記》（洪本），卷3，頁94。

圖 3-13：唐・趙模〈高士廉塋
造記〉局部

取自：施蟄存編著、沈建中編
圖：《唐碑百選》（上海：上海世
紀集團、上海教育出版社，2001
年 5 月），頁 50。

圖 3-14：唐・王知敬〈李靖碑〉
局部

取自：施蟄存編著、沈建中編圖：
《唐碑百選》（上海：上海世紀集
團、上海教育出版社，2001 年 5
月），頁 89。

即便是大臣，也未必得見，是以初唐奠定之書寫法式，得以奏效。初唐三大家後各有傳人：虞世南傳甥陸柬之；歐陽詢有子歐陽通克紹箕裘，將歐陽詢體勢進一步發揮，仍是明顯的歐體；褚遂良後則有薛稷接力。初唐先盛行歐虞體勢，之後褚薛繼之，載之〈述書賦〉，此中能直接承襲王羲之書法的的並不多，但若襲自唐代名家者，如歐陽通、薛稷等書史不載出自王羲之書法者，茲從略。

第四節　張旭為盛中唐書風革新的關鍵

初唐太宗將天下法書收入內府之後，人間難得好本，是以學書多從師範，口傳手授為最主要的方法，從今日的眼光看去，雖然初唐定王羲之書法為一尊，但卻沒有完全逼似右軍的書法，多少還是有相當的創造，這不但是唐太宗：「今吾臨古人書，殊不學其形勢，唯求其骨力，及得其骨力而形勢自生耳。然吾之所為，皆先作意，是以果能成也。」〔註144〕的具體實踐，更是初盛唐具有彈性的書法特質展現，因為從外觀看來，形象容易計較，相似與否，一望即知，而「骨力」、「意」均屬主觀的體悟。

形象之似落入下乘，名帖固然重要，但明師更重要，唐人特重筆法傳授，《法書要錄·筆法傳授人名》載有譜系：

> 蔡邕受於神人而傳之崔瑗及女文姬，文姬傳之鍾繇，鍾繇傳之衛夫人，衛夫人傳之王羲之，王羲之傳之王獻之，王獻之傳之外甥羊欣，羊欣傳之王僧虔，王僧虔傳之蕭子雲，蕭子雲傳之僧智永，智永傳之虞世南，世南傳之，授於歐陽詢，詢傳之陸柬之，柬之傳之任彥遠，彥遠傳之張旭，旭傳之李陽冰，陽冰傳徐浩、顏真卿、鄔彤、韋玩、崔邈，凡二十又三人。文傳終於此矣。〔註145〕

王羲之在此譜系之中，是前有所承、後有所繼的，這個譜系從蔡邕開始，而蔡邕是由神人所傳，而陸彥遠之傳張旭則令人好奇，一則陸彥遠書跡難得一見，再則陸柬之為保守路線，與張旭之狂放有巨大落差。在此譜系之中，張旭是轉變的關鍵，試述如下。

〔註144〕唐·佚名：〈唐朝敘書錄〉，見於唐·張彥遠輯：《法書要錄》（洪本），卷4，頁131～132。

〔註145〕唐·張彥遠：《法書要錄》（洪本），卷1，頁14。

一、張旭入攢唐代筆法傳授人名之特殊性

　　張旭，字伯高（又字季明），活躍年代約在唐玄宗開元、天寶年間，具體年月難以詳考，〔註146〕蘇州吳人（今江蘇蘇州地區），早年任常熟縣尉，後任左率府長史，人稱張長史。

　　盛唐之際，草書大興，張旭爲其中之翹楚，竇臮〈述書賦〉云：

> 張長史則酒酣不羈，逸鬼神澄，回眸而壁無全粉，揮毫而氣有餘興。
> 若遺能於學知，遂獨荷其顛稱。（注：張旭，吳郡人，左率府長史，俗號張顛。）〔註147〕

張旭藉著酒精催化的作用，似乎與鬼神相通，瀟灑揮毫，頃刻間，已經寫滿整個牆壁而還有餘興，得到「張顛」的稱號，竇蒙注云：「張旭，吳郡人，左率府長史，俗號『張顛』。」〔註148〕可見「張顛」之名在當時便廣爲流傳。《新唐書》本傳云：

> 旭，蘇州吳人。嗜酒，每大醉，呼叫狂走，乃下筆，或以頭濡墨而書，既醒自視，以爲神，不可復得也，世呼「張顛」。〔註149〕

竇臮稱張旭「逸鬼神澄」，《新唐書》又稱張旭，「既醒自視，以爲神，不可復得也。」張旭藉由酒醉癲狂表現出神妙之境界。

　　除了表現之出神入化之外，《新唐書》載：

> 初，仕爲常熟尉，有老人陳牒求判，宿昔又來，旭怒其煩，責之。老人曰：「觀公筆奇妙，欲以藏家爾。」旭因問所藏，盡出其父書，旭視之，天下奇筆也，自是盡其法。旭自言，公主擔夫爭道，又聞鼓吹，而得筆法意，觀倡公孫舞《劍器》，得其神。後人論書，歐、虞、褚、陸皆有異論，至旭，無非短者。傳其法，惟崔邈、顏眞卿云。〔註150〕

〔註146〕聞一多曾撰〈張旭年考〉，以爲張旭應生於唐高宗顯慶三年（658 年），卒年當在玄宗天寶六年（747 年），但仍未受到普遍公認，參殷蓀，〈論張旭・上〉（《書法研究》，上海：上海書畫出版社，1987 年 12 月，第四期，總第三十輯），頁 27。

〔註147〕唐・竇臮撰、唐・竇蒙注，〈述書賦下〉，見於唐・張彥遠：《法書要錄》（洪本），卷 6，頁 165。

〔註148〕唐・竇臮撰、唐・竇蒙注，〈述書賦下〉，見於唐・張彥遠：《法書要錄》（洪本），卷 6，頁 165。

〔註149〕宋・歐陽脩、宋祁，《新唐書・文藝中》（北京：中華書局，1997 年 3 月），卷 202，頁 5764。

〔註150〕宋・歐陽脩、宋祁，《新唐書・文藝中》，卷 202，頁 5764。

張旭從老人家藏書跡中學得筆法，與〈筆法傳授人名〉之起點蔡邕之「受於神人」搖相呼應，〈筆法傳授人名〉以為張旭傳自陸彥遠，此則別出一老人，象徵新的書法系統的開始，而此系統的特徵是世俗化，因為在唐代社會對於寫字的熱衷，書法的傳播更廣泛，張旭自云由「公主檐夫爭道」、「鼓吹」、「公孫舞〈劍器〉」等等現象的體悟而來即是其證，因此三者無一不是世俗化的描繪，和王羲之、蔡邕等人之根源於自然是不同的，而「後人論書，歐、虞、褚、陸皆有異論，至旭，無非短者。」亦見於李肇《唐國史補》：「後輩言筆札者，歐、虞、褚、薛或有異論，至張長史，無間言矣。」〔註151〕兩段文字小異，均可見張旭已在開元、長慶年間之廣受肯定，〔註152〕成為新法系的開創者。

　　張旭有繼承初唐十分端整的楷書如〈郎官石記〉（圖 3-15），又以放縱宕逸的草書知名於世，而在重視法統的唐代社會，以「神人傳授」將之入攢於唐代之筆法傳授人名中。唐人張彥遠《歷代名畫記》載：

　　　　只如張顛以善草得名，楷隸未必為人所寶，余曾見小楷〈樂毅〉，虞、褚之流。〔註153〕

張旭在唐代聞名的是草書，楷書未得世人所重，精鑑的張彥遠，曾親見張旭小楷，見證其為一派王書、虞、褚之風，與唐代的筆法傳授相呼應，巧妙連接初唐王羲之典範。今從張旭的楷書〈郎官石記〉觀察，展現出對於晉唐書法虛心的學習與模擬，可為前述「〈樂毅〉、虞、褚之流」見證，是以蘇軾有云：

　　　　今長安猶有長史〈郎官石柱記〉，作字簡遠，如晉宋間人。〔註154〕

而「簡遠」意味著擺脫初唐羈絆，向源流處探索，漸漸擺脫嚴苛的法度，慧眼如蘇軾，已點出張旭對王羲之精神的繼承與對初唐書風的變革之聲。試將其〈郎官石記〉與王羲之〈樂毅論〉（圖 3-16）並比，確有幾分相似，從初唐之重法而入晉人之簡遠殊為不易，乃知時代變革之聲已啟。然而張旭以精神

〔註151〕唐·李肇，《唐國史補》，見於楊家駱主編，《唐國史補八種》（臺北：世界書局，1991 年 6 月），卷上，頁 17。

〔註152〕唐·李肇《唐國史補》書中皆載開元至長慶間事，參《四庫全書提要》，見於楊家駱主編，《唐國史補八種·唐國史補》，頁 2。

〔註153〕唐·張彥遠：《歷代名畫記·敘自古跋尾押署》（北京：人民美術出版社，2005 年 11 月中國美術論述叢刊本），卷 2，頁 32。

〔註154〕馬宗霍輯：《書林藻鑑》，卷 8，頁 141。

遙契，藉酒發揮，表現出頹然天放的開闊格局，又非晉人可比，此正足以呼
應盛唐浪漫國度之承平盛世之開闊格局。張旭一面繼承初唐所要求的嚴謹規
律，〔註155〕一方面揚棄初唐以來建構在王羲之書法的嚴謹規律，宜爲盛唐書
風轉變之關鍵。

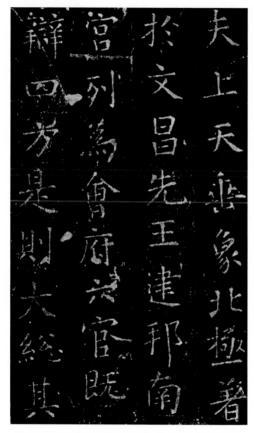

圖 3-15：唐‧張旭〈郎官石記〉局部

取自唐‧張旭，《張旭郎官石柱記序》，
上海：上海書畫出版社，2001 年 6 月，
頁 2。

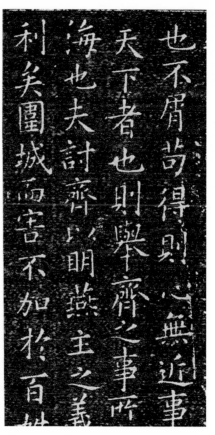

圖 3-16：東晉‧王羲之〈樂毅論〉
局部

取自江吟主編：《王羲之書法全集
一》，杭州：西泠印社出版社，2008
年 6 月，頁 25。

〔註155〕張旭另有楷書〈嚴仁墓志〉，有虞、褚筆意，較〈郎官石記〉更爲嚴整。又《宣
和書譜》云：「其名本以顚草，至於小楷行草，又復不減草字之妙。其草字雖
奇怪百出，而其源流無一點不該規矩者，或謂張顚不顚者是也。」（撰人未詳：
《宣和書譜》，卷 18，頁 400～401。）

竇臮〈述書賦〉云：

> 張長史則酒酣不覊，逸軌神澄，回眸而壁無全粉，揮筆而氣有餘興。
> 若遺能於學知，遂獨荷其顛稱。雖宜官售酒，子敬運帚。遐想邇觀，
> 莫能假手。拘素屏及黃卷，則多勝而寡負。猶莊周之寓言，於從政
> 乎何有。〔註156〕

所謂「張顛」的名號，只的當然不是楷書，而是他的草書，這段記載可討論的有以下諸端：

（一）「酒酣不覊」，酒精具有催化作用，能令人精神鬆弛，感覺輕飄飄，
進入不受覊絆的狀態，張旭在這樣的狀態書寫，解散了嚴格初唐
書法規律的舊習；但從另外一個角度審視，他巧妙的繼承〈蘭亭
序〉的精神，初唐將〈蘭亭序〉規範嚴整化，失卻王羲之的飄逸
之美，而王羲之最為唐太宗所寶的〈蘭亭序〉的創作狀態也是酒
酣耳熱、「放浪形骸」之際，〈蘭亭序〉文本中所謂：「一觴一詠，
亦足以暢敘幽情。」可為其證。

（二）「壁無全粉」指的是書寫的結果，張旭書寫的載體是牆壁，不同於
〈蘭亭序〉的繭紙，前者大，後者小；前者室外，後者室內；前
者的旁觀者是普羅大眾，後者則是三兩知音，甚至只是自己一人。
可以說，張旭草書揮灑的狀態是具有表演性質的，與初唐正襟危
坐的書寫聖德碑的狀態不同，也與晉人尺牘之作有異，這是很大
的轉變。尺牘的書寫對象多半是好友，是自己熟悉的人，心態上
比較能相互契合；而若是草書書寫的表演面對的是觀眾，必須有
若干炫技的成分，否則難以成名而被筆之於書。

（三）《唐六典‧卷廿八》載：「長史各一人，正七品上」，是知張旭的官
職並不高，初唐的書法家，多是高官，屬王官集團人物，張懷瓘
〈書估〉評等人物末尾稱：「五等之外，蓋多賢哲，聲聞雖美，功
業未遒，空有望於屠龍，竟難成於畫虎。不入品流，深慮遺才。」
〔註157〕是知唐人品藻，重視官位，張旭官位不高，卻能享大名，
是一種根本性的書法變化，顯示書法並非王官集團所能掌握，其

〔註156〕唐‧竇臮：〈述書賦〉，唐‧張彥遠：《法書要錄》（洪本），卷6，頁165。
〔註157〕唐‧張彥遠：《法書要錄》（洪本），卷4，頁116。

本身具有相當的魅力令人著迷，而且還能表演。張旭的傑出表現被列為法統，而以「神人傳授」化解「功業未逮」的侷限，而張旭的「功業」就是書法的表現，書法成為表演，是一種專業化的表現。

（四）「猶莊周之寓言，於從政乎何有」：承上，張旭的書法表現以其不羈的顛逸形象，獲致相當的名聲，他的書寫，與政治活動關係極微，是相當純粹的書法藝術表演活動，書法得到解放，從王官集團的把持普及化到社會中，實用性降到低點，藝術性則高度被發揚。

今日可見到的草書卻能與〈郎官石記〉一般規整的有如收在《淳化閣帖》中的〈晚後帖〉與〈十五日帖〉，此兩帖在《大觀帖》中合為一帖，卻標目為「智永書」〔註158〕，顯見其為王羲之體系正宗家法，以致於《大觀帖》難以分辨，該書末尾有「張旭書」字樣，歷來亦不乏以為張旭書者，欽定本歸張旭，反證了張旭對於王羲之書法的繼承一面。另一個意義則是守山陰棐几的侷限，是以張旭開拓的意義不在尺牘上，宋人姜夔云：「此兩帖（〈十五日帖〉、〈晚復帖〉）非贋，亦非合作。」惜知其然，不知其所以然。張旭之癲狂與講究風致的晉人風格完全不同，〈肚痛帖〉稍微彰顯了這樣的特質。

〈肚痛帖〉也見於刻帖中，明人王世貞云：

張長史〈肚痛帖〉及千文數行，出鬼入神，惝怳不可測。〔註159〕

由刻帖中表現變化特質，確實屬於大突破，至於「千文數行」也有刻本流傳（圖3-17）誇張的佈局與結構，一吐胸中塊壘。

二、張旭書法系統的傳布

褚薛之書風，曾經引領一時，從後設的角度來看，已為一代教化之主，而張旭則是繼褚薛之後之大家。褚薛之風原有世俗化之傾向，張旭則更走入群眾，前述張旭藉助於酒性當眾揮毫作書，豪宕感激可知，除此之外，受教於張旭者為數亦多，此為開宗立派之必要條件。

〔註158〕參水賚佑編：《《淳化閣帖》集釋》（上海：上海古籍出版社，2009年12月），頁220。

〔註159〕劉正成主編：《中國書法鑑賞大辭典》（北京：大地出版社，1989年10月），頁531。

　　張旭契入書道神妙，在盛唐時成爲草聖傳人，然而引領一時，成爲書法轉折之關鍵尤待於教化。張旭未居高位，任左率府長史之職不過七品，〔註160〕沒有進入王官核心，所以他的影響力不是透過王官傳播，而是依靠教授傳法，朱長文《續書斷》載與張旭從遊者，云：

　　　　張長史，蘇州吳人也。爲人倜儻閎達，卓爾不群，所與游者皆一時
　　　　豪傑。李白詩云：「楚人盡道張某奇，心藏風雲世莫知，三吳郡伯皆
　　　　顧盼，四海雄俠爭追隨。」李白，奇士也，稱君如此，君之蘊畜浩
　　　　博可知矣。〔註161〕

與張旭從遊者「皆一時豪傑」，不論王官集團，李白詩中有謂「四海群雄爭追隨」，是知追隨張旭者不乏其人，雖然倜儻宏達、卓爾不群的張旭未見拔擢，但從書法社會的發展情形來看，李氏王官集團已經漸漸失去主導地位，張旭有機會取得新的主導地位，黃緯中教授指出：

　　　　到了開元、天寶之際，出身於貴盛之門的核心書家大爲減少，有些
　　　　核心書家的家世背景甚至一無可考。而他們在官場上的成就也遠不
　　　　若唐初核心書家們之顯赫，僅有極少數人歷官清要，可見書法社會
　　　　核心與政治權力核心之間的關係逐漸疏遠。〔註162〕

書法勢力與李氏王官漸漸脫離，一代教化主不是顯赫權貴，取而代之的是世俗化的一介小官。又盧攜〈臨池訣〉載：

　　　　旭之傳法，蓋多其人，若韓太傅滉、徐吏部浩、顏魯公眞卿、魏仲
　　　　犀。又傳蔣陸及從侄野奴二人。予所知者，又傳清河崔邈，邈傳褚
　　　　長文、韓方明。徐吏部傳之皇甫閱。閱以柳宗元員外爲入室，劉尚
　　　　書禹錫爲及門者，言柳公常未許爲伍，柳傳方少卿直溫，近代賀拔
　　　　員外惎、寇司馬璋、李中丞戎與方皆得名者。蓋書非口傳手授而云
　　　　能知，未之見也。〔註163〕

〔註160〕張旭官太子左率府長史（據黃緯中：〈唐代書法社會研究〉，臺北：中國文化
　　　　大學史學所博士論文，1993 年。頁 67。），依後晉・劉昫，《舊唐書・職官三》
　　　　（北京：中華書局，1997 年 3 月），卷 44，「太子左率府長史」爲東宮武官之
　　　　一，在正七品上，頁 1911〜1912。
〔註161〕宋・朱長文，《續書斷》，見於《歷代書法論文選》（上海：上海書畫出版社，
　　　　2000 年 12 月），頁 325。
〔註162〕黃緯中：〈唐代書法社會研究〉，頁 97。
〔註163〕唐・盧攜，〈臨池訣〉，見於上海書畫出版社、華東師範大學古籍整理研究室編
　　　　選點校：《歷代書法論文選》（上海：上海書畫出版社，2000 年 12 月），頁 294。

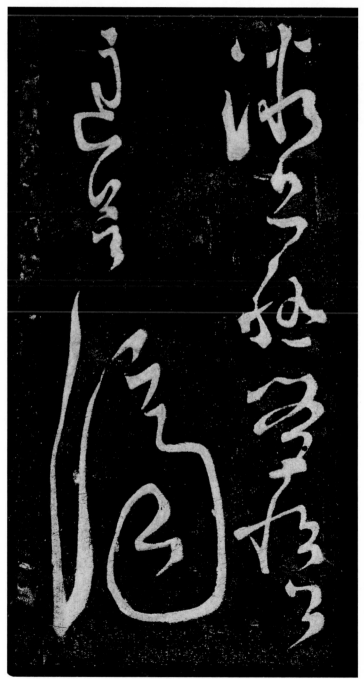

圖 3-17：唐・張旭〈草書千字文〉局部

取自《中國法帖全集・單冊帖》（中國法帖全集編輯委員會
編：《中國法帖全集 16》，武漢：湖北美術出版社，2002 年
3 月），頁 255。

張旭之傳法，除《新唐書》所載之崔邈、顏眞卿最得法嗣外，尚有韓滉、徐浩、魏仲犀、蔣陸、野奴。而其二代傳法，由崔邈傳褚長文、韓方明；徐浩傳皇甫閱，三傳則有皇甫閱傳柳宗元、劉禹錫，四傳有柳宗元傳方直溫、賀拔惎、寇璋、李戎等皆有名於世，由此益知張旭不但爲世俗肯定，更經由廣泛的傳授，成爲盛中唐書風轉變的關鍵。

三、張旭對王羲之筆法之變革

張旭一方面繼承初唐的規整，一方面藉著酒精的作用大肆揮灑，這與承平盛大的盛唐國勢相呼應，又值得再提的是，張旭不但以契入神境入攢唐人筆法系統；張旭也表現出其世俗化的一面，可由其悟入之管道：觀公孫大娘舞劍器一事可知，杜甫詩〈觀公孫大娘弟子舞劍器行・序〉云：

> 昔者吳人張旭，善草書書帖，數嘗於鄴縣見公孫大娘舞西河劍器，
> 自此草書長進，豪蕩感激，即公孫可知矣。〔註164〕

從公孫大娘舞西河劍器中悟發靈感而使草書飛躍進步，是一種靈感的啓發與主觀的興會。一方面擺脫初唐的羈絆，另一方面拓展了書藝的新境界，以張旭爲王書系統中第一位轉型的關鍵人物。中田勇次郎指出：

> 這當然不是那些恪守筆法傳授之徒的創作方法，而是從某種物象中
> 獲得感興，構成自己的意象，從而創作出作品的方法。從理論上說，
> 這同傳統的書寫技法大不相同，傳統書寫技法的基礎，是嚴格恪守
> 前人典範；而張旭則是依據人的本性，創造新的意象。這是相互對
> 立的。〔註165〕

所謂的「傳統書寫技法的基礎」云云，指的莫非是初唐以來的嚴格法式，張旭依據自身的興會，開啓新的意象書寫，遙契王羲之的書寫精神。

再者，唐人蔡希綜〈法書論〉云：

> 邇來率府長史張旭，卓然孤立，聲被寰中，意象之奇，不能一一全
> 其古制，就王之內彌更簡省，或有百字五十字，字所未形，雄逸氣
> 象，是爲天縱。〔註166〕

〔註164〕 唐・杜甫撰，清・仇兆鰲注：《杜詩詳注》（台北縣：漢京文化事業有限公司，
　　　　 1984年3月四部刊要本），第3冊，卷20，頁1815。

〔註165〕 （日）中田勇次郎撰、盧永璘譯：《中國書法理論史》（天津：天津古籍出版
　　　　 社，1987年12月），頁55。

〔註166〕 唐・蔡希綜，〈法書論〉，見於上海書畫出版社、華東師範大學古籍整理研究
　　　　 室編選點校：《歷代書法論文選》，頁273。

清楚揭示張旭當時之大名及其書法表現「意象之奇」的特質，提出以「意象」
論述書法的主張，可與張旭觀公孫大娘舞西河劍器相呼應。若從王羲之典範
的角度看張旭的草書，即可發現他更大膽的減損王羲之筆畫，在盛唐書法社
會，不但不被指摘反而大受歡迎，可見當時書法審美意識的轉換，對於王羲
之法式已經厭倦。這當然是在張旭傑出的書寫表現的前提之下始得成立，甚
至「字所未形」，「雄逸氣象」已經感染給觀者，只能用「天縱」來解釋了。

　　唐人蔡希綜的〈法書論〉載有張旭談論筆法，云：

> 旭常云：「或問書之妙何得齊古人？曰：妙在執筆，令其圓暢，勿使
> 拘攣；其次識法，需口傳手授，勿使無度，所謂筆法也；其次在布
> 置，不慢不越，巧使合宜；其次變通適懷，總合規矩；其次紙筆精
> 佳，五者備矣，然後能齊古人。」〔註167〕

提出五種書法要領，依序是：執筆、筆法、布置、變通適懷、紙筆。執筆法
雖然也是王羲之系統所重視的，但是張旭做了改變：要求圓暢改變王羲之內
擫為外拓，增添王獻之筆法的意趣，其目的即是因應書寫速度的迅疾；其次
要求筆法不可無度、布置不越不慢，雖略顯消極卻仍主張先立規矩，然後再
變通適懷，與孫過庭平正、險絕、平正之三境相較，更多個人主觀的與彈性
內涵。又可注意的是其目的在「齊於古人」，〈法書論〉還載有其悟道過程：

> 僕嘗聞褚河南用筆如印印泥，思其所以久不悟。後因閱江島間平沙
> 細地，令人欲書，復偶一利鋒，便取書之，峻勁明麗，天然媚好，
> 方悟前志，此蓋草正用筆，悉欲令筆鋒透過紙背，用筆如畫沙、印
> 泥則成功極致，自然其迹，可得齊於古人。〔註168〕

所謂「意象之奇」，蓋由張旭之「書外功」所致，亦即除了書寫文字之外，行
止坐臥，不停思索書法妙境，更在書法中融入人文或自然的意象，所謂的「齊
於古人」並非同於古人，張旭開拓了王羲之系統之外全新的書藝境界。

　　太宗歿後，不僅王獻之重回書壇，唐代書壇也從王羲之典範之下逐漸解
放。孫過庭呼應唐太宗的意志，由於對王羲之深入的研析，使他能對王羲之
書法做出偉大的詮釋，從後設的角度來看，喻之為「王羲之書法唐代的代言

〔註167〕唐・蔡希綜，〈法書論〉，見於上海書畫出版社、華東師範大學古籍整理研究
　　　　室編選點校：《歷代書法論文選》，頁273。
〔註168〕唐・蔡希綜，〈法書論〉，上海書畫出版社、華東師範大學古籍整理研究室編
　　　　選點校：《歷代書法論文選》，頁273。

人」並不爲過。李嗣眞〈書品論〉則頗能從更多元的角度欣賞，顯現唐代多元價值觀之並存。張懷瓘將歷史拉得更遠，從更超拔的角度品評王羲之書法，提出王羲之八分爲掛壁之類的驚人結論，這一方面顯示唐代的豐富多元，太宗歿後，不必獨尊王羲之書法；另一方面，則預示唐人探本尋源之文化意識，不必到顏眞卿融合篆籀，武后造字取於古文、唐玄宗提倡八分，王羲之書法爲典範的考驗接踵而來。

隨著國勢的安定，武后、玄宗之書作字形逐漸加大，武后拘守王羲之筆勢，顯得吃力；玄宗取徑八分，頗能別開生貌，則王羲之書法在如此盛大國勢的盛唐時代，漸顯應付之困難，李邕的成功不能不說得自其獨特天分，也印證張懷瓘重視天分的論述；到了張旭，書外求書，見公孫大娘舞劍器而草書長進，豪宕感激，心中的情感藉以宣洩，書法儼然成爲感情表現的媒介。唐太宗爲辭世而營建昭陵，昭陵諸碑的考索，可見唐太宗尊崇王羲之書法而規範化唐代法書，有其共相，亦有其差別相，唐碑精粹可於昭陵諸碑見其淵源，謂爲「唐碑淵藪」並不爲過。至於張旭強烈情感宣洩的書寫，促使王羲之筆法產生巨大變革，後有繼者，容於下章論述。

第四章 中晚唐五代對王羲之書法的
傳承與變革

　　張懷瓘和竇臮的論述均將二王並列在典範之列，而張懷瓘對王獻之的讚賞尤甚於對王羲之的稱美。王羲之的書法從初唐獨尊地位到二王並列，甚至遭到張懷瓘「女郎才」的批評，已顯示出書家對王羲之典範的疲乏。張旭則一方面探索魏晉諸家，一方面汲取人文表現中的世俗化因子，又將感情一寓於書作中，大肆揮灑於粉壁，已見變革之象。

　　盛唐與中唐時期，書法表現對王羲之書法仍有繼承的一面，但也有變革的一面。依照《法書要錄》載〈傳授筆法人名〉，唐代筆法譜系為：

> 智永傳之虞世南。世南傳之，授於歐陽詢，詢傳之陸柬之，柬之傳
> 之姪彥遠，彥遠傳之張旭，旭傳之李陽冰，陽冰傳徐浩、顏眞卿、
> 鄔彤、韋玩、崔邈。〔註1〕

此文收載於中晚唐時人張彥遠所編《法書要錄》中，惟未見作者署名。其中「張旭傳之李陽冰」的敘述較令人不解，因為以今日可見的書法作品來觀察，張旭小楷有晉宋人簡遠之意趣仍可得驗，但李陽冰之作品向來以篆書聞名，並不見其他楷書或行書作品，是以關於李陽冰對於王羲之書法的理解與詮釋只能暫闕不論，至於徐浩與顏眞卿則書跡頗見流傳，足以進行分析，故由此展開中晚唐五代之論述。

〔註 1〕唐・張彥遠：《法書要錄》（洪本），卷 1，頁 14。

第一節　徐浩的傳承與新發展

　　徐浩（703～782）與顏眞卿（709～785）齊名，大曆年間，有「顏徐」之稱，徐浩長顏6歲，故先論徐浩。

一、徐浩爲中唐重臣

　　初唐三大家皆位極人臣，而徐浩亦爲肅宗朝之重臣，《舊唐書・徐浩傳》載：

　　　　肅宗即位，詔拜中書舍人，時天下事殷，詔令多出於浩。浩屬詞贍
　　　　給，又工草隸，肅宗悅其能，加兼尚書右丞。玄宗傳位誥冊，皆浩
　　　　爲之，參兩宮文翰，寵遇罕與爲比。〔註2〕

徐浩長於文學，而且擅長書法，奉命書寫玄宗傳位誥冊，又得到肅宗的賞識，成爲最受皇室信賴的重臣。事實上，徐浩在玄宗朝即爲朝廷收集法書並鑑定之，有類於褚遂良於太宗朝的角色。《法書要錄》有徐浩〈古跡記〉，詳載徐浩收綴古今書畫之事，云：

　　　　天寶中，臣充使訪圖書，有商胡穆聿在書行販古跡，往往以織成褾
　　　　軸得好圖書，臣奏直集賢令求書畫。玄宗開元五年十一月五日，收
　　　　綴大小二王眞迹，得一百五十八卷。大王正書三卷（〈黃庭經〉第一、
　　　　〈畫讚〉第二、〈告誓〉第三，臣以爲〈畫讚〉是僞迹不近眞）、行
　　　　書一百五卷（並不著名姓帖）、草書一百五十卷（以前「得君書」第
　　　　一），小王書都三十卷，正書兩卷（《論語》一卷，并注一卷，寫成
　　　　爲第一）。〔註3〕

徐浩在玄宗開元年間爲朝廷收掇大小二王眞跡，得 158 卷，可推想其見識之深廣。〈古跡記〉又載：

　　　　及潼關失守，內庫法書皆散失。初，收城後，臣又充使搜訪圖書，
　　　　收獲二王書二百餘卷。……及土蕃入寇，圖籍無遺，往往市廛時有
　　　　眞跡。代無鑒者，詐僞莫分。……前試國子司業兼太原縣令竇巑、
　　　　巑弟檢校戶部員外郎宋汴節度參謀竇泉，並久遊翰苑，皆好圖書，
　　　　辨僞知眞，無出其右。臣長男璹，臣自教授，幼勤學書，在於眞行，
　　　　頗知筆法，使定古迹，亦勝常人。……建中四年三月日。〔註4〕

〔註2〕後晉・劉煦：《舊唐書・徐浩傳》，卷137，頁3759。
〔註3〕唐・張彥遠：《法書要錄》（洪本），卷3，頁96。
〔註4〕唐・張彥遠：《法書要錄》（洪本），卷3，頁97～98。

所謂「潼關失守」，指的是安史之亂發生後，唐守將哥舒翰失守潼關，叛軍直搗長安，迫使唐玄宗放棄長安城，倉惶逃往四川之事。長安收復後，徐浩又為朝廷搜訪圖書，而仍以二王書跡為重，這顯示唐太宗以王羲之書跡為典範之意識型態的影響仍在。徐浩之角色有如太宗時之褚遂良等人，有鑑定書法之責，即便年事已高，仍得以推薦竇蒙兄弟以及自己長子徐璹鑑書。此文末有「建中四年」（783）應為「建中二年」（781）之誤，係德宗年號，則徐浩在朝之時間歷玄宗、肅宗、代宗、德宗四朝。徐浩其家族三代均為書法名家，〈古跡記〉載：

> 臣先祖故益州九隴縣尉贈吏部侍郎師道，臣先考故洺州刺史贈左常
>
> 侍嶠之，真行草皆名冠古今，無與為比。〔註5〕

徐浩祖父徐師道以草書知名於世，見稱於張懷瓘《書斷》、〔註6〕父親徐嶠之更是書畫鑑賞高手，〔註7〕均為一代名家，所擅長的是楷書、行書、草書，正是唐代最重要的書體，也是王羲之所傳的主要書體，可見，徐浩家族是長期關心王羲之書法的。

二、徐浩迎合唐玄宗主意

　　玄宗在書法上的觀點自有與太宗不同之處。加之以初唐盛世之後，褚薛之書風大流行，玄宗以為靡弱，思欲提振書風，又重視八分書，徐浩則隨之俯仰。米芾有云：

> 開元以來，緣明皇字體肥俗，始有徐浩，以合時君所好，經生亦自
>
> 此肥，開元以前古氣，無復有矣。唐人以徐浩比王僧虔，甚失當。
>
> 以浩大小一倫，是猶吏楷也。〔註8〕

批評嚴峻，是否的當恐見仁見智，至於徐浩之書寫受制於皇帝好惡之說，則可由徐浩書跡以驗之。玄宗喜愛八分書，而今傳徐浩書體有八分書〈嵩陽觀

〔註5〕唐・張彥遠：《法書要錄》（洪本），卷3，頁94。「師道」原作「司道」，按：津逮秘書本、四庫全書本、范本均作「師道」據以改正。

〔註6〕按：徐師道之列名見於《墨池編》本，津逮秘書本、四庫全書本俱無，說於《法書要錄》，范本校記（北京：人民美術出版社，2004年1月），卷8，頁258。

〔註7〕說詳見朱關田：《唐代書法家年譜・徐浩事迹繫年》（南京：江蘇教育出版社，2001年8月），卷5，頁257。

〔註8〕宋・張邦基：《墨莊漫錄》（上海涵芬樓影印江安傅氏雙鑑樓藏明鈔本，四部叢刊三編子部，臺北：商務印書館，未記年），卷6頁2b。

記〉立於天寶 3 年（744），可視爲呼應唐玄宗意志之作，碑高 9 公尺，寬 2.44 公尺，計算碑文書寫文字的大小，約可近於 10 公分見方，若就摩崖書跡以外的碑刻文字來說，此碑書跡之大罕有其匹，表現出盛唐開拓之氣運。碑文以八分書書寫，典雅華麗，唯不似玄宗八分書緊密。徐浩行書傳世作品有〈朱巨川告身〉，緊密結實，可見唐玄宗筆意，而入筆藏鋒特甚。徐浩楷書〈不空和尚碑〉則端正流麗，爲晚年代表書作，具體呈現其書學思想。

三、徐浩之書學思想

　　徐浩不但有書跡傳世，還有書論，要者有〈古跡記〉與〈論書〉，尚有〈書譜〉一篇，似未完成，據此可一窺其書學思想。就其〈論書〉一文來看，他對於二王系統仍有所承，〈論書〉云：

> 周官內史教國子六書，書之源流，其來尚矣。程邈變隸體，邯鄲傳楷法，事則樸略，未有功能。厥後鍾善眞書，張稱草聖。右軍行法，小令破體，皆一時之妙。近古蕭、永、歐、虞頗傳筆勢，褚、薛以降，自鄶不譏矣。〔註9〕

程邈、邯鄲淳以前的書家，雖古籍有記載，然則手跡難見，是以徐浩之體認從鍾張開始，下接二王，傳至蕭子雲、智永、歐陽詢、虞世南，到唐代褚遂良、薛稷，之後就以爲乏善可陳矣。〈論書〉又云：

> 然人謂虞得其筋，褚得其肉，歐得其骨，當矣。夫鷹隼乏彩而翰飛戾天，骨勁而氣猛也。翬翟備色，而翱翔百步，肉豐而力沉也。若藻耀而高翔書之鳳凰矣。歐虞爲鷹隼，褚薛爲翬翟焉。〔註10〕

以爲在書法的傳承中，虞世南得到的「筋」、褚遂良得到「肉」、歐陽詢得到「骨」，這些觀點都可在三家的楷書書跡中得到驗證：虞世南〈孔子廟堂碑〉寓剛於柔，可謂得其筋；〈雁塔聖教序〉泯鋒飛動、豐豔雕刻，可謂得其肉；歐陽詢〈九成宮醴泉銘〉方中帶圓，深具骨感，謂得其骨。但徐浩認爲三者均略有少許不足，若如鷹隼，雖然凶猛奮飛，但是本身缺乏色彩，不若翬翟這樣的五彩雉雞貌美；然貌美如翬翟者，卻因身體肉豐而難以高翔，此二者均有所不足，徐浩理想的是兼有二者之長，不但本身美麗多彩而且還能高飛，以鳥爲喻，就是鳳凰了！可見其欲綜合筋、骨、肉的創作意識。〈論書〉又云：

〔註9〕唐・張彥遠：《法書要錄》（洪本），卷3，頁92。

〔註10〕唐・張彥遠：《法書要錄》（洪本），卷3，頁92。

初學之際，宜先筋骨，筋骨不立，肉何所附？用筆之勢，特須藏鋒，

鋒若不藏，字則有病，病且未去，能何有焉？〔註11〕

與唐太宗〈論書〉所謂「惟在求其骨力」〔註12〕之主張近似，可見諸唐太宗〈指意〉中「以心為筋骨」之主張，〔註13〕此觀點係繼承初唐書法概念，但論用筆，講究藏鋒，則與〈指意〉所謂「用指腕不如用鋒鋩」〔註14〕之主張不同；又云：

字不欲疏，亦不欲密，亦不欲大，亦不欲小，小長令大，大蹙令小，

疏肥令密，密瘦令疏，斯其大經矣。〔註15〕

檢梁武帝蕭衍〈觀鍾繇書法十二意〉：「逸少至學鍾書，勢巧形密，及其獨運，意疏字緩。」〔註16〕則字形緊密為王羲之書優點所在，故初唐歐虞褚諸家，均以中宮緊收為其結字原則，字間頗有距離，若界之方格，每字僅在6～7分滿；徐浩主張與此不同，以為當不疏、不密、不大、不小；而「小長令大，大蹙令小」的主張與顏真卿〈述張長史筆法十二意〉之「大字促之令小，小字展之使大」〔註17〕相合，是從張旭一脈相承而來。回視前述米芾所批評的「大小一倫」，實是徐浩書寫的規範，更趨向標準的方塊字，是有意為之的。

徐浩心中之典範，王羲之似不在其中心，其〈論書〉又云：

張伯英臨池學書，池水盡墨；永師登樓不下，四十餘年。張公精

熟，號為草聖；永師拘滯，終著能名。以此而言，非一朝一夕所

能盡美。俗云：書無百日工，蓋悠悠之談也。宜白首攻之，豈可

百日乎。〔註18〕

〔註11〕　唐・張彥遠：《法書要錄》（洪本），卷3，頁92～93。

〔註12〕　唐・太宗，〈論書〉，見於上海書畫出版社、華東師範大學古籍整理研究室編選點校：《歷代書法論文選》，頁120。

〔註13〕　唐・太宗，〈指意〉，見於上海書畫出版社、華東師範大學古籍整理研究室編選點校：《歷代書法論文選》，頁120～121。

〔註14〕　唐・太宗，〈指意〉，見於上海書畫出版社、華東師範大學古籍整理研究室編選點校：《歷代書法論文選》，頁121。

〔註15〕　唐・張彥遠：《法書要錄》（洪本），卷3，頁93。

〔註16〕　上海書畫出版社、華東師範大學古籍整理研究室編選點校：《歷代書法論文選》，頁78。

〔註17〕　上海書畫出版社、華東師範大學古籍整理研究室編選點校：《歷代書法論文選》，頁279。

〔註18〕　唐・張彥遠：《法書要錄》（洪本），卷3，頁93。

張旭所傳，頗重用功與精熟，可視爲此系統在創新上的必要條件，徐浩以張芝、智永爲用功之典範，可見其兼容二王系統與變革系統。從王羲之書法流傳的角度看，徐浩並未視王羲之爲唯一典範，有更開闊的視野。

徐浩的八分書、楷書、行書皆有傳世作品，唐代書法家有此成就者實不多見，對照徐浩〈論書〉之主張，更可一探八分書滲入楷書之消息：

（一）王羲之法式爲中宮緊收的，約佔6～7分滿，而徐浩以爲當不大不小、不密不疏，中宮較鬆，結體稍寬博，與八分書的書寫法是相應。

（二）徐浩家族雖然對於王羲之十分重視，但是王羲之專擅尺牘小字，若用以書寫豐碑，如〈嵩陽觀記〉者仍以八分書寫就爲宜，然徐浩重視筋骨與流麗，線條顯得果決，不像初唐有極多的點畫變化。

（三）八分書筆法講究藏鋒，徐浩將之用於楷書或行書的書寫中，而王羲之瘦硬的矩式隨之滲入其八分書寫中，使其八分書作也透出瘦硬的氣息，此在其另一八分書作〈張廷珪墓誌〉中表現尤爲明顯。〔註19〕

徐浩講究流麗的美感下成就了新的風格，他具有一貫的思想與創作，將八分書的筆意帶入楷書中，也將王羲之瘦硬的風格融入八分書中，從這個角度可以看出徐浩對王羲之書法的詮釋與轉化。

四、徐浩楷書的階段變化

若將徐浩與顏眞卿之政治地位相較，顏眞卿多任地方官員，徐浩則爲殿前重臣，徐浩的影響力在當時可能較顏眞卿更爲廣泛。趙文成將徐浩楷書歸納三類不同的表現樣貌，第一類：以三十三歲所書的〈陳尚仙墓誌〉（圖4-1）爲代表；第二類：以五十二歲時所書〈李峴墓誌〉（圖4-2）爲代表；第三類：以七十八歲時所書之〈不空和尚碑〉（圖 4-3）爲代表，均爲其楷書代表作。〔註20〕

〔註19〕 圖參見劉正成主編：《中國書法全集‧23》（北京：榮寶齋，1996年8月），頁196～213。趙雁君謂：「是碑瘦硬而有氣骨」，說見該圖作品考釋，頁400。

〔註20〕 趙文成：〈略談〈陳尚仙墓誌〉的書法藝術價值〉，薛海洋、陳輝編：《唐陳尚仙墓誌》（鄭州：河南美術出版社，2008年3月），頁2。

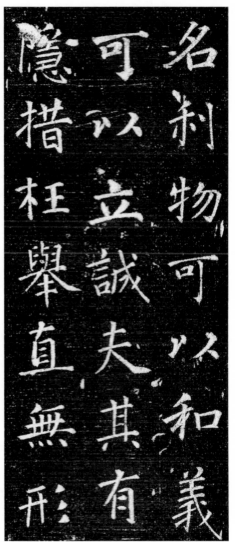

圖 4-1：唐・徐浩〈陳尚仙墓誌〉
局部

取自薛海洋、陳輝編：《唐陳尚仙墓
誌》（鄭州：河南美術出版社，2008
年 3 月），頁 12。

圖 4-2：唐・徐浩〈李峴墓誌〉局部

取自《書法叢刊》2005 年第 4 期，頁
46。

圖 4-3：唐・徐浩〈不空和尚碑〉局部

取自劉正成主編：《中國書法全集・23 李邕等》（北京：榮寶齋，1996年 8 月），頁 225。

趙文成評論徐浩第一類書作：「行筆中有楷法之規矩，又有逸少之飄逸、褚書結體之整飭。」此論點用以移於第二類書作，亦無不可，因此二類書作顯示更多的王羲之書法風格，從初唐諸家加以綜合而以寬博的面貌出之，而用筆較初唐諸家更多映帶，所謂「褚書結體之整飭」者，可參照褚遂良〈孟法師碑〉一路的表現。第三類〈不空和尚碑〉素來為徐浩楷書代表作，明顯不同的地方是更多藏鋒的用筆，結體表現得更為茂密，而且使用長格書寫，可見八分書書寫意識的滲透。觀察附圖中兩個「歲」字、兩個「猛」字、四個「龍」字結體各異，顯然對於王羲之系統講究字形變化的律則仍十分在意。而這三件作品也能與徐浩〈論書〉的主張相合，那些筆畫比較少的字都被寫得比較肥一些，可以與其所說：「小長令大，大蹙令小」（前引）相印證。

若從文字書寫場合的角度審視，墓誌銘的書寫文字較小，〈陳尚仙墓誌〉、〈李峴墓誌〉約在 2 公分見方左右；〈不空和尚碑〉稍大，約在 3 公分見方。徐浩對於豐碑與小墓誌具有不同的書寫方式，豐碑大字的書寫方面，徐浩使用一些八分書的元素來完成，這為王羲之書法注入了新的活水。

第二節　顏真卿的變革

徐浩雖然繼承張旭變革系統的一些特色，但他未曾拋棄王羲之書法；顏真卿則不同，繼承自顏氏家族的基礎，加之以張旭的教導，展現出不同於初唐的書寫特色，對王羲之書法有了不同的理解與詮釋。

一、王羲之被判為俗書

從時代風氣切入而論，韓愈於中晚唐不但是古文健將，也是文化風氣嗅覺十足敏銳的人，對於文化發展有引領的地位，他在〈答劉正夫書〉中有云：

> 夫百物朝夕所見者，人皆不注視也；及觀其異者，則共觀而言之。
> 夫文且異於是乎？……足下家中百物皆賴而用也，然其所珍愛者，
> 必非常物。夫君子之於文，豈異於是乎？〔註21〕

〔註21〕唐・韓愈：《韓昌黎全集》（臺北：新興書局有限公司，1970 年影印清同治己巳年江蘇書局重刻東雅堂本），卷18，頁295。

在承平的光景中，人們對於日常所見不易投注目光，新奇的事物方能引來好奇與討論。如何產生新的、「非常」的作品？韓愈的主張就是汲古出新，從古代典範中尋找新聲，務去陳言。

此種文化的轉型，已是當時普遍的風氣，不只文章的領域如此，書法亦然。《舊唐書·韓愈傳》載：

> 大曆、貞元之間，文字多尚古學。〔註22〕

所謂的「汲古出新」，在書法的表現上也與文章的書寫相應，從武后造新字多取於古文字、唐玄宗酷愛八分書，步步顯示盛中唐書法的轉型，逐漸揮別獨尊右軍的書法創作風氣。杜甫有〈李潮八分小篆歌〉一詩，作於大曆年間，〔註23〕頗可反應書法社會的轉變：

> 蒼頡鳥跡既茫昧，字體變化如浮雲。陳倉石鼓又已訛，大小二篆生八分。秦有李斯漢蔡邕，中間作者寂不聞。嶧山之碑野火焚，棗木傳刻肥失眞。苦縣光和尚骨立，書貴瘦硬方通神。惜哉李蔡不復得，吾甥李潮下筆親。尚書韓擇木，騎曹蔡有鄰。開元已來數八分，潮也奄有二子成三人。況潮小篆逼秦相，快劍長戟森相向。八分一字直百金，蛟龍盤拏肉屈強。吳郡張顚誇草書，草書非古空雄壯。豈如吾甥不流宕，丞相中郎丈人行。巴東逢李潮，逾月求我歌。我今衰老才力薄，潮乎潮乎奈汝何。〔註24〕

張懷瓘謂：「案古文者，皇帝史蒼頡所造也。」以爲蒼頡所造之字爲古文之祖，〔註25〕杜甫一開頭即談到衛恆〈字勢〉所述「皇帝之史沮誦、蒼頡，眺彼鳥跡，始作書契。」之古文字渺茫難尋，其字體變化如浮雲一般難以捉摸；復次，以爲陳倉發現的〈石鼓文〉爲訛謬，因爲〈石鼓文〉文字與古文不盡相同，詩中歷敍篆書之源流，足見當時尚古的書法意識，又敍及八分書爲當時所重者，更有「一字值百金」的價格在焉。「瘦硬方通神」及講究骨力均是對初唐書法的繼承，在此實則指的是對篆書八分的美感要求，以爲肥則失眞；至於對張旭的草書表達不滿，因爲張旭之書法只繼承魏晉法統，尚未上窺篆書、八分的緣故，是以稱「草書非古」，但「雄壯」二字儼然點出盛唐之音。

〔註22〕 後晉·劉昫，《舊唐書·韓愈傳》，卷160，頁4195。

〔註23〕 本鶴注，見於唐·杜甫撰、清·仇兆鰲注：《杜詩詳注》（台北縣：漢京文化事業有限公司，1984年3月），卷18，頁1550。

〔註24〕 唐·杜甫撰、清·仇兆鰲注：《杜詩詳注》，卷18，頁1550～1552。

〔註25〕 唐·張彥遠：《法書要錄》（洪本），卷7，頁186、188。

事實上，除了玄宗朝特重八分書外，小篆名家李陽冰也活躍於當時，是繼秦朝李斯之後最重要的小篆書家，所謂「斯翁之後，直至小生」者也，足見書學社會之劇變。〔註26〕

　　杜甫的〈李潮八分小篆歌〉具體反映了崇尚古學的大曆風氣。崇尚古學的韓愈則在其另一首詩歌〈石鼓歌〉中對王羲之提出最不客氣的批判：

> 羲之俗書趁姿媚，數紙尚可博白鵝。繼周八代爭戰罷，無人收拾理則那。〔註27〕

韓愈將王羲之書法與〈石鼓文〉相較，〈石鼓文〉古拙新奇，王羲之書法相對顯得媚俗，故韓愈爲〈石鼓文〉未受重視而抱屈，可與前述「汲古出新」相印證。此「俗」可有兩種含意，一則通俗之俗，謂流俗所傳，則可見唐代王書流行之廣；再則爲與正體相對的俗書，在唐代逐漸崇尚古學的盛中唐時期，一次又一次的探索古文字，飄若浮雲的王書規範而成的楷、草、行書體，若以小篆《說文解字》爲標準的觀照之下，已是不合六書規範，因而被指斥爲俗書。宋人黃伯思云：

> 蓋自二王以來，譌字甚多，「陳」爲「陣」、「策」爲「笑」，皆二王輩自製，不可據此定眞僞也。〔註28〕

指出二王亦有造字之現象，蓋傳統以爲造字乃是聖人之業；清人王鳴盛更云：

> 羲之千古書聖，而直斥爲俗書，可云卓見矣。羲之《十七帖》如「縣」字作「懸」，「麵」字作「麵」，「著」字作「着」，「疏」字作「疎」，「采」字作「採」；〈蘭亭敍〉「莫」字作「暮」，「領」字作「嶺」，幾爲不講偏旁故宜。〔註29〕

王鳴盛以〈說文解字〉六書的標準來檢視王羲之書法，王羲之書法自是訛謬叢出，俗字滿紙，這就難怪韓愈要爲〈石鼓文〉抱屈了。因此，韓愈指稱王羲之書爲「俗書」，一部分的原因是王羲之尺牘不符合六書的造字規則，而更大的原因是這種流美的風姿已是流俗所傳，人人稱頌，自然屬俗，由其立論的時代背景考察便可迎刃而解。

〔註26〕 拙論：〈唐人楷書的文化意涵〉第 6 章第 1 節有盛唐「八分與篆書復盛」的論述（頁 207～210），可參看。

〔註27〕 唐・韓愈撰、錢仲聯編：《韓昌黎詩繫年集釋》（臺北市：學海出版社，1985年 1 月），卷 7，頁 795。

〔註28〕 宋・黃伯思：《宋本東觀餘論・法帖刊誤》，卷上，頁 54。

〔註29〕 唐・韓愈撰、錢仲聯編：《韓昌黎詩繫年集釋》，卷 7，頁 804。

　　王羲之書被唐人判爲俗書最爲具體的證據，莫過於顏眞卿所書〈干祿字書〉的書寫規範，該書曾明標「俗書」之意，《干祿字書·序》云：

> 所謂俗者，例皆淺近，唯籍帳、文案、券契、藥方，非涉雅言，用亦無爽，倘能改革，善不可加；所謂通者，相承久遠，可以施表奏箋啓、尺牘判狀，固免詆訶（若須作文言及選曹銓試，兼擇正體用之尤佳）；所謂正者，立有憑據，可以施著述文章、對策、碑碣，將爲允當（進士考試理宜必遵正體，明經對策貴合經注本文。碑書多作八分，任別詢舊則）。〔註30〕

「例皆淺近」包含世俗之意，社會一般可接觸的文字，俗字難免，包括「籍帳、文案、券契、藥方」等等，文字已經漸漸普及，試想平民老百姓使用文字的目的爲何？無非是日常生活瑣事備忘，今〈干祿字書〉加以明訂使用文字的規則，顯見文字使用人口的增加，「文字」不再掌握在王官手中，《通典·卷16》云：「五尺童子，恥不言文墨焉。」學習文字成了童子的第一要務。《干祿字書》的標準並非《說文解字》以解經爲目的的說解文字，唐代科舉考試以進士最受尊崇，亦即所重視的是詩賦文章，而非明經科的儒家經典，是以字書須兼顧造字原理與使用狀況，《干祿字書·序》云：

> 且字書源流，起於上古，自改篆行隸，漸失本眞。若總據《說文》，便下筆多礙。當去泰去甚，使輕重合宜。〔註31〕

顏元孫清楚意識到書寫楷書若完全照《說文》楷定，是如此這般的不合時宜，蓋因隸變已經「漸失本眞」，此爲一大震盪，再因唐太宗崇尙飄若浮雲的王羲之法書，文字書寫不僅止於表情達意，更顯示個人情感與修爲，在長久文化的浸潤之下，總得權衡輕重，最終建立了一個具體又有彈性的文字系統。

　　所謂「具體又有彈性」的文字系統，指的是一方面有具體的雅正的規定，另一方面則又有彈性的精神，並不是一種絕對、非即是非的嚴峻律法，《干祿字書》是此系統最爲具體的呈現。茲引拙論：〈唐人楷書的文化意涵〉所製表說明如下：

〔註30〕唐·顏元孫：〈干祿字書序〉，見於施安昌編：《顏眞卿書干祿字書》（北京：紫禁城出版社，1992年7月），頁9～11。

〔註31〕唐·顏元孫，〈干祿字書序〉，施安昌編，《顏眞卿書干祿字書》（北京：紫禁城出版社，1992年7月），頁6～7。

表 4-1：《蘭亭序》（馮摹本）、唐楷與《干祿字書》對照表〔註32〕

《蘭亭序》	唐人楷書					《干祿字書》
稽	稽《昭仁寺碑》	稽 歐陽通《道因法師碑》	稽《九經字樣》	稽 唐人墓誌	稽 唐人墨跡	稽 稽（上俗下正）
囙	囙 歐陽詢《九成宮醴泉銘》	囙 薛稷《信行禪師碑》	因 歐陽通《道因法師碑》	因 囙 柳公權《金剛經》	因 囙 顏眞卿《多寶塔碑》	因 囙 唐人墨跡 / 囙 因（上俗下正）
流	流 流 歐陽詢《九成宮醴泉銘》	流 褚遂良《孟法師碑》	流 流 歐陽通《道因法師碑》	流 顏眞卿《顏氏家廟碑》	流 柳公權《玄秘塔碑》	流 流 唐人墨跡 唐人墓誌 / 流 流（上俗下正）
類	類 歐陽詢《化度寺碑》	類 褚遂良《孟法師碑》	類 歐陽通《道因法師碑》	類 顏眞卿《麻姑仙壇記》	類 柳公權《金剛經》	類 唐人墨跡 / 類 類（上俗下正）

〔註32〕取自拙論：〈唐人楷書的文化意涵〉，頁 146〜147。《蘭亭序》取自東晉・王羲
之：《蘭亭敍〈五種〉》（東京：株式會社二玄社，1989 年 12 月）；唐人楷書取
自日本・梅原青山：《唐楷書字典》（東京：株式會社二玄社，1994 年 10 月）；
《干祿字書》取自施安昌編：《顏眞卿書干祿字書》（北京：紫禁城出版社，
1992 年 7 月）。

帶	歐陽詢《九成宮醴泉銘》	薛曜《夏日遊石淙詩》	顏真卿《竹山聯句》	柳公權《神策軍碑》	唐人墓誌	唐人墓誌	帶 帶（上俗下正）
歲	歐陽詢《溫彥博碑》	褚遂良《雁塔聖教序》	歐陽通《道因法師碑》	顏真卿《顏氏家廟碑》	柳公權《玄秘塔碑》	唐人墓誌 唐人墨跡	歲 歲 歲（上俗中通下正）
況	虞世南《孔子廟堂碑》	褚遂良《雁塔聖教序》	《段志玄碑》	歐陽通《道因法師碑》	柳公權《玄秘塔碑》	唐人墨跡	況 況（上俗下正）
暫	褚遂良《伊闕佛龕碑》	薛曜《夏日遊石淙詩》	《五經文字》	唐人墓誌	唐人墓誌		暫 暫（上通下正）

試以此表，論說如下：

（一）〈蘭亭敘〉爲初唐最重要的法帖之一，是初唐書家必習的字帖，今傳多種唐人摹本即是其證，化入楷書的書寫中仍可從此表中看出痕跡，可以說，初唐名家書寫楷書的印模就是〈蘭亭敘〉。

（二）太宗亡故之後，書家探本尋源的意識強烈，楷書的書寫透露出向篆籀回歸的書法意識，試參歐陽通〈道因法師碑〉諸字即可見出，如「因」、「流」等字。〔註33〕

（三）即便透出向篆籀回歸的書法意識，但卻不是絕對復古的。如果說漢代的代表字書是《說文解字》，則唐代的字書代表應屬《干祿字書》。前者所蘊含的是解經的文化意識，要求有個標準字形；後者則是為進士考試與書法創作而生，俗通正三體明列區分，具有彈性的空間，是「具體又有彈性」的。

（四）「具體又有彈性」書寫範式的另一意義是不但保留雅正的書寫規定，還能適應廣大的群眾文化水準較差的民眾的書寫。中國文字並不容易書寫正確，一般人僅靠大體的模糊字形即可辨認表達之意，是以俗書所在多有。《干祿字書》的「俗書」乃是經由顏氏家族長期觀察記錄所得，而「干祿」正代表一種「從下向上」的文化型態。

（五）承前項，《干祿字書》的刻成還標誌著文字人口使用的里程碑，因為文字使用人口增加，所以需要規範，唐人以爭取干祿為榮。如果說「俗書」的形成是時間跨度所致，不足以說明文字使用的廣度，那麼《干祿字書》刻成傳揚之廣則更具體的說明唐人對於文字雅正的嚮往與崇拜。拙文曾指出：「《干祿字書》由顏真卿書寫刻石，立於湖州（浙江吳興）刺使院東廳後，大行於世，乃至於傳拓過甚，泐損嚴重，六十四年後，文宗開成四年（839）湖州刺使楊公漢乃將之重刻，有記為證：『（魯公勒成）仍許傳本，示諸後生，一二工人，用為衣食業，晝夜不息，剜缺遂多。』〔註34〕……其影響之大不難想見。」〔註35〕

（六）承（四）項，就在這樣的規模中，保留了書法創作的空間，因為書法創作講究個人感情的發揮，文字載體的彈性空間有更多的發揮尺度，有時候書法表現的只是一種「神采」，未必斤斤於字形，

〔註33〕歐陽通〈道因法師碑〉採用許多篆籀字形，拙論：〈唐人楷書的文化意涵〉已經詳述，在第 5 章第 2 節（頁 182～185。），可參看，茲不贅。

〔註34〕唐・楊漢公，〈干祿字書後記〉，清・董誥等編：《欽定全唐文》（臺北市：大通書局，1975 年 4 月），卷 760，頁 9990。

〔註35〕拙論：〈唐人楷書的文化意涵〉第 4 章第 3 節，頁 130。

此可與張懷瓘「惟觀神采，不見字形」〔註36〕的論述相互參照。

從文字發展的歷史看，《干祿字書》統整了篆隸楷等書體的字形；從空間看，盛唐之世，幅員遼闊，具體又有彈性的文字書寫型態，也能兼容南北。

文字的規範自然是重要的，唐代王官很早就注意到這個問題，胡奇光指出：

> 唐代正值中印文化與南北文化匯流之際，更要求作為民族文化符號的文字，有個統一的規範。文字有形、音、義三個要素。字音的統一，大體上由隋陸法言的《切韻》來完成；字義首先是經典釋義的統一，由孔穎達的《五經正義》作為官方的標準；字形的統一，則由顏師古的《字樣》奠定良好的基礎。〔註37〕

語言文字在中印、南北交融的漢唐社會遭遇挑戰，是以文字的形、音、義在唐代都有統一的規範，胡奇光所言甚是。其中《字樣》一書為顏師古所撰，是《干祿字書》的前身。〔註38〕

顏氏家族不僅顏師古於文字見長，顏真卿有〈草篆帖〉，帖文云：

> 真卿自南朝來，上祖多以草隸篆籀為當代所稱，及至小子，斯道大喪。曾見張旭長史，頗示少糟粕，自恨無分，遂不能佳耳。〔註39〕

顏真卿稱自己的祖先在草隸篆籀書法都得到當時代的稱許，〈顏氏家廟碑〉亦記錄顏氏家族多工於翰墨者。〔註40〕劉因即云：「顏魯公自其九世祖騰之至公，以能書名天下者凡十人。」〔註41〕足見顏真卿家族謹守家風，而顏氏家族與顏真卿之書法創作與王羲之迥異，試析如下。

〔註36〕唐·張彥遠：《法書要錄》（洪本），卷4，頁128。

〔註37〕胡奇光：《中國小學史》（上海：上海人民出版社，1987年11月），頁128～129。

〔註38〕詳見拙論：〈唐人楷書的文化意涵〉第4章第3節〈一、《干祿字書》前有所承〉，頁132～138。

〔註39〕唐·顏真卿：《草篆帖》，宋·留元剛編：《宋拓本顏真卿忠義堂帖·下》（上海：西泠印社出版社，1994年8月），頁477～480。

〔註40〕另黃宗義：《顏真卿書法研究》（臺北市：蕙風堂筆墨有限公司出版部，1994年4月）第2章考證頗詳，可參看。（頁6～8）

〔註41〕元·劉因：《靜修先生文集》（北京：中華書局，1985年叢書集成初編本），卷3，「跋懷素藏真律公二帖墨本後」，頁50。

二、顏氏家族書法寫作的動機分析

　　顏氏家族雖工於草隸篆籀，但對於書寫的考究並非著眼於藝術表現或感情抒發，此從族人中多兼擅文字訓詁與篆籀的事實可知。顏真卿五世祖顏之推（531～601）撰《顏氏家訓》，以「夫聖賢之書，教人誠孝，慎言檢跡，立身揚名」〔註42〕爲開端，顏氏素以儒家理想爲終極關懷，講究忠孝節義，謹言愼行。對於書法，《顏氏家訓》有云：

> 真草書跡，微需留意。江南諺云：「尺牘書疏，千里面目也。」承晉、宋餘俗，相與事之，故無頓狼狽者。吾幼承門業，加性愛重，所見法書亦多，而翫習功夫頗至，遂不能佳者，良由無分故也。然而此藝不須過精。夫巧者勞而智者憂，常爲人所役使，更覺爲累；韋仲將遺誡，深有以也。〔註43〕

顏之推重視尺牘，係因尺牘是人身的表徵，所謂「千里面目」也。顏之推性愛書法，並有幸觀覽眾多法書，自稱即便深加研習也不能臻入佳境的原因實係韋誕之遺誡，認爲書寫太精，將換得勞役，這種名聲在儒家看來，不過小道，致遠恐泥。是以顏之推云：

> 王逸少風流才士，蕭散名人，舉世惟知其書，翻以能自蔽也。蕭子雲每歎曰：「吾著《齊書》，勒成一典，文章弘義，自謂可觀：唯以筆迹得名，亦異事也。」王襃地冑清華，才學優敏，後雖入關，亦被禮遇，猶以書工，崎嶇碑碣之間，辛苦筆硯之役，嘗悔恨曰：「假使吾不知書，可不至今日邪！」以此觀之，慎勿以書自命。雖然，廝猥之人，以能書拔擢者多矣。故道不同不相爲謀也。〔註44〕

顏之推認爲王羲之「以能自蔽」，「能」指的是書法，「所蔽」指的則是他的功業、品德、文學；至於蕭子雲、王襃等人因工書而辛苦筆硯，因此顏氏告誡子孫不可以能書自命，要之，儒家以品德爲貴，以國家爲重，故即使有一些人因爲字寫得好而被拔擢，是與顏氏「道不同不相爲謀」的。顏之推是從儒家眼光看書法藝術，儒家重視品德，講究倫理、爲正名而正字，顏氏的儒家精神又與漢代略有不同，漢代以儒爲術，由上而下，是以正書字而有《說文

〔註42〕　北齊・顏之推撰、王利器注：《顏氏家訓集解・序致第一》（台北縣：漢京文化事業有限公司，1983年9月），卷1，頁19。

〔註43〕　北齊・顏之推撰、王利器注：《顏氏家訓集解・雜藝第十九》，卷7，頁507。

〔註44〕　北齊・顏之推撰、王利器注：《顏氏家訓集解・雜藝第十九》，卷7，頁509～510。

解字》之作；顏氏重視通變，在文字上留意俗書，「眞草書跡，微須留意」，《顏氏家訓》又云：

> 梁氏祕閣散逸以來，吾見二王眞草多矣。家中嘗得十卷，方知陶隱居、阮交州、蕭祭酒諸書，莫不得羲之之體，故是書之淵源。蕭晚節所變，乃是右軍年少時法也。〔註45〕

顏氏有機會看到爲數不少的王羲之書法，對於王羲之書法算是相當熟悉，但是卻沒有努力學習，就是因爲以儒家爲其核心思想的緣故，所在乎的不在王羲之飄若浮雲、矯若驚龍的筆勢，只是留意其用語、字形，如《顏氏家訓》載：

> 凡與人言，稱彼祖父母、世父母、父母及長姑，皆加「尊」字，自叔父母已下，則加「賢」字，尊卑之差也。王羲之書，稱彼之母與自稱己母同，不云尊字，今所非也。〔註46〕

從用語的角度去理解王羲之法帖，以爲王羲之對親屬的稱呼方式在顏之推的時代實屬不禮。《顏氏家訓》又載：

> 太公《六韜》有天陳、地陳、人陳、雲鳥之陳。《論語》曰：「衛靈公問陳於孔子。」《左傳》：「爲魚麗之陳。」俗本多作阜傍車乘之車。按諸「陳」字並作「陳鄭」之「陳」。夫「行陳」之義取於「陳列」，唯王羲之〈小學章〉獨阜傍作車，縱復俗行，不宜追改《六韜》、《論語》、《左傳》也。〔註47〕

顏氏以儒學爲宗，所考究的是字形的雅俗，辨明俗體、通體、正體。顏之推爲顏眞卿五世祖，六世祖顏師古有〈顏氏字樣〉、伯父顏元孫有〈干祿字書〉，顏眞卿則將之書寫刻碑傳播，開啓有別於《說文解字》的字樣學系統。黃宗義教授指出：

> 顏氏一族自之推以後，嚴循家訓，習經史，探小學，相沿而爲傳統，對眞卿書學之影響甚鉅。〔註48〕

顏氏留意書翰，對書法藝術不但不講究，而且以「不須過精」爲家訓，這是在討論顏眞卿對王羲之書法的理解與詮釋時應當注意的。

〔註45〕北齊・顏之推撰、王利器注：《顏氏家訓集解・雜藝第十九》，卷7，頁511。
〔註46〕北齊・顏之推撰、王利器注：《顏氏家訓集解・風操第六》，卷2，頁85。
〔註47〕北齊・顏之推撰、王利器注，《顏氏家訓集解・書證第十七》，卷6，頁395。
〔註48〕黃宗義：《顏眞卿書法研究》（臺北市：蕙風堂筆墨有限公司出版部，1994年4月），頁7。

三、顏眞卿楷書對王羲之書法的變革

　　顏眞卿謹守家訓，留意楷正，在楷書書寫的取法上不全著眼於王羲之。拙論〈唐人楷書的文化意涵〉討論顏眞卿楷書的變革，從字形上分析而得三項特點：(一)融篆籀入楷；(二)參酌八分，字形方正；(三)唐代前賢與民間俗書等內涵。在筆法上則改王羲之系統側筆取妍爲篆籀分隸的中鋒圓暢。〔註49〕

　　顏眞卿對於王羲之書法內涵的吸收，主要來自唐賢，此由顏眞卿早期楷書作品得以一窺端倪。

　　顏眞卿早期的書作，可以〈多寶塔碑〉爲代表，黃宗義教授研究指出：

　　〈多寶塔碑〉……至於其結體則略呈高長，左傾右揚，中宮緊湊，

　　隱含初唐歐、虞形影，實乃山陰法乳。〔註50〕

所謂的「山陰法乳」指的即是王羲之血脈，是襲自歐陽詢、褚遂良的初唐書法，換言之，乃是間接師法王羲之書法。黃宗義教授指稱，顏眞卿早期另一書作〈扶風孔子廟堂碑〉「更接近張旭所書〈郎官廳壁記〉」〔註51〕。黃宗義教授的分析的當，顏眞卿早期楷書的淵源爲張旭與初唐諸賢，近年顏眞卿早期書作〈王琳墓志〉（圖4-4）出土，亦可以爲證。

　　考顏眞卿於玄宗天寶2年（743）至洛陽訪張旭，天寶5年（746）再訪張旭，作〈張長史十二筆法記〉時顏眞卿38歲，〔註52〕〈王琳墓志〉之寫就在開元29年（741），〔註53〕時顏眞卿33歲。顏眞卿早期書作若與受張旭筆法後之〈郭虛己墓志銘〉或〈多寶塔碑〉相比較，有以下幾點差異：

　　(一)前者較橫畫下筆圓頓，後者較勁利。

　　(二)前者橫畫較平，稍顯平正；後者橫畫斜勢明顯抬高。

　　(三)前者橫細直粗不如後者明顯。

　　(四)前者較雍容寬綽；後者中宮緊縮，較爲緊湊。

最明顯的差異表現在橫畫的斜勢在張旭授法之後明顯提高，可使中宮緊縮。眞卿受張旭筆法後，楷書書跡如〈郭虛己墓志銘〉、〈多寶塔碑〉比較接近張旭的楷書，張旭授予顏眞卿筆法有脈絡可循。

〔註49〕說詳拙論：〈唐人楷書的文化意涵〉第6章第2節，頁220～230。

〔註50〕黃宗義：《顏眞卿書法研究》，頁158。

〔註51〕黃宗義：《顏眞卿書法研究》，頁159。按：〈郎官廳壁記〉即是〈郎官石記〉。

〔註52〕黃宗義：《顏眞卿書法研究》，頁29。

〔註53〕該志下方有「開元廿九年記」字樣，與志中「以今辛巳之年秋七月二旬有八日薨於潤州之正寢」相符，見於《書法叢刊》2005年第3期，總第85期，頁22～23。（編輯圖片）

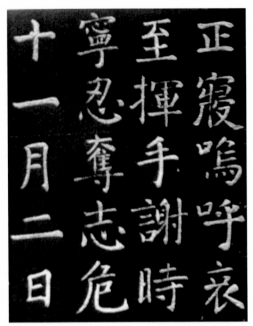

圖 4-4：唐・顏真卿〈王琳墓誌〉局部
取自《唐王琳墓誌》（鄭州：河南美術出
版社，2008 年 6 月），頁 17。

前述張旭之為變法之關鍵人物，其能直探晉宋古法為主要原因之一，則顏真卿所受的筆法是回歸晉宋之古法，〈述張長史筆法十二意〉應可見其端倪。

此「十二意」是闡揚梁武帝蕭衍〈觀鍾繇書法十二意〉的，是一種「古法」的追尋，而所謂的「古法」也僅止於鍾王而已，試檢其數條以應前說，如：

> 又曰：「均謂間，子知之乎」？曰：「嘗蒙示以間不容光之謂乎」？
> 長史曰：「然」。〔註54〕

張旭要求顏真卿必須「間不容光」，意即點畫間必須密，不可疏，可以窺見顏真卿中宮緊縮的原因；又：

> 又曰：「密謂際，子知之乎」？曰：「豈不謂築鋒下筆，皆令完成，
> 不令其疏之謂乎」？長史曰：「然」。〔註55〕

〔註54〕 上海書畫出版社、華東師範大學古籍整理研究室編選點校：《歷代書法論文選》，頁 278。
〔註55〕 上海書畫出版社、華東師範大學古籍整理研究室編選點校：《歷代書法論文選》，頁 278～279。

是以在真卿受張旭筆法後，結字轉密；又：

　　又曰：「鋒謂末，子知之乎」？曰：「豈不謂末以成畫，使其鋒健之
　　謂乎」？長史曰：「然」。〔註56〕

意謂筆畫的收筆，必須使用毫端來完成，這樣可使寫出來的字顯得更爲勁建，
考諸顏真卿受法之後，確實字口較爲清晰勁利；又：

　　又曰：「力謂骨體，子知之乎」？曰：「豈不謂趯筆則點畫皆有筋骨，
　　字體自然雄媚之謂乎」？長史曰：「然」。〔註57〕

這裡講的是「骨」法，是唐太宗最有所得的部分，因此有「骨力」的主張。
顏真卿的詮釋是在文字書寫時必須果敢，不可猶疑，方能使書字有骨體，檢
諸〈郭虛己墓誌〉與〈多寶塔碑〉，確實較〈王琳墓誌〉之書寫更爲果敢、富
有精神；又：

　　又曰：「輕謂曲折，子知之乎」？曰：「豈不謂鉤筆轉角，折鋒輕過，
　　亦謂轉角爲暗過之謂乎」？長史曰：「然」。〔註58〕

闡發筆畫轉折處的筆法應當提起輕帶，是以〈郭虛己墓誌〉與〈多寶塔碑〉
有更明顯的粗細變化，其書寫動機即是在轉折處的「輕」，致使顏真卿受張旭
筆法後橫畫變細。

　　　如上所述，在顏真卿的楷書書寫筆法的變化可以在他受張旭筆法前後的
書跡中印證。不過，顏真卿最精彩的書作是其中晚年書作，融入篆籀筆意並
且重視俗書的書寫，〔註59〕已經完全揚棄以王羲之爲書寫唯一典範的視角，
在一個完全不同的書寫意識之下工作。〔註60〕

〔註56〕　上海書畫出版社、華東師範大學古籍整理研究室編選點校：《歷代書法論文
　　　　　選》，頁279。
〔註57〕　上海書畫出版社、華東師範大學古籍整理研究室編選點校：《歷代書法論文
　　　　　選》，頁279。
〔註58〕　上海書畫出版社、華東師範大學古籍整理研究室編選點校：《歷代書法論文
　　　　　選》，頁279。
〔註59〕　詳見拙論：〈唐人楷書的文化意涵〉第6章第2節，頁217～231。
〔註60〕　比較顏真卿與王羲之的一同並非本文目的，關於這方面，白鶴有〈王羲之顏
　　　　　真卿異同論〉一文，以領域、語言表現形式、情感意味等爲子標題論述，可
　　　　　參看，見於《書法研究》第1999年第5期（總第91期），頁76～84。

四、顏眞卿對王羲之行草書的變革

顏眞卿的楷書從平正到斜肩又回歸平正，實是淵源自傳統家學的篆籀筆意，在行草書的表現則因爲篆籀的筆意而產生全新的表現。顏眞卿沒有對於行書與草書作明顯的區隔，通常是行書居多，夾雜若干草書字形，故在此將行草書一併論述。

顏眞卿的行草作品爲人所稱頌的是其精神內涵，由於顏眞卿沒有明顯的創作企圖，因此他的書寫是「天眞罄露」，表達書法抒情的本色，從此開出另一種書法體系，而與二王相抗衡。

由楷書的變革中可知，王羲之書法在顏眞卿的體系中只是他取法的一個部分，這個書寫意識也貫串於他的行草書，顏眞卿從張旭處學得圓轉的筆勢又揉合篆籀筆意，形成向勢開闊的格局，由於加入篆籀書寫意識，也使用不同於王羲之的許多特別的字形，例如〈草篆帖〉中的「篆籀」二字，王羲之常使用「艹」頭（圖 4-5），顏眞卿都回歸它原本的「竹」頭；又「喪」字最爲明顯。就顏眞卿而言，他不是去詮釋王羲之，而是他自有主張，這可在顏氏家族的傳統以及時代風氣中找到原因。

就儒學的角度而言，書法本是小道，有「致遠恐泥」的危險，是以顏氏家族以爲不須過精。陸羽〈唐僧懷素傳〉云：

> 吏部不授右軍筆法而體裁似右軍，顏太保（師）授右軍筆法而點畫不似，何也？有博識君子曰：「蓋以徐得右軍筆皮膚眼鼻也，所以似之；顏得右軍筋骨心肺，所以不似。」〔註61〕

所謂的「筋骨心肺」指的就是妙接右軍精神而不襲取其形象上的相似，然顏氏家族未有此立意。顯然，這種評論乃是基於王羲之法統視野所見。王羲之已經是書法評論的標竿，喜好他也好，厭惡他也好，王羲之書法代表中國傳統卻是事實。

〔註61〕 宋·陳思：《書苑菁華》（上海：上海古籍出版社，1991 年 8 月影印文淵閣四庫全書本），卷 18，頁 184。

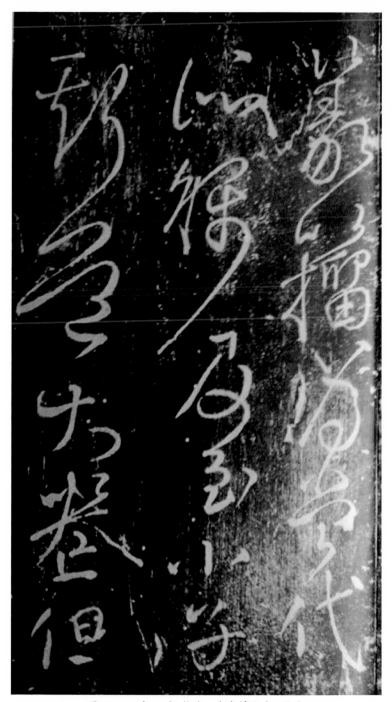

圖 4-5：唐‧顏眞卿〈草篆帖〉局部

取自宋‧留元剛編：《宋拓本顏眞卿忠義堂帖》（上海：西泠印
社出版社，1994 年 8 月），頁 478。

第三節 懷素的變革

　　中田勇次郎將張旭與懷素列名為「唐代革新派」，〔註62〕張旭是狂草的先驅，繼之者為懷素（737～799），兩人被並稱為「張顛素狂」，革新的對象是初唐以來的二王法統。張旭、懷素二人具有相同的超乎常態的草書的現，懷素〈自敘帖〉云：

> 李御史舟云：「昔張旭之作也，時人謂之張顛。今懷素之為也，余實
> 謂之狂僧。以狂繼顛，誰曰不可？」〔註63〕

在時代順序上，張旭與懷素是盛中唐時兩位先後享有盛名的草書聖手，而且具有繼承之關係。

　　懷素今傳〈自敘帖〉，首述其習書過程：

> 懷素家長沙，幼而事佛，經禪之暇，頗好筆翰。然恨未能遠覯前人
> 之奇跡，所見甚淺。遂擔笈杖錫，西遊上國，謁見當代名公，錯綜
> 其事。遺編絕簡，往往遇之，豁然心胸，略無疑滯。〔註64〕

以佛僧身份而留心翰墨，並非特例，佛經常用草書抄寫，今傳敦煌多種唐代草書佛經寫本即是其證，稍早則有陳僧智永書寫真草〈千字文〉八百本送浙東諸寺之故事，為草書寫佛經立下規範。懷素對於書法的興趣更甚於佛經，起初，困於見識，因為無法窺見名跡而侷束，後來到京城遍訪名師、飽覽名跡後，眼界大開，心中豁然，洞悉草書三昧。懷素之繼承張旭，是從顏真卿來，懷素有〈藏真帖〉云：

> 晚遊中州，所恨不與張顛長史相識，近於洛下，偶逢顏尚書真卿，
> 自云頗傳長史筆法，聞斯法若有所得也。〔註65〕

懷素對於自己不能認識張旭而深感遺憾，乃顏真卿處學得筆法，而真卿是直接師承張旭的。由張旭而至顏真卿，已成為王羲之以外的另一系統，這個系統特別重視筆法以及感悟，分述如下：

〔註62〕（日）中田勇次郎：《中田勇次郎著作集・第三卷》，〈唐代の革新派の書〉，頁200。

〔註63〕唐・懷素：《自敘帖》（東京：株式會社二玄社，1985年5月中國法書選本），頁28～30。

〔註64〕唐・懷素《自敘帖》（中國法書選本），頁2～5。

〔註65〕劉遠山編：《宋搨陝刻本聖母帖・藏真帖・律公帖：懷素》（杭州：西泠印社，2004年12月）影印搨本，頁12～13。

一、筆法方面

　　王羲之的筆法在初唐楷書家的詮釋下，落筆講究側鋒峻落，大致以向右下斜切 45 度爲其特徵，精巧細密，甚至「勾心鬥角」，因而速度緩慢。從張旭開始筆法轉變，主張用筆圓暢，速度更爲迅疾。張旭筆下還可以看到王羲之與初唐諸家的蹤影，到了懷素則有更進一步的突破。魯收〈懷素上人草書歌〉有云：

> 自言轉腕無所拘，大笑羲之用陣圖。狂來紙盡勢不盡，投筆抗聲連叫呼。信知鬼神助此道，墨池未盡書已好。〔註66〕

「轉腕無所拘」與「圓暢」相互呼應，對於王羲之筆陣圖予以揚棄，甚至大笑之，乃因懷素欲創造的是狂草紙盡勢不盡的境界，另外加上動作與呼叫聲，創作時的豪宕感激的情境不難想見，把王羲之「意在筆前」的主張轉化成「勢在筆前」。「大笑羲之用陣圖」乃是魯收聽聞懷素本人所言，懷素所以敢出此言，仍是深入王羲之書法後有得。《淳化閣帖》中收有懷素〈右軍帖〉（圖4-6），云：

> 右軍云：「吾眞書過鍾，而草故不減張。」僕以爲眞不如鍾，草不及張。所爲世之所重以其能。懷素書之，不足以爲道，其言當不虛也。〔註67〕

孫過庭〈書譜〉言：「元常專工於隸書，百英尤精於草體，彼之二美，而逸少兼之，擬草則餘眞，比眞則長草，雖專攻小劣，而博涉多優。」〔註68〕此乃初唐所言，而懷素則以爲王羲之的楷書比不上鍾繇、草書也比不上張芝，大膽批判王羲之，可見其狂，又宋人秦觀云：

> 又嘗見其一帖云：「漢時張芝，言書爲世所重，非老僧莫入其體。」則懷素自謂抗張芝而過右軍矣！……歐陽文忠公嘗謂法帖者乃魏晉時人施於家人朋友，其逸筆餘興，初非用意，自然可喜；後人乃棄百事而以學書爲事，如一未至，至於終老窮年，疲弊精神而不以爲苦，是眞可歎也！懷素之徒是已。〔註69〕

〔註66〕清·彭定求等編：《全唐詩》（臺北：明倫出版社，1971 年 5 月），卷 204，頁 2135。

〔註67〕宋·劉次莊：《法帖釋文》（楊家駱主編：《法帖考》，臺北：世界書局，1988 年 11 月藝術叢編第一集），卷 5，頁 45。

〔註68〕唐·孫過庭：《書譜》，頁 6。

〔註69〕宋·秦觀：《淮海題跋》，楊家駱主編：《宋人題跋·上》（臺北：世界書局，1992 年 3 月藝術叢編第一集），卷 1，頁 319～320。

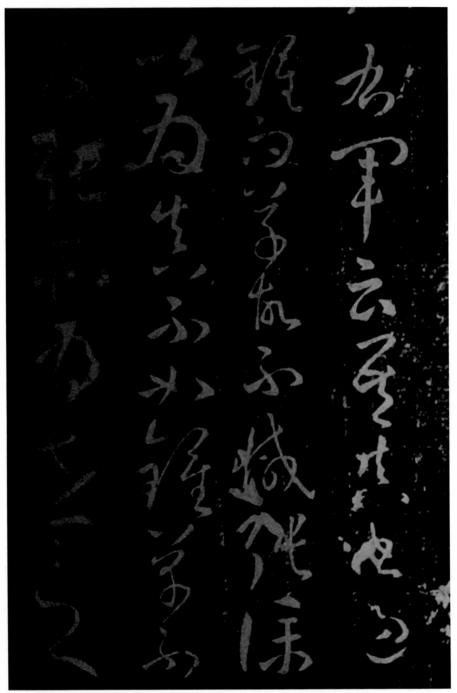

圖 4-6：唐·懷素〈右軍帖〉局部

取自尹一梅主編：《懋勤殿本淳化閣帖（上）》（香港：商務印書館，2005 年
7 月故宮博物院藏文物珍品全集本），頁 310～311。

孫過庭〈書譜〉引王羲之之言，並謂王羲之「推張邁鍾」，〔註70〕秦觀則直指懷素自謂「抗張芝而過右軍」，透露出懷素之狂及其自信。又引歐陽脩對法帖的定義，提出懷素孜孜矻矻的學書，與右軍「初非用意，自然可喜」之創作意識完全不同，於此又見懷素書法異於王羲之書法之處。

　　但若就書寫風格來看，〈右軍帖〉仍屬二王一派，〔註71〕檢《宣和書譜》所收懷素帖有 101 件，均為草書作品，有〈臨王羲之懷間帖〉一件，〔註72〕懷素也看過（傳）王羲之的〈孝女曹娥碑〉墨跡，留有觀款，〔註73〕此均證明懷素對王羲之法帖多所留意，《唐文拾遺》載有懷素〈酒狂帖〉一文，云：

> 酒狂昨過楊少府家，見逸少〈阮步兵帖〉，甚發書興也。顛素何以到
> 此，但恨無好紙墨一臨之耳。比見獻之〈月儀帖〉內數字，遂與右
> 軍並馳，非後人所能到，一點一畫便發新奇，一法此。乃得鍾繇弟
> 子宋翼三過波藏鋒法，酒狂見此，遂大吐胸中霓耳。〔註74〕

懷素見王羲之書法而發書興，見王獻之帖而大有感悟，「新奇」二字點出懷素之創作動機，此又與韓愈古文創作相呼應。亦不與張旭同，張旭較肥，懷素較瘦，在速度上，懷素更顯迅疾。另陸羽〈僧懷素傳〉亦載：

> 懷素伯祖，惠融禪師者，先時學歐陽詢書，世莫能辨，至是鄉中呼
> 為「大錢師」、「小錢師」。吏部韋尚書陟見而賞之，曰：「此沙門札
> 翰，當振宇宙大名。」懷素忽心悟，曰：「夫學無師授，如不由戶出。」
> 乃師金吾兵曹錢塘鄔彤，授其筆法。鄔亦劉氏之出，與懷素為羣從
> 中表兄弟。至中年而謂懷素曰：「草書古勢多矣，惟太宗以獻之書如
> 臨冬枯樹，寒寂勁硬，不置枝葉。張旭長史又嘗私謂彤曰：『孤蓬自
> 振，驚沙坐飛，余師而為書，故得奇怪。』凡草聖盡於此。」懷素
> 不復應對，但連叫呼數十聲曰：「得之矣。」經歲餘，辭之去。彤曰：
> 「萬里之別，無以為贈，吾有一寶割而相與。先時人傳彤有右軍惡

<hr>

〔註70〕唐・孫過庭：《書譜》，頁 3～4。

〔註71〕李郁周：《懷素自敘帖千年探祕》（臺北：蕙風堂筆墨有限公司出版部，2003年 4 月），第 1 章緒論云：「此帖書風在二王之間。」（頁 26）

〔註72〕撰人未詳：《宣和書譜》（北京：中華書局，1985 年叢書集成初編影印津逮祕書本），卷 19，頁 418～425。

〔註73〕見於《中國書法》，2012 年 8 月總第 232 期，頁 116。（編輯圖片）

〔註74〕清・陸心源輯、清・董誥等編：《唐文拾遺》，顧廷龍主編：《續修四庫全書》（上海：上海古籍出版社，1995 年，冊 1651），卷 49，頁 654。

> 小王騷勞三帖，擬此書課，以一本相付，及臨路：草書豎牽似古釵
>
> 腳，勉旃！」〔註75〕

懷素曾經向鄔彤請教筆法，有所開悟，臨別時鄔彤所贈送的就是王羲之法帖
臨本。懷素本身極具天賦、又能從師問學，鄔彤提點書法開悟的形式，懷素
豁然領悟，鄔彤所贈的即是其平日的字課，學習的對象即是王羲之書帖，可
見此系統之從王羲之系統出，重視筆法，而欲得正確筆法，尚須勤練〔註76〕、
感悟。

二、感悟方面

張旭見公孫大娘舞劍器有所感悟而草書長進，此事見載於杜甫〈觀公孫
大娘舞劍器行〉之詩序中，陸羽〈僧懷素傳〉則在載張旭受「孤蓬」、「驚沙」
之啟示。由張旭至顏眞卿、懷素，均強調書法的感悟由字外而來，陸羽〈僧
懷素傳〉載：

> 至晚歲，太師顏眞卿以懷素爲同學鄔兵曹弟子，問之曰：「夫草書於
> 師授之外，須自得之。張長史觀孤蓬、驚沙之外，見公孫大娘劍氣
> （器）舞，始得低昂廻翔之狀。未知鄔兵曹有之乎？」懷素對曰：「似
> 古釵腳，爲草書豎牽之極。」顏公於是佯應而笑，經數月不言其書。
> 懷素又辭之去，顏公曰：「師豎牽學古釵腳，何如屋漏痕？」懷素抱
> 顏公腳，唱歎久之。顏公徐問之曰：「師亦有自得之乎？」對曰：「貧
> 僧觀夏雲多奇峰，輒嘗師之。夏雲因風變化，乃無常勢，又遇屈折
> 之路，路不自然。」顏公曰：「噫！草聖之淵妙，代不絕人，可謂聞
> 所未聞之旨也。」〔註77〕

〔註75〕 宋·陳思：《書苑菁華》（文淵閣四庫全書本），卷19，頁183。按：此文文淵
閣四庫全書本與翠琅玕叢書等版本頗有差異，就中「右軍惡小王騷勞三帖」
翠本作「右軍〈惡溪〉、小王〈騷勞〉二帖」（《書苑菁華》翠琅玕叢書本，北
京：北京圖書館出版社，2003年10月，卷18，頁697。），而中田勇次郎以
爲是右軍〈惡溪〉、〈小王〉、〈騷勞〉三帖（（日）中田勇次郎：《中田勇次郎
著作集·中國書道史論考》，第3卷，頁201）。今從文淵閣四庫全書本。

〔註76〕 唐·陸羽〈僧懷素傳〉載：「懷素疏放，不拘略細行，萬緣皆繆，心自得之。
於是飲酒以養性，草書以暢志。時酒酣興發，遇寺壁里墙，衣裳器皿，靡不
書之。貧無紙可書，常於故里種芭蕉萬餘株以供揮灑。書不足，乃漆一盤書
之，又漆一方板，書至再三，盤板皆穿。」（《書苑菁華》卷19，文淵閣四庫
全書本，頁183。）足見其用功之勤。

〔註77〕 宋·陳思：《書苑菁華》（文淵閣四庫全書本），卷19，頁183～184。

此述懷素自得之感悟，感悟方式如引文所謂「草書於師授之外，須自得之。」
所以懷素提出鄔彤「折釵腳」的提示，引領顏真卿悟出「屋漏痕」的意象；
至於懷素，則從觀察夏日雲朵的變化而領悟筆勢的變化之道。

　　懷素在世即享有大名，當時士大夫屢屢題詠之，〈自敘帖〉中或稱「江
嶺之間，其名大著。」或稱「好事者同作歌以贊之，動盈卷軸。」「其後繼
作不絕，溢乎箱篋。」等等，〔註78〕事實上〈自敘帖〉就是這些名士題詠的
集合，而且分四類表述：形似、機格、疾速、愚劣。在疾速方面，〈自敘帖〉
云：

> 有實御史冀云：「粉壁長廊數十間，興來小豁胸中氣。忽然絕叫三五
> 聲，滿壁縱橫千萬字。」戴公又云：「馳豪驟墨劇奔駟，滿座失聲看
> 不及。」〔註79〕

雖不免誇飾，要之，以描述懷素書寫速度迅疾為能事，另任華〈懷素上人草
書歌〉云：

> 大叫一聲起攘臂，揮毫倏忽千萬字。有時一字兩字長丈二，翕若長
> 鯨潑剌動海島。〔註80〕

有聲音、有動作，是「視聽之娛」的寫照，「大叫一聲起攘臂」，呈現出全身
的動感揮灑。但若僅如〈自敘帖〉上字跡的大小，非但不能滿足現場表演觀
眾的視覺享受，在揮灑上也難以盡興。〈自敘帖〉「戴公又云」一段，「戴」字
占足兩行寬四字高（圖 4-7），若移之數十間長廊之粉壁，則可見氣勢，任華
詩句中特載：「有時一字兩字長丈二」、「翕若長鯨潑剌動海島」，生動的呈現
其撼人心目的圖象，可惜當時的粉壁長廊都未能留下，今人僅能以〈自敘帖〉
聊作懷想。

〔註78〕唐代對懷素草書的題詠除了懷素〈自敘帖〉所舉之韋陟、張謂、盧象、王邕、
　　　　朱遙、李舟、許瑤、戴叔倫、實冀、錢起等人外，呂書慶：〈奇通妙理翩若真
　　　　仙——從唐代草書歌詩看懷素狂草創作〉一文云：「據明《明一統志·永州》
　　　　（卷 65）的記載，當世贈歌稱讚他的草書者有三十九人之多」（《中國書法》
　　　　總 232 期，2012 年 12 月，頁 94。（全文頁 94〜101））
〔註79〕唐·懷素：《自敘帖》（東京：株式會社二玄社，19891 年 5 月中國法書選本）
　　　　頁 35〜40。
〔註80〕清·彭定求等編：《全唐詩》（臺北：明倫出版社，1971 年 5 月），卷 261，頁
　　　　2904。

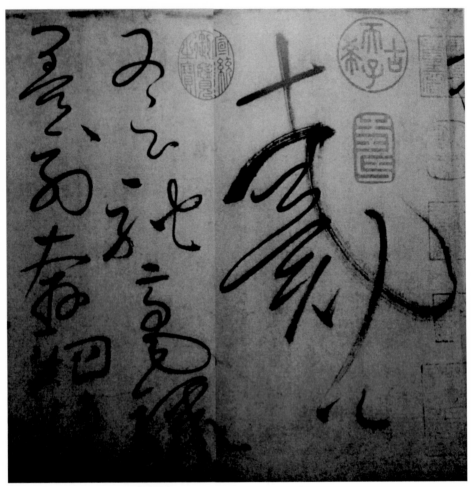

圖 4-7：唐・懷素〈自敘帖〉局部

取自唐・懷素：《自敘帖》（東京：二玄社，1989 年 5 月），頁 38～39。

描述形象方面，〈自敘帖〉云：

> 其述形似，則有張禮部云：「奔蛇走虺勢入座，驟雨旋風聲滿堂。」
> 盧員外云：「初疑輕煙澹古松，又似山開萬仞峰。」王永州邕曰：「寒
> 猿飲水撼枯藤，壯士拔山伸勁鐵。」朱處士遙云：「筆下唯看激電流，
> 字成只畏盤龍走。」〔註81〕

和張旭「意象之奇」可相參看，而且有更多的比喻、更多生動的描述，大抵
是迅疾開闊的壯美形象。

〔註81〕唐・懷素：《自敘帖》，頁 22～28。

　　若說〈自敘帖〉是懷素縱逸的代表，則其衿斂之作則應屬〈小草千字文〉。懷素之小楷無傳，唯〈小草千字文〉末尾落款：「貞元十五年六月十七日」等字，〔註82〕具有濃厚的顏真卿筆意。〈小草千字文〉是繼智永〈真草千字文〉後的〈千字文〉書寫偉跡，拙作〈淺談智永與懷素草書千字文的同字異形〉一文中，曾將〈小草千字文〉與屬王羲之系統的智永〈真草千字文〉比對約60個同字異形，歸納出五點：

　　（一）母字不同：如「男效才良」中智永母字為「效」；懷素之母字則為「効」等，共有9例。

　　（二）借用形符不同：如「鳳」字中的「鳥」形符不同，共有10例。

　　（三）書寫習慣不同：如懷素習慣在末筆後加一點（6例）；懷素亦喜歡使用「乙」的符號（4例）。

　　（四）筆順不同：如「立」字，智永先橫；懷素先點。列舉9例。

　　（五）省簡的程度不同：如「帶」字上半部的草寫，智永四點，懷素作三點。列舉10例。〔註83〕

顯見兩者字形上極大的差異，若從對王羲之書法理解與詮釋的歷史脈絡去觀察，則可進一步說明如下：

　　（一）母字不同，其中的差異滲入了顏真卿「正字」的書寫意識，如「禍」字右旁據馬國權所說是「顏真卿另作」〔註84〕之字形；「烹」字，智永作「享」而懷素作「烹」，顏真卿《干祿字書》以「享」為「祭享字」〔註85〕。而「鼓」字懷素作「皷」，「其右仍遵從隸構從皮。」〔註86〕此皆顯示向古文字靠攏之趨勢。〔註87〕

〔註82〕　唐・懷素：《草書千字文（二種）》（東京：二玄社，1988年12月中國法書選本），頁23。

〔註83〕　洪文雄：〈淺談智永與懷素草書千字文的同字異形〉，《斑馬集》第1期，1998年10月，頁1～9。

〔註84〕　馬國權：《智永草書千字文草法解說》（香港：翰墨軒出版有限公司，1995年7月），頁59。

〔註85〕　唐・顏真卿（書）、施安昌編：《顏真卿書干祿字書》（北京：紫禁城出版社，1992年7月），頁31。

〔註86〕　馬國權：《智永草書千字文草法解說》，頁117。

〔註87〕　論者或以為懷素〈自敘帖〉之粗細均勻的書寫是具有小篆的筆意，如呂書慶：「狂草〈自敘帖〉最大限度地將傳統今草書風的點畫提按隱於腕下，再將篆書中鋒粗細衡一的線條質感注於筆端，……」（呂書慶：〈奇通妙理翩若真仙──從唐代草書歌詩看懷素狂草創作〉，《中國書法》總232期，2012年12

（二）懷素習慣在末筆加點，呼應了王羲之〈題衛夫人〈筆陣圖〉後〉中所謂：「每作一字須有點處，且作餘字總竟，然後安點，其點須空中遙擲筆作之。」〔註88〕之王羲之草書的範式。

（三）在簡省程度不同的 10 例中，懷素較簡者 8 例。故知整體而言，懷素草書的書寫又向簡化的方向邁進。

懷素除〈小草千字文〉外亦有〈大草千字文〉、〈永州綠天庵千字文〉殘卷等〈千字文〉作品，〔註89〕可見其對此文之篤好，但沒有一本是真草並列，與智永分賜浙東諸寺用為抄經規範之書寫動機顯然不同。智永多集中精神在個別文字，懷素的〈千字文〉書寫則更向藝術表現趨近，其章法具有跌宕之趣，在粉壁長廊書寫的經驗中，移轉書寫焦點在整體而非個別乃屬自然之事矣。

〈千字文〉之作，係因南朝梁武帝（502～549 年）命員外散騎侍郎周興嗣從王羲之書法中選取 1000 個字，編纂成韻文，文字不得重複，本身即是對王羲之書法尊崇的表現。〈千字文〉在隋唐時期做為書法範本即是王羲之法是傳播的重要管道之一，隨著時間推移，〈千字文〉的書法與王羲之總是連結在一起，懷素一再的書寫〈千字文〉便是一再追隨王羲之並向其挑戰，懷素書寫的〈千字文〉，不論是小草或大草，均已成功的建立有別於王羲之系統的新典範。

第四節　柳公權、院體及楊凝式之復歸

一、柳公權心繫王羲之書法

柳公權（778～865 年），字誠懸，其書以楷書最為妙。《宣和書譜》云：

公權之書得名，正以楷法耳。〔註90〕

柳公權的書法在當時即負盛名，《舊唐書‧柳公權傳》云：

月，頁 96。（全文頁 94～101））小篆筆意雖屬古文字範圍，但此說迂曲，不夠準確，檢懷素相關資料，亦未見懷素研習小篆，故本文對此持保留態度。此種勻稱線條筆意實是迅疾所致，懷素師法顏真卿，所具有的篆籀筆意來自顏真卿，非僅具小篆筆意，細察〈小草千字文〉可知之矣。

〔註88〕　上海書畫出版社、華東師範大學古籍整理研究室編選點校：《歷代書法論文選》，頁 27。

〔註89〕　懷素《大草千字文》見於群玉堂帖，收入劉高志主編：《懷素書法全集》（杭州：西泠印社出版社，2009 年 1 月），頁 89～121。《懷素書法全集》還收有〈永州綠天庵千字文〉殘卷（前揭書），頁 56～65。

〔註90〕　佚名：《宣和書譜》，卷 3，頁 101。

當時公卿大臣碑板，不得公權手筆者，人以爲不孝。〔註91〕

柳公權楷書的筆法的淵源可以上溯王羲之，有多條記載可證。如《舊唐書・柳公權傳》云：

公權初學王書，遍閱近代筆法，體勢勁媚，自成一家。〔註92〕

柳公權與多數書家相同，皆由王字入手，《舊唐書・柳公權傳》又云：

上都西門寺《金剛經碑》，備有鍾、王、歐、虞、褚、陸之體，尤爲得意。〔註93〕

所謂「備有鍾、王、歐、虞、褚、陸之體」實乃出自其侄柳玭之口，〔註94〕而收入《舊唐書》，是爲當時公論。而柳公權書〈金剛經〉，據古籍所載有數本，今世所見碑刻拓本（圖4-8）雖未必爲刻於上都西門寺者，〔註95〕但仍可見「備有鍾、王、歐、虞、褚、陸之體」。這一評論，一方面顯示柳公權勤於學書，博采眾家之長；另一方面則顯示柳公權所繼承的是初唐的系統，《舊唐書・柳公權傳》云：

大中初，轉少師，中謝，宣宗召升殿，御前書三紙，軍容使西門季玄捧硯，樞密使崔巨源過筆。一紙眞書十字，曰「衛夫人傳筆法於王右軍」；一紙行書十一字，曰「永禪師〈眞草千字文〉得家法」；一紙草書八字，曰「謂語助者焉哉乎也」。賜錦綵、瓶盤等銀器，仍令自書謝狀，勿拘眞行，帝尤奇惜之。〔註96〕

足見柳公權心繫王羲之法統，而且三紙分別是楷書、行書、草書，正是晉唐習用的，在顏眞卿時代之後，這是一種復歸的行動。他揚棄顏眞卿的篆籀氣，將字形縮回中宮緊收體勢，遙接初唐諸家。

〔註91〕 後晉・劉昫，《舊唐書・柳公權傳》）卷165，頁4310。

〔註92〕 後晉・劉昫，《舊唐書・柳公權傳》，卷165，頁4310。

〔註93〕 後晉・劉昫，《舊唐書・柳公權傳》，卷165，頁4312。

〔註94〕 宋・董逌，《廣川書跋》「金剛經」條下云：「柳玭謂『備有鍾、王、歐、虞、褚、陸之』體。」（崔爾平編選、點校，《歷代書法論文選續編》，上海：上海書畫出版社，1991年11月，頁136。）柳玭爲柳公權姪孫，參後晉・劉昫，《舊唐書・柳公綽傳》，卷165，頁4297。

〔註95〕 據（日）日比野丈夫所說，柳公權書〈金剛經〉之古籍記載可見於《金石錄》卷10、《寶刻類編》卷4，爲會昌4年（844）的版本；《寶刻叢編》卷7引《金石錄》載有大中13年（859）之本，見洪惟仁譯：《書道全集・第9卷》（臺北：大陸書店，1998年2月）「金剛般若經」條解說（頁171）。今本所傳敦煌本爲長慶4年（824）之版本，早於前述兩本20年以上，是柳公權早期書作，原石久佚。

〔註96〕 後晉・劉昫：《舊唐書・柳公權傳》，卷165，頁4312。

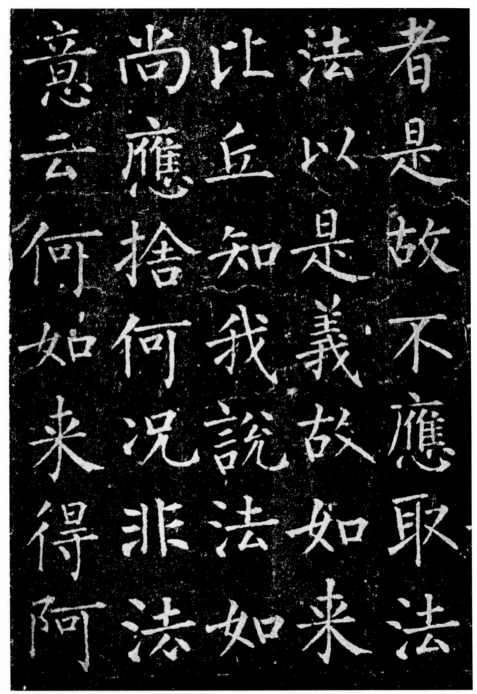

圖 4-8：唐・柳公權書〈金剛經〉局部

取自中國書法編輯組編，《柳公權》（北京：文物出版社，1980 年 6 月），頁 11。

　　柳公權心中的王羲之法統是衛夫人傳王羲之、再傳智永；再綜合前述柳
批之說，他對於初唐諸賢如何詮釋王羲之書法亦有心得。然則，唐太宗獨尊
王羲之，而柳公權「歷穆、敬、文三朝，侍書中禁」〔註97〕，頗有虞世南規
諫的精神，更以「心正則筆正」對穆宗筆諫爲史書傳頌，〔註98〕卻不聞穆、
敬、文三朝皇帝能否工書。〔註99〕

　　再論柳公權之行草書，前述《舊唐書》載宣宗詔御座前作書，三紙三體，
是知柳公權以楷書名家，行草亦能，《墨池編》載：

　　　　公權正書及行皆妙品之最，草不失能。蓋其法出於顏，而加以遒勁
　　　　豐潤，自名一家。〔註100〕

柳公權行書亦入妙品，今有尺牘數種，純然草書則未見。朱長文指出柳公權
的另一淵源爲顏眞卿，雖爲《舊唐書》所未載，然由其書跡可辨明，宋人已
有成說，〔註101〕《舊唐書》載其殿壁題字，字方圓五寸，〔註102〕若謹守王羲
之系統，是難以寫就如此大字的。

　　就現存資料記載，柳公權歷覽前賢，對於王獻之亦有留意，曾跋王獻之〈洛
神賦〉、〈送梨帖〉均爲其證，〔註103〕今檢柳公權行草書諸帖，可見幾種不同風
格，其一爲典雅兼有歐陽詢筆意，如〈伏審姊姊帖〉（圖4-9）；另一種筆勢較爲
奔放繚繞，近於王獻之、虞世南者，如〈聖慈帖〉（圖4-10），〔註104〕是以柳公
權又非斤斤於王羲之法書者，黃庭堅有云：

〔註97〕 後晉・劉昫：《舊唐書・柳公權傳》，卷165，頁4310。

〔註98〕 筆諫之事見於後晉・劉昫：《舊唐書・柳公權傳》，卷165，頁4310。

〔註99〕 檢馬宗霍：《書林藻鑑》（臺北市：台灣商務印書館，1982年5月），未見三位
　　　　皇帝之條目，（卷8，頁114～115。）據此故云。

〔註100〕 宋・朱長文《墨池編》（上海：上海古籍出版社，1991年8月影印文淵閣四
　　　　庫全書本），卷3，頁739。

〔註101〕 如蘇軾云：「柳少師書，本出於顏，而能自出新意，一字百金，非虛語也。」
　　　　（蘇軾：《東坡題跋・書唐氏六家書後》收入楊家駱主編：《宋人題跋》，臺北
　　　　市：世界書局，1992年3月，卷4，頁128。）又周必大云：「顏勍柳骨，古
　　　　有成說。」（周必大：《益公題跋》，前揭書，卷4，頁560。）據此故云。

〔註102〕 後晉・劉昫，《舊唐書・柳公權傳》，卷165，頁4312。

〔註103〕 見於中國書法編輯組編：《柳公權》（北京：文物出版社，1980年6月），第2
　　　　冊，頁199～120。

〔註104〕 近於王獻之說可見於柳樹儀：〈柳公權書法及其教學研究〉，高雄師範大學國
　　　　文教學碩士論文，2007年，第3張第2節表格「書跡探討」欄位（電子本，
　　　　未編頁碼）。又王澍云：「〈聖慈帖〉與虞永興〈臨樂毅論帖〉筆勢略同。」見
　　　　於水賚佑編：《淳化閣帖集釋》（上海：上海古籍出版社，2009年12月）卷5，
　　　　頁174。據此故云。

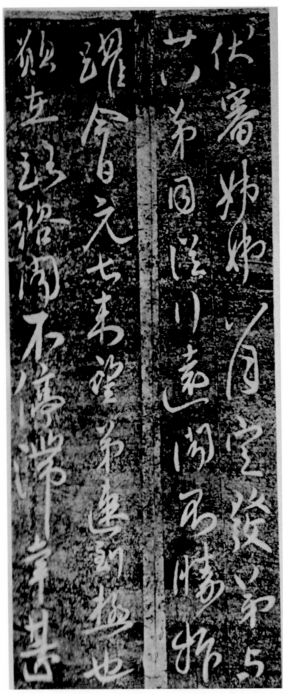

圖 4-9：唐・柳公權〈伏審姊姊帖〉局部

取自中國書法編輯組編：《柳公權》（北京：文
物出版社，1980 年 6 月），第 2 冊，頁 210。

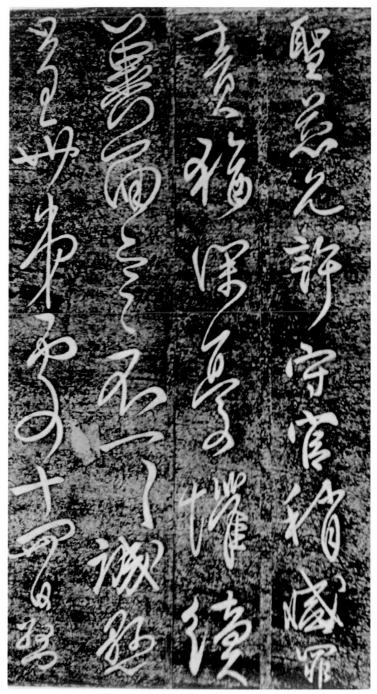

圖 4-10：唐・柳公權書〈聖慈帖〉局部

取自中國書法編輯組編：《柳公權》（北京：文物出版社，1980
年 6 月），第 2 冊，頁 209。

柳〈謝紫絲靸鞋帖〉，筆勢往來如用鐵絲糾纏，誠得古人用筆意。
〔註105〕

所謂「筆勢往來如鐵絲糾纏」所描述的是粗細較為勻稱、來回繚繞的情狀，前述〈聖慈帖〉之「冀面言」三字或可彷彿，與今本〈紫絲靸鞋帖〉之樣態有極大差異。〔註106〕

《舊唐書》載柳公權「志耽書學」，〔註107〕由以上的分析，可知柳公權以王羲之為其書法的終極關懷，而其理解的進路是從當時代的顏真卿再加入初唐書寫意識，復歸回王字系統了。

二、王羲之行書正體化為「院體」

將王羲之行書入碑起於唐太宗，然而從今傳實物觀察，在初盛唐時期，就王羲之行書入碑之情況而言，懷仁的〈集字聖教序〉比太宗的行書碑影響更大，李邕稍變王羲之書法，蕭誠則崇尚褚薛書風，〔註108〕至於張旭、懷素、顏真卿等另開出一個系統，與王羲之書風有漸遠之趨勢，而中晚唐時期謹守王羲之書法風格的亦有數家。

懷仁集王羲之〈集字聖教序〉在中晚唐走入院體一路，如蘇靈芝、張從申、吳通微諸人，雖然頗有書名，但對王羲之書法並無特出之表現，茲舉張從申（？～？）及吳通微（？～？）為例。

張從申是謹守王羲之法書的，竇臮〈述書賦〉並竇蒙注云：

張氏四龍，名揚海內，中有季弟，功夫少對，右軍風規，下筆斯在。

（注：……從申志業精絕，工正行書，握管用筆，其於結密，近古所少恨，於歷覽不多，聞見遂寡，右軍之外，一步不窺，意多撝書，闕其真迹妙也。）〔註109〕

張從申可謂完全步趨於右軍法書，謹守右軍法式，今有〈李玄靜碑〉（圖4-11）傳世，可見「正行書」體勢，是將王羲之行書楷書化，而師法的對象主要是〈集字聖教序〉（圖4-13），今將兩圖並比，以見其差異。

〔註105〕楊家駱主編：《宋人題跋・上・山谷題跋》，卷4，頁225。
〔註106〕見於中國書法編輯組編：《柳公權》，第2冊，頁220。
〔註107〕後晉・劉昫，《舊唐書・柳公權傳》，卷165，頁4312。
〔註108〕唐・竇蒙：〈述書賦注〉：「開元初，時尚褚薛，公為之最。」（唐・張彥遠：《法書要錄》（洪本），卷6，頁167。）
〔註109〕唐・張彥遠：《法書要錄》（洪本），卷6，頁167～168。

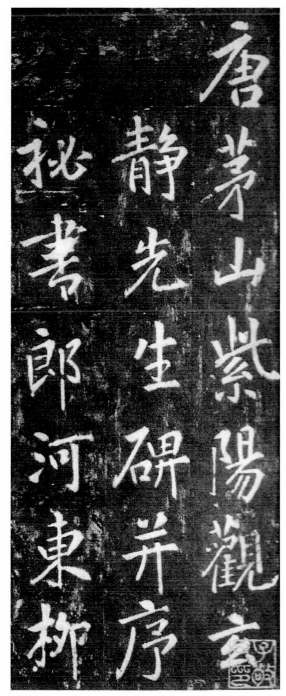

圖 4-11：唐・張從申〈李玄靜碑〉局部

取自劉正成主編：《中國書法全集・23 李邕等》
（北京：榮寶齋，1996 年 8 月），頁 325。

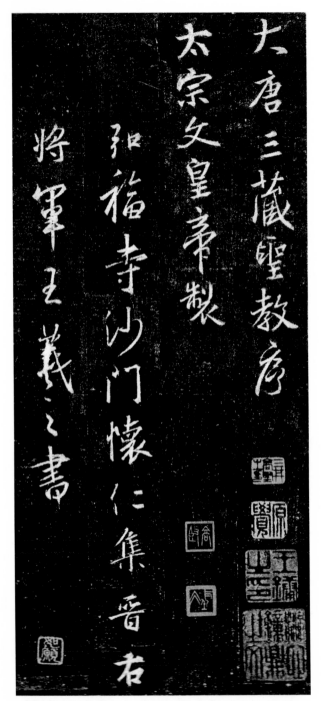

圖 4-12：東晉・王羲之〈集字聖教序〉局部 2

取自東晉・王羲之：《集字聖教序》（東京：株式會
社二玄社，1990 年 4 月中國法書選本），頁 2。

　　〈李玄靜碑〉的「唐」字幾乎完全模仿得維妙維肖，「序」、「書」也可見〈集字聖教序〉的影子，所謂「右軍風規，下筆斯在」在此碑可得印證；而〈李玄靜碑〉用筆果敢略顯生硬，不如〈集字聖教序〉柔婉，而且字的大小一致，較無節奏變化之美，比較接近楷書，又非初唐端楷的書寫，所謂「正行書」是也，再加上字形的變化缺乏（如「先生」兩字），漸將王羲之行書引向版滯的道路。

　　中晚唐王羲之書法的另一個走向是「院體」，所謂的「院體」指的是翰林院，南唐宋初人張洎（934～997）《賈氏譚錄》載：

> 中土士人不工札翰，多爲院體。「院體」者，貞元中翰林學士吳通微
> 嘗工行草，然體近吏，故院中胥徒尤所倣，其書大行於世，故遺法
> 迄今不泯，然其鄙則又甚矣。〔註110〕

這是「院體」較早的定義，「院體」從貞元翰林學士吳通微開始流行，而且流行的範圍從翰林院開始，逐漸發展至「中土士人」而大行於世，因此影響廣大。「院體」之範本即是〈集字聖教序〉，黃伯思〈題集逸少書聖教敘後〉：

> 近世翰林侍書輩多學此碑，學弗能至，了無高韻，因自目其書爲「院
> 體」。由唐吳通微昆弟已有斯目，故今士大夫玩此者少。然學弗至者
> 自俗耳，碑中字未嘗俗也。〔註111〕

由此知院體書法的傳習，以〈集字聖教序〉爲範本。然〈集字聖教序〉內涵豐富，一如黃氏所言，碑中文字並非鄙俗一流，如何至於「了無高韻」，甚至如《賈氏譚錄》所謂「鄙則又甚矣」的粗俗不堪？

　　事實上，「院體」一詞的使用，應是在宋朝以後才廣爲流行，其發展之初可推自大曆年間，清人柯昌泗《語石異同評》：「大曆、貞元爲中唐，院體初興。」〔註112〕對照前述《賈氏譚錄》所稱吳通微爲人所仿的時間稍早，《書小史》載：

> 吳通玄，海州人。與弟通微皆博學、善文章，並侍太子游。德宗立
> 弟兄踵爲翰林學士，並知制誥，通微工行草書，翰林習之，號「院
> 體」。〔註113〕

「大曆」爲代宗年號，「貞元」爲德宗年號，綜合兩條，院體之大行於世是在德宗朝以吳氏兄弟爲翰林學士之後，而其淵源乃自代宗朝。

〔註110〕　南唐・張洎：《賈氏譚錄》（北京：中華書局，1991年百部叢書集成初編本），頁3。

〔註111〕　宋・黃伯思：《宋本東觀餘論》，頁262～263。

〔註112〕　清・葉昌熾撰、柯昌泗評：《語石　語石異同評》（北京：中華書局，2005年4月），卷1，頁37。

〔註113〕　宋・陳思：《書小史》（上海：上海古籍出版社，1991年8月影印文淵閣四庫全書本），卷10，頁277～278。

　　吳通微與吳通玄兄弟為「院體」勃興的主要人物,「院體」並不專指吳氏兄弟的行楷書, 〔註 114〕吳氏兄弟的影響最大而已。從書跡驗證,今傳吳通微〈楚金禪師碑〉(圖 4-13)可為代表,乍看之下,頗有〈集字聖教序〉之氣息,然細究之則大有不同,以體勢而言,此作雖以〈集字聖教序〉為基底,然而〈集字聖教序〉係採掇王羲之諸帖而成,本身即有多樣的體勢,而〈楚金禪師碑〉卻將之簡單化、規律化,一貫的將字形拉長,體勢較為工整單調,大大削弱了書法表現的趣味。

　　在本文揭示的〈楚金禪師碑〉圖中,「雙雙」字、「郁郁」字、「之」字三見、「真」字兩見,均無變化,較之前述〈李玄靜碑〉更為板滯,似將王羲之書法講究變化的根本原則拋棄了,但從另一方面來看,這卻是王羲之行書廣泛流行後,提高到了「正體」的地位,于寧、李慧斌指出:

> 不僅因為入碑、志的行書是以王羲之行法為楷模,更重要的是行書
> 入碑使得行書具有了秦漢以來銘石書的正體地位,得以和篆、隸、
> 楷並肩。這就致使王羲之的行書被抬高到正體的地位,而這也正是
> 院體書法所隱含的另一種文化意蘊。〔註 115〕

正由於一次又一次將王羲之行書入碑,為適合更多的需求,只好一步一步將之簡化,蓋曲高和寡,將〈集字聖教序〉化作一個個簡單的、標準的符號,才能促使流行,而以碑刻傳世,此碑的存在,見證「院體」在當時曾經被詮釋為行書碑刻的標準字體,類似於今日的電腦字形的行書字體。

三、五代楊凝式的復歸

　　清聖祖御定《佩文齋書畫譜・論書二・書體下》有「宋院體書」條,「院體」已然成為書體之一,並引楊億《談苑》:

> 翰林學士院,自五代已來,兵難相繼,待詔罕習正書,以「院體」
> 相傳,字勢輕弱,筆體無法,凡詔令碑刻皆不足觀。太宗留心筆札,
> 即位之後,募求善書。〔註 116〕

〔註 114〕 宋・佚名:《宣和書譜・草書敘論》:「如仲翼之流,以草書自名,格律凡下,承襲晚唐所謂『院體』者,此其黜之。」卷 13,頁 293。是知「院體」亦可指草書。

〔註 115〕 于寧、李慧斌:〈唐代「院體」書風考論〉,《中國書法》2012 年第 10 期(總第 234 期),頁 90。

〔註 116〕 清・孫岳頒:《佩文齋書畫譜》(臺北市:新興書局,1982 年 9 月)卷 2,頁 51。

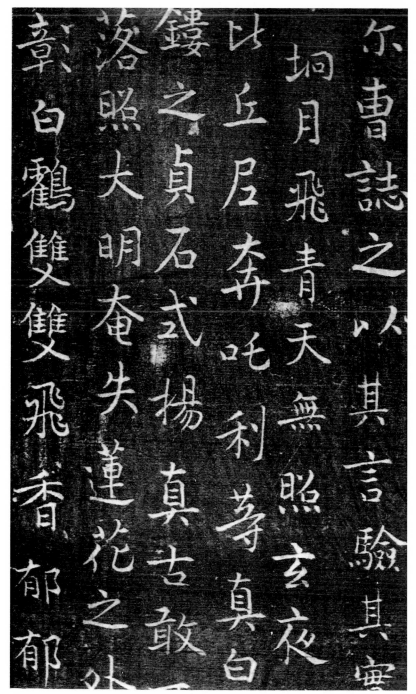

圖 4-13：唐・吳通微〈楚金禪師碑〉局部

取自劉正成主編：《中國書法全集・23》（北京：榮寶齋，1996 年 8
月），頁 383。

宋太宗即位時為太平興國元年（976），若從〈褚金禪師碑〉的貞元 21 年（805）〔註117〕算起，「院體」流行至少達 170 年之久，橫跨了整個五代，而五代雖有院體相傳，但對於王羲之書法的理解與詮釋並不僅於此。

　　當時兵難相繼乃是實情，五代十國歷時七十餘年，大抵是唐代藩鎮演變而來，唐代書法的成就，係在承平時代逐一完成。五代兵燹不斷，在短暫的承平時期，南唐以金陵為都，山川風物美好，二主中宗李璟、後主李煜均為文藝中人，均曾寫下富有興發感動的詞作。其中後主李煜更愛好書法，嘗跋〈蘭亭序〉云：

> 善法書者各得右軍之一體，若虞世南得其美韻，而失其俊邁；歐陽詢得其力，而失其溫秀；褚遂良得其意，而失於變化；薛稷得其清，而失於窘拘；顏真卿得其筋，而失於麤魯；柳公權得其骨，而失於生獷；徐浩得其肉，而失於俗；李邕得其氣，而失於體格；張旭得其法，而失於狂；獻之俱得之，而失於驚急，無蘊藉態度。此歷代寶之為訓，所以夐高千古，柔兆執徐暮春之初，清輝西閣因觀〈修禊敘〉為張泊評此。〔註118〕

以〈蘭亭序〉為標準，南唐後主歷數名家，以為各得〈蘭亭序〉之一體，亦各有所失，在他看來，連張旭、顏真卿都從〈蘭亭序〉出。要之，〈蘭亭序〉乃夐高千古，永以為寶訓的，是世間書法的最高標準，也是唯一標準。李後主謹守顏柳風格，〔註119〕這篇跋文，是從欣賞的角度出發，和唐太宗為《晉書·王羲之傳》作贊的動機完全不同，此二人推崇王羲之雖同，但李後從欣賞書法的角度出發，提出對於後是學習王羲之成果的優勢與劣勢；唐太宗則從統一書寫法式的角度出發，對於王羲之以外的前代書家一概貶抑。

〔註117〕〈褚金禪師碑〉之年代見於洪惟仁譯：《書道全集·第九卷》圖版解說·釋文，「11 吳通微」條，頁 186。

〔註118〕宋·桑世昌：《蘭亭考·卷 5》（楊家駱主編：《法帖考》，臺北：世界書局，1988 年 11 月藝術叢編第一集），頁 293。

〔註119〕《陸氏南唐書·卷十六》載：「元宗、後主俱善書法，元宗學羊欣、後主學柳公權，皆得十九，購藏鍾王以來墨帖至多，保儀實掌之。」（電子本文淵閣四庫全書（2013/2/15 瀏覽）：http://140.120.80.24/viewer.htm#OnFetchPage?expr=%u67f3&type=1&class=;;&book=%u9678%u6c0f%u5357%u5510%u66f8&author=&mode=absolute&format=text&page=464478a&rel=255&code=6566）並有書論〈書述〉提出「撥鐙」七字法，有云：「此字今有顏真卿墨跡尚存於世。」（《歷代書法論文選》，頁 300。）又洪惟仁譯：《書道全集·第九卷》載有南唐後主行書（頁 32），亦為顏柳體段，據此故云。

　　五代時期對王羲之書法的理解與詮釋最爲特出者，莫若楊凝式，是書法史上由唐入宋的樞紐人物，尤其北宋數家都受其影響，如蘇軾云：

> 自顏、柳氏沒，筆法衰絕，加以唐末喪亂，人物彫落磨滅，五代文采風流掃地盡矣。獨楊公凝式筆跡雄傑，有二王、顏、柳之餘，此眞可謂書之豪傑，不爲時世所汩沒者。〔註120〕

以爲顏眞卿、柳公權之後，在紛亂的五代時期能在書壇上有所表現的只有楊凝式一人，而且楊凝式被蘇軾視爲二王、顏、柳後能繼承筆法的人物，而用「雄傑」一詞，是爲雄壯風格者。二王與顏眞卿本非一系，但其先已經有柳公權兼取二王與顏眞卿筆法，「雄傑」、「豪傑」是其獨出冠時，若爲風格，則未必然，黃庭堅有云：

> 俗書喜作〈蘭亭〉面，欲換凡骨無金丹；誰知洛陽楊風子，下筆卻到烏絲闌。〔註121〕

黃庭堅感嘆「欲換凡骨無金丹」，反襯出對楊凝式書法出凡的仰慕之情，蘇軾或黃庭堅都知悉楊凝式出自王羲之，尤其是〈蘭亭序〉，楊凝式之書法表現有繼承之處。

　　《舊五代史·楊凝式傳》中曾引別傳之記載，提出楊凝式的學書淵源，云：

> 凝式雖仕歷五代，以心疾閒居，故時人目以「風子」。其筆迹遒放，宗師歐陽詢與顏眞卿，而加以縱逸。既久居洛，多遨遊佛道祠，遇山水勝槩，輒留連賞詠，有垣牆圭缺處，顧視引筆，且吟且書，若與神會，率寶護之。其號或以姓名，或稱癸巳人，或稱楊虛白，或稱希維居士，或稱關西老農。其所題後，或眞或草，不可原詰，而論者謂其書自顏中書後一人而已。〔註122〕

楊凝式書法之淵源爲歐陽詢與顏眞卿，與柳公權略微相近，是以蘇軾有繼柳公權之說；而喜歡在道觀佛寺題壁，則爲唐人常見的文化現象，從張旭到晚唐僧人所在多有，楊凝式以藉此抒發情感。記載中還指出楊凝式擅長於楷書

〔註120〕宋·蘇軾：《東坡題跋·評楊氏所藏歐蔡書》（楊家駱主編：《宋人題跋·上》，臺北：世界書局，1992年3月藝術叢編第一集），卷4，頁118。
〔註121〕宋·黃庭堅：《豫章黃先生文集》（上海：上海商務印書館，1965年影印四庫叢刊初編縮本），卷28，頁316。
〔註122〕宋·薛居正等撰：《舊五代史》（上海：上海古籍出版社，1995年12月），卷128，頁192。

與草書，實則還有行書，今日可見數種作品可見。楷書方面，楊凝式曾經下過功夫，見載於宋人邵伯溫的《河南邵氏聞見前錄》中，云：

> 其書法自顏、柳以入二王之妙，……近歲劉壽臣爲留臺，於故按（案）牘中得少師自書假牒十數紙，皆楷法精絕，世論少師書以行草爲長，誤矣。〔註123〕

可證其楷書亦深具功夫，別傳所述不誣，〈韭花帖〉（圖 4-14）見載於《宣和書譜》，列名「正書」〔註125〕，此帖爲手札形式，用筆端整，具有顏、柳筆意，然字距、行距都明顯拉長加寬，具有蕭散之趣，與顏、柳碑刻所表現的整飭完全不同；另有行書〈盧鴻草堂十志圖跋〉（圖 4-15），與〈韭花帖〉之表現又不同，似信筆塗抹，用筆渾厚，近似顏眞卿〈祭姪稿〉，然字之大小頗隨筆畫伸縮，如「製」較「山水」二字更長，富有天然之趣，較〈祭姪稿〉更大膽；又有〈神仙起居法〉（圖 4-16）爲行草書，意趣與前兩件又不同，採取縱下的筆勢，可謂「極奇矯恣肆，一氣貫注」〔註125〕；再觀〈夏熱帖〉（圖 4-17），則筆法又稍近顏柳，第二行「長」字筆已經扁了，仍能繼續書寫，自信大膽，不爲規矩束縛；還有〈新步虛詞〉（圖 4-18）是長篇大作，行距稍寬，卻與〈韭花帖〉氣息全不同；若再觀刻帖中名下的〈雲駛月暈帖〉（圖 4-19），則又感新奇，柳書筆意稍多。

之所以將楊凝式所傳作品一一析論，乃因楊凝式一作一奇，件件不同，如此之表現手法，遙接了王羲之「飄若浮雲，矯若驚龍」的風格，因爲王羲之尺牘正是以一件一奇爲其特色。即便前述楊凝式諸帖或有僞作或摹刻失眞的疑慮，但楊凝式作品落差之大則屬顯而易見，可惜更多的題壁書法，已經不得見，《宣和書譜》有云：

> 昔之名世之書，爲二王而已，後人傚之，莫得其點畫，凝式稽究其學，遂能超逸。如此則知，作字非小道，而凝式所得，可以語其崖略也。〔註126〕

〔註123〕宋・邵伯溫：《河南邵氏聞見前錄》（北京：中華書局：1985 年叢書集成初編本），卷 16，頁 115。

〔註124〕宋・佚名：《宣和書譜》，卷 19，頁 440。

〔註125〕劉寫陶：〈五代書家楊凝式〉，《書譜》1980 年 6 月（總第 34 期），頁 79。全文 78～80。

〔註126〕宋・佚名：《宣和書譜》，卷 19，頁 440。

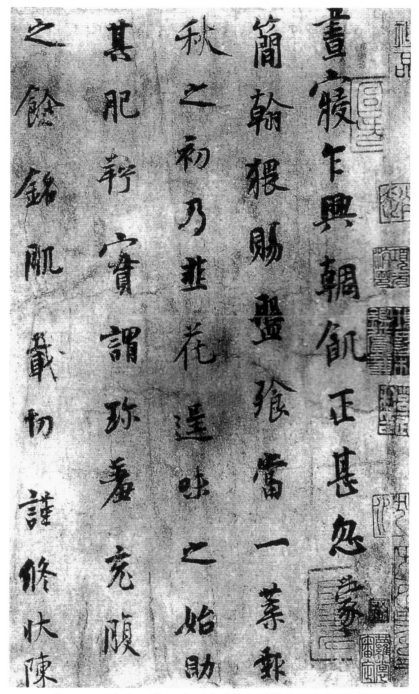

圖 4-14：五代・楊凝式〈韭花帖〉（羅振玉版）局部

取自黃緯中：《楊凝式》（臺北：石頭出版社，2005 年 4 月），頁 4。

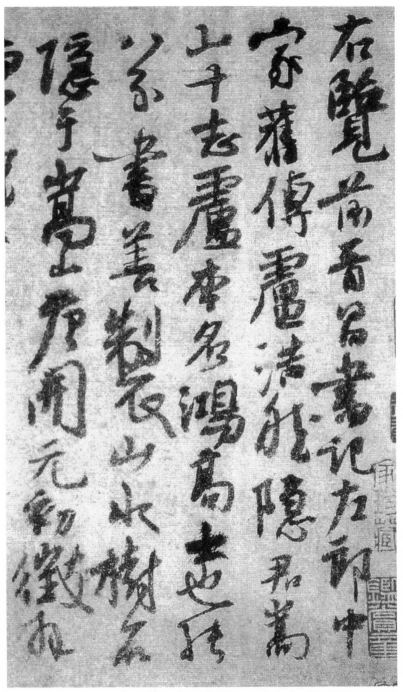

圖 4-15：五代・楊凝式〈盧鴻草堂十志圖跋〉局部

取自黃緯中：《楊凝式》（臺北：石頭出版社，2005 年 4 月），頁 15。

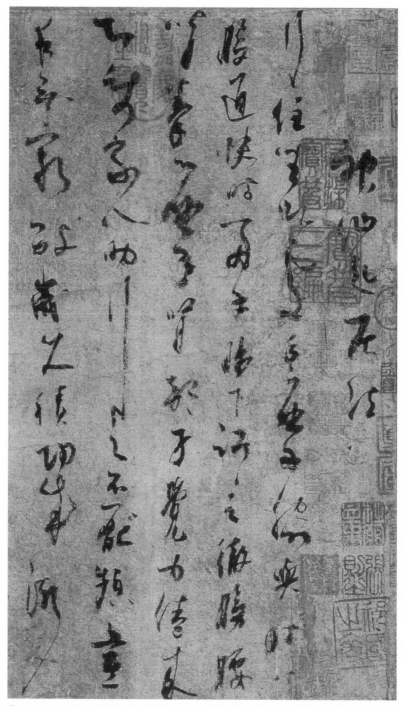

圖 4-16：五代・楊凝式〈神仙起居法〉（北京故宮博物院藏版）局部
取自黃緯中：《楊凝式》（臺北：石頭出版社，2005 年 4 月），頁 12。

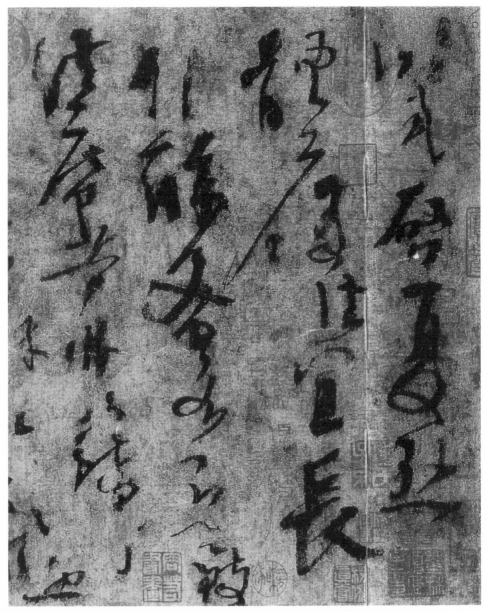

圖 4-17：五代‧楊凝式〈夏熱帖〉局部

取自黃緯中：《楊凝式》（臺北：石頭出版社，2005 年 4 月），頁 8～9。

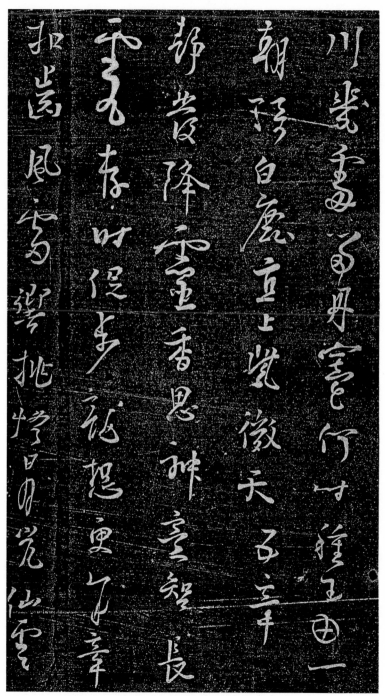

圖 4-18：五代‧楊凝式〈新步虛詞〉局部

附圖，取自啓功、王靖憲主編：《中國法帖全集‧13‧戲鴻堂法書》
（武漢：湖北美術出版社，2002 年 3 月），頁 240。

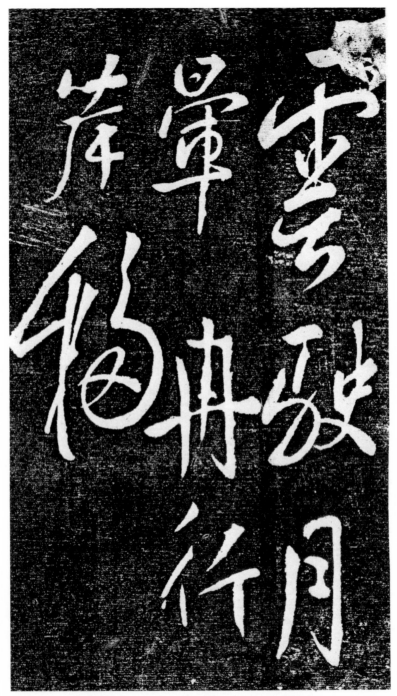

圖 4-19：五代‧楊凝式〈雲駛月暈帖〉

取自宋‧王寀集：《汝帖‧二》（北京：北京古籍出版社，2001 年
9 月），未編頁碼。

二王經過柳公權的回歸後，又重回主流，在楊凝式筆下，顏柳筆法很輕易的被融合在二王系統中。楊凝式能從根本處去契合書道，而不在點畫上斤斤計較，以此回視黃庭堅所謂「下筆便到烏絲闌」所指的並非形似的追尋，而是精神上的契合，在蘇、黃眼底，這樣的表現才是對王羲之書法眞切的理解與詮釋。

第五節　敦煌經卷中的傳布

敦煌位居邊陲，距離行政中心遙遠，是以其文化歷來多未加以注意，而在最近，出土了大量的經卷，保留大量手跡，尤其以唐代爲大宗。而出土的唐代經卷中，又以中晚唐爲大宗，〔註127〕是以論述於此。

一、《十七帖》殘卷

王羲之書法爲唐太宗訂定唐代書法規範的根據，敦煌所漸多種臨本，足以證明敦煌書法深受王羲之影響。

首先是《十七帖》中的〈旃罽帖〉（圖 4-20）殘卷〔註128〕，取與宋本（圖 4-21）相較：

1. 字體稍大，與一般習見的（如「欠十七行十七帖」本）刻帖行式不同。
2. 字字獨立，與「欠十七行十七帖」本少數相連的書寫方式不同（「未許」、「者希」、「此有」），可見書寫者在書寫的時候注意力在單字上。
4. 字形小異：「回」字中央兩點更明晰；「知」字右半多一點，對於字形的準確度似乎更仔細。
5. 用筆較爲隨意，不如「欠十七行十七帖」本圓潤，可能是常在一種偏側的筆鋒下所書寫的，橫畫變細、直畫變粗，「者」、「見」兩字可見。

〔註127〕鄭汝中：〈唐代書法藝術與敦煌寫卷〉：「（唐代寫卷）粗略估計可佔總數的百分之七十以上」（《敦煌研究》1996 年第 2 期，頁 124）；池田溫〈中國古代寫本識語集錄·解說〈上〉〉：「全部敦煌寫本從世紀劃分來看，屬 9 世紀的最多，接著是 8、10 世紀，7 世紀以前的合計起來也只佔全部的十分之一。」（《北京圖書館館刊》，1994 年第 3/4 期，頁 89。）9 世紀爲唐德宗貞元 17 年（801）開始，據此故云。

〔註128〕P.4642 號，圖版見於東晉·王羲之：《王羲之尺牘集·上》（東京：二玄社，1990 年 1 月），頁 42～43、46。

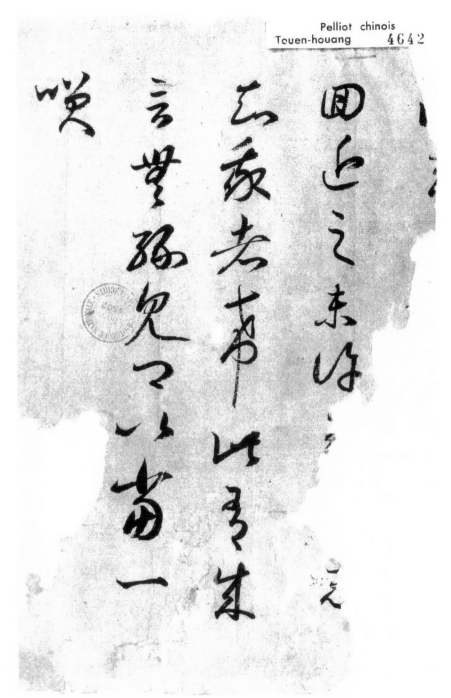

圖 4-20：敦煌遺書 P.4642〈旃罽帖〉殘卷

取自東晉・王羲之：《王羲之尺牘集・上》（東京：二玄社，1990 年 1 月），
頁 40。

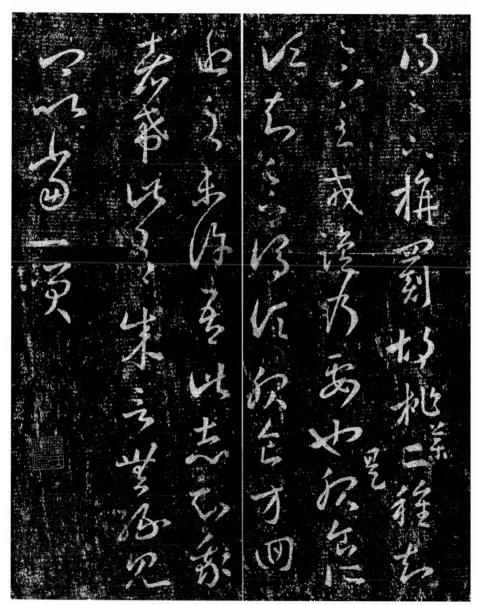

圖 4-21：東晉・王羲之《十七帖・旃罽帖》（宋搨文徵明朱釋本）

王海明編著：《宋拓十七帖兩種：王羲之》（杭州：西泠印社出版社，2004 年 10月），頁 52～53。

顯現出相當的熟練與自信。其次有〈瞻近帖〉（圖 4-22）與〈龍保帖〉殘卷，〔註129〕二者雖為殘卷，但為唐人臨本，不同於摹本（圖 4-23）的生硬，饒宗頤云：

> 法京敦煌此本，雖寥寥三行有奇，而使筆圓潤，絕無僵削之病。倫敦本多渴筆，神采爛然。〔註130〕

今觀影印本，確實不同於刻本，更多的流暢與圓潤，是以不拘筆鋒之偏側，亦不拘渴筆之飛白。〈瞻近帖〉殘卷之表現與〈旃罽帖〉有許多相同處：字體稍大，形式不同「欠十七行十七帖」本；大致上字字獨立，但「想必」兩字相連，表示仍在乎原帖的形式；仍注重字形的準確，如「遲」字首橫下「欠十七行十七帖」本有一輕微扭筆，臨寫成一折成為失誤，故旁作兩點以示錯字，這是在相當熟練筆法的情況下產生的；「節」字則較「上野」本〔註131〕在「艸」下有更明晰之一折，字形更為準確；又用筆亦有偏側現象，如「氣」字；而書寫的自信依舊，尤其增加渴筆，又將「也」字（兩見）拖長，均是熟練的表現。〈龍保帖〉的書寫表現相近，茲不贅。

　　帖文書寫的內容與一般刻本大致相同，均見於《法書要錄》；書寫習慣的近似可能是同一人所為。〔註132〕因為是墨跡真本，可以瞭解唐人學習王羲之書法的途徑，是在相當程度的精熟法帖背景之下熟練筆法，對於單字的準確性十分要求的，這兩件作品書寫者的水準很高，書寫的字跡頗大，〔註133〕又使用彩箋，與一般習字使用廢棄文書紙張背面的書寫習慣大不同，可能是從中原流傳過去的墨跡，做為範本。〔註134〕

〔註129〕 S.3753 號，圖版見於饒宗頤編集：《敦煌書法叢刊　第一八卷　碎金（一）》（東京：二玄社，1983 年 10 月），頁 3。二帖連在一起。

〔註130〕 饒宗頤：《饒宗頤二十世紀學術文集‧敦煌學‧法京所藏敦煌群書籍書法題記》（臺北：新文豐出版有限公司，2003 年 10 月），第 11 冊，頁 320。

〔註131〕 「欠十七行十七帖」本略有殘泐，故取「上野」本。見於東晉‧王羲之：《十七帖〈二種〉》（東京：二玄社，1989 年 9 月），頁 53。

〔註132〕 沈樂平除了筆法和結字的討論外，還從用紙上討論，認為三件臨王草書為同一人所為，但以為作品作於晚唐五代間，則似又不必然，此非本文討論重點，茲不具。沈文見於氏所著《敦煌書法綜論》（杭州：浙江古籍出版社，2009 年 10 月），頁 110。

〔註133〕 饒宗頤編集：《敦煌書法叢刊　第一八卷　碎金（一）》（東京：二玄社，1983 年 10 月）均以原寸大小影印，翻閱比較自然可得知。

〔註134〕 另有《俄藏敦煌文獻》第 15 卷所收 Дx.11204 殘片〈積雪凝寒-服食帖〉應屬於範帖系列，參見蔡淵迪：〈敦煌經典書法及相關習字研究〉，頁 25～26。

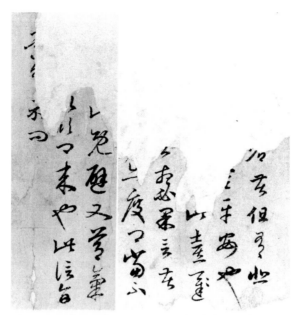

圖 4-22：敦煌遺書 S.37532 號〈瞻近帖〉殘卷

取自東晉・王羲之：《王羲之尺牘集・上》（東京：
二玄社，1990 年 1 月），頁 42、43。

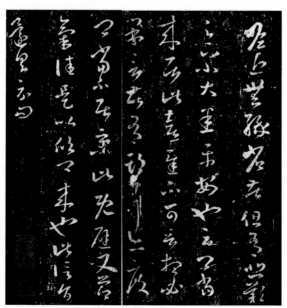

圖 4-23：東晉・王羲之《十七帖・瞻近帖》（宋
搨文徵明朱釋本）

取自王海明編著：《宋拓十七帖兩種：王羲之》（杭
州：西泠印社出版社，2004 年 10 月），頁 32、33。

二、〈蘭亭序〉與〈宣示表〉習字

〈蘭亭序〉為唐太宗所酷愛的王羲之法書，不同於其他收入內府的王羲之真跡，〈蘭亭序〉藉由臨摹而傳布，此亦唐太宗統一法書的手段之一，在敦煌遺書中，據沈樂平統計，至少有下列幾件：〔註135〕

1. P.2544，錄有〈蘭亭序〉全文，寫作 14 行；

2. P.2622，正面為《吉凶書儀》，有「大中十三年寫了」字樣，背面書寫〈蘭亭序〉計 3 行，共約 41 字；

3. P.3194，正面為《論語集解》，背面書寫〈蘭亭序〉計 2 行右 2 字，共約 33 字；

4. S.1619，內容為《佛經疏釋》，卷後有臨〈蘭亭序〉句「若合一契，未嘗不臨」8 字連續書寫二十多遍（圖 4-24）；

5. P.4764，寫有兩通書信，中間夾臨一段〈蘭亭序〉；

6. S.1601，每行行首由老師臨寫以作範例，學習者依照範字，每字書寫兩行。

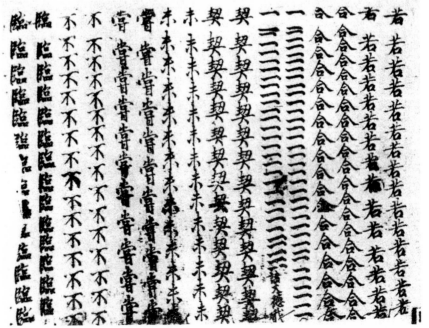

圖 4-24：敦煌遺書 S.1619 中的〈蘭亭序〉習字

取自黃永武主編：《敦煌寶藏》（臺北：新文豐出版公司，1986 年 8 月），冊 12，頁 239。

〔註135〕沈樂平：《敦煌書法綜論》，頁 112～114。

　　上述六件作品，可視為學習者所為，因為往往書寫在經典文書背後或書信之間，利用紙張空白或背面進行臨寫，書寫水準不是很高明，而且往往有虎頭蛇尾的現象，而錯別字亦層出不窮，這些都明顯屬於學習的痕跡。而 P.2544 號〈蘭亭序〉本文的末尾還有「永和九」、「永和九年歲」兩行字樣（圖 4-25），表示書寫者並非是單單僅考慮文本的內容書寫，對於書法技巧是很在乎的，而此頁中三個「永和九」三字書寫習慣完全不同，可能是幾位學習者討論書寫問題的痕跡。

　　由字跡的大小來考察則顯現出一個問題，因為臨寫的大小幾乎都比〈蘭亭序〉原作更小，而各本書寫的習慣不同，應非同一人所為，這就說明了〈蘭亭序〉在唐代的敦煌書法世界中被許多人資取為小楷書寫的學習範本，他們學習小楷的動機不是為了書法表現，而是為了鈔經餬口。而這些作品寫得不夠清朗，顯然是需要再鍛鍊，主要缺失在於筆鋒運用得不夠好，不夠輕敏導

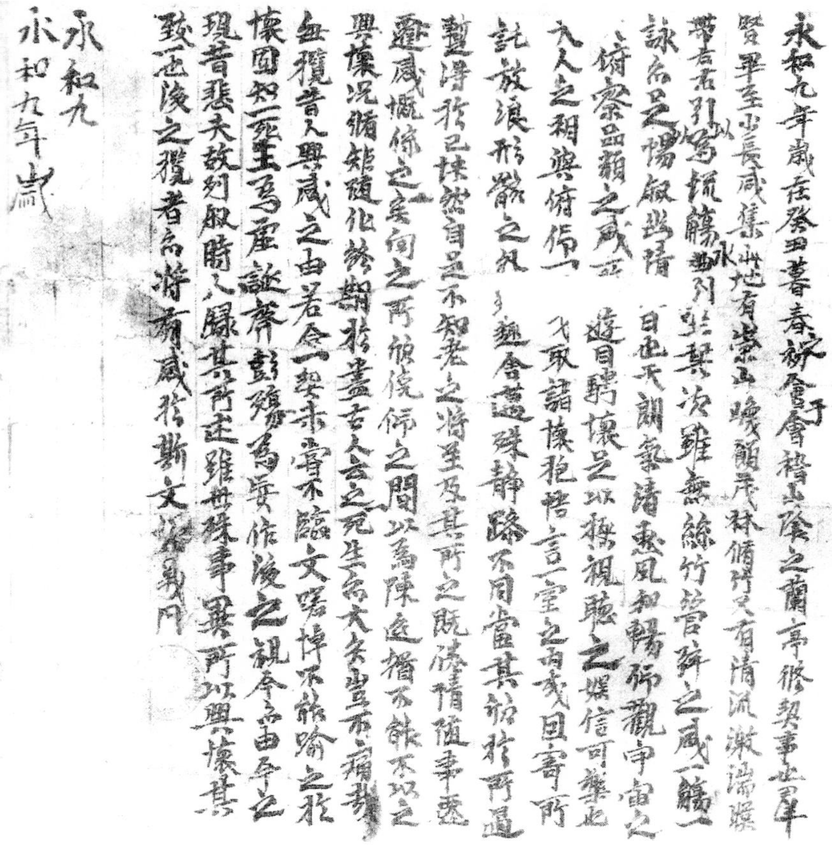

圖 4-25：敦煌遺書 P.2544 唐・佚名〈蘭亭序〉臨本

取自沈樂平：《敦煌書法綜論》（杭州：浙江古籍出版社，2009 年 10月），頁 113。

致重濁，而〈蘭亭序〉，尤其是馮摹本的〈蘭亭序〉牽絲映帶極為明顯，〔註136〕筆鋒的作用表現一覽無遺，是帖良藥，又是當時世上所流行的。

除了沈樂平列舉了六種〈蘭亭序〉的敦煌遺書，還可見到 P.4762 號（圖 4-26），這是一件較高水準的練習作品，已經能掌握小字提按的技巧，似乎是書寫者的自信使然，將「咸集」作連筆書寫，與原帖出入較大，末字「激」連寫三次，係因第一次書寫錯誤，再嘗試兩次的練習，事實上書寫的精神已經鬆懈，之前「脩竹」已經失誤為「條竹」，今「激」字又再失誤，自然無心往下練習。這件作品夾雜在兩件尺牘之中，但並不是書寫在夾縫中，而是在第一件的後面，這顯示書寫者在第一次的尺牘書寫中對於自己的字跡不滿意，遂取出〈蘭亭序〉加以臨摹，想藉以提升自己的書法水準，動機昭然，唐人對於書寫尺牘的要求於此可見一斑。

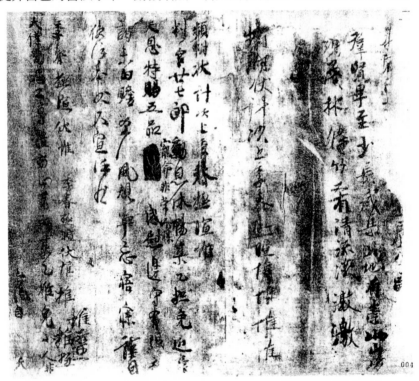

圖 4-26：敦煌遺書 P.4764〈書函兩通〉背面局部

取自黃永武主編：《敦煌寶藏》（臺北：新文豐出版公司，1986 年 8月），冊 134，頁 433。

〔註136〕此作沃興華以為：「字形大小與章法行款與傳世的唐馮承素臨本比較接近。」沃興華：《敦煌書法藝術》（上海：上海人民出版社，1994 年 12 月），頁 53。據此故云。

　　另有王羲之〈宣示表〉臨寫寫本，爲 P.2555 末尾前一段（圖 4-27），今傳〈宣示表〉一般以爲鍾繇書，實爲王羲之所臨本，小楷，共有 18 行，[註 137] 考唐‧褚遂良〈右軍書目〉載：

　　　　正書都五卷……第五……尚書宣示，孫權所求（八行）[註 138]

與今所傳本之 18 行顯然不合，而且相距甚遠，未若敦煌寫本所存 4 行較爲接近。然此本前段與今本無異，後段則不知所據，對照〈右軍書記〉所載，初唐似有不同於《淳化閣帖》之別本傳世。從 P.2555 文件中的這一頁觀察文，書寫者在〈宣示帖〉前一首詩〈贈〉的字跡逐漸潦草，可能因此取出字帖臨寫，以收攝精神，矯正書寫散亂之病。

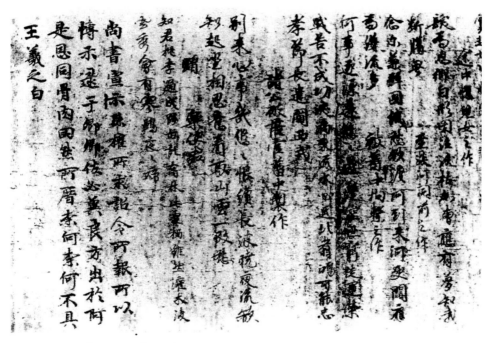

圖 4-27：敦煌遺書 P.2555 局部：敦煌寫本〈宣示帖〉

取自黃永武主編：《敦煌寶藏》（臺北：新文豐出版公司，1986 年 8 月），冊 122，頁 92。

[註 137] 今所傳本發源於《淳化閣帖》，參見黃伯思、姜夔所說，水賚佑編：《淳化閣帖集釋》（上海：上海古籍出版社，2009 年 12 月），正編卷 2，頁 60～61。

[註 138] 唐‧張彥遠：《法書要錄》（洪本），卷 3，頁 70。

三、〈尚想黃綺帖〉

當唐人書寫尺牘時，因為社會氛圍的要求，對於自己的書法水準一再提升，事實上，前述 P.4762 號所展示的是一種全面的學習，亦即學習者既要顧及尺牘的內容，又要講究書寫水準，而書寫水準的依據就是王羲之為主的書寫風格，是以〈蘭亭序〉一再被臨摹，而 P.4762 號並不是特例，〈尚想黃綺帖〉與〈宣示表〉的出現一再地印證唐人的書法閱讀，不僅在於書法之美的欣賞，也對於書寫內容相當重視。

〈尚想黃綺帖〉的內容最早可見於虞龢的〈論書表〉中，首次出現〈尚想黃綺帖〉的名稱也早在梁武帝蕭衍與陶弘景往來的書信中，唐代歐陽詢修《藝文類聚》、褚遂良編〈右軍書目〉、房玄齡等修《晉書·王羲之傳》、孫過庭撰〈書譜〉、張懷瓘撰《書斷》、張彥遠輯《法書要錄》等均有著錄或引用內文，〔註 139〕在唐代可以說是一件重要的王羲之作品，在敦煌遺書中也不止一次出現。

〈尚想黃綺帖〉在敦煌經卷出現的情形約有三種：一種是以習字形式出現，如 P.3368〔註 140〕由右而左有「池」、「水」各書寫兩行多次；P.2671 背面〔註 141〕由左而右依序有「尚」、「想」、「黃」三字各書一行十餘次，顯然都是練字的軌跡。S.214 號背面〔註 142〕則是整段文字的書寫抄錄，因為有明顯的錯別字（將第一次的「盡墨」寫成「靜黑」），則可能是書寫者失去耐性，不夠用心所致（類似前述 P.4764 夾在尺牘中的〈蘭亭序〉習寫）。

第二種是 P.2005〔註 143〕〈沙洲圖經〉「張芝墨池」條中載：「王羲之〈顧書論〉云：『臨池學書，池水盡墨，好之絕倫，吾弗及也。』」饒宗頤研究指出：「顧」字為「皤」字之異體字，意謂「老人貌」；「張芝墨池」為敦煌的勝跡，屢見於敦煌詩篇。〔註 144〕而張天弓進一步指出日人池田溫斷定此寫本大約是八世紀後半葉的抄本，所引的〈顧書論〉見於〈尚想黃綺帖〉篇尾，而「顧書

〔註 139〕說見張天弓：《張天弓先唐書學考辨文集·論王羲之〈尚想黃綺帖〉及其相關問題》（北京：榮寶齋出版社，2009 年 12 月），頁 130～133。

〔註 140〕黃永武主編：《敦煌寶藏》（臺北：新文豐出版公司，1986 年 8 月），冊 128，頁 43。

〔註 141〕黃永武主編：《敦煌寶藏》，冊 123，頁 239。

〔註 142〕黃永武主編：《敦煌寶藏》，冊 2，頁 283。

〔註 143〕黃永武主編：《敦煌寶藏》，冊 112，頁 49。

〔註 144〕饒宗頤：《饒宗頤二十世紀學術文集·敦煌學·法京所藏敦煌群書籍書法題記》（臺北：新文豐出版有限公司，2003 年 10 月），第 11 冊，頁 416。

論」意謂王羲之晚年的書論，和〈尚想黃綺帖〉中的「年在襄」相應，因而可知〈尚想黃綺帖〉在此之前已經相當流行。〔註145〕據此，則可知〈尚想黃綺帖〉的文字內容在初盛唐是廣為流行的。

　　第三種是以詩文形式出現，此以 S.3287 號（圖 4-28）為論述根據。這與前述夾雜在尺牘中的〈蘭亭序〉又有不同的意義。此卷詩文，依序是〈千字文〉、〈五言詩一首〉、〈王羲之題書論〉（〈尚想黃綺帖〉）、〈十五願禮佛懺〉、〈甲子五行歌訣〉，〈千字文〉一方面是習字帖，一方面有許多傳統文化的基本知識，兼具兩面作用，而除了〈尚想黃綺帖〉外，本卷其他多種詩文就不是法帖抄錄或臨摹，因此本卷書寫的目的應屬文獻抄錄性質，而非法帖臨摹或習字，因此，〈尚想黃綺帖〉的內容是以較為完整的方式呈現，書寫的內容就格外重要了，其文云：

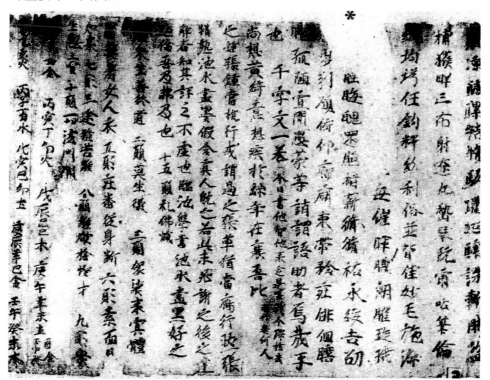

圖 4-28：敦煌遺書 S.3287 王羲之〈題書論〉及其前後文獻

取自黃永武主編：《敦煌寶藏》（臺北：新文豐出版公司，1986 年 8 月），冊 27，頁 341。

〔註145〕張天弓：《張天弓先唐書學考辨文集·論王羲之〈尚想黃綺帖〉及其相關問題》，頁 139。按：「襄」字誤釋，說見下文。

尚想黃綺，意想疾於絲，年在衰。吾書比之鍾張，或謂過之；張草
猶當雁行。然張精熟，池水盡墨，假令寡人耽之若此，未必謝之，
後之達解者，知其評之不虛也。臨池學書，池水盡墨，好之絕倫，
吾弗及也。〔註146〕

王羲之晚年表達了對於綺里奇、夏黃公的仰慕，並對於自身的書法有高度
期待與定位：希望能超越鍾絲。世間有些人認爲王羲之已經超越了鍾張二
人，王羲之自己則認爲意趣還要再超越鍾絲、精熟度還不如張芝。如此之
言論出自王羲之本身之尺牘，以文獻的方式一再傳遞，則後人對王羲之的
書法之評論便受到相當的影響，如梁庾肩吾〈書品論〉：「王工夫不及張，
天然過之；天然不及鍾，工夫過之。」〔註147〕唐代孫過庭〈書譜〉一開頭
便說：

夫自古之善書者，漢魏有鍾、張之絕，晉末稱二王之妙。王羲之云：
「頃尋諸名書，鍾張信爲絕倫，其餘不足觀。」可謂鍾、張云沒，
而羲、獻繼之。又云：「吾書比之鍾張，鍾當抗行，或謂過之。張草
猶當雁行。然張精熟，池水盡墨，假令寡人耽之若此，未必謝之。」
此乃推張邁鍾之意也。考其專擅，雖未果於前規；摭以兼通，故無
慚於即事。〔註148〕

孫過庭所見還有更多，是以王羲之以鍾張爲典範，在唐代應屬常識，而孫過
庭擷取〈尚想黃綺帖〉部分之內文顯示孫氏之論乃是有所依憑。〔註149〕而後
進一步詮釋王羲之「推張邁鍾」，則將王羲之隱含的本意豁顯開來，這在初唐
社會唐太宗的旨意下更爲順理成章了。

〔註146〕 由於此文在唐朝之前已有流傳，是以互有出入，敦煌本面世後，日人池田溫、
大陸沃興華、饒宗頤、張天弓等人均有研究，蔡淵迪碩士論文：〈敦煌經典及
其相關習字研究〉（杭州：浙江大學／人文學院／敦煌學／中國古典文獻學
碩士論文，2010 年 6 月）考證釋文頗詳，今引以爲據。然蔡淵迪以爲此書爲
習字，就管窺所見，應屬文獻抄錄而非習字。又補充第三句「年在衰」之「衰」
字，蔡氏以爲諸人釋爲「裹」字不確，但未引證。按：此字檢日・梅原清山
主編：《唐楷書字典》（日本：二玄社，1994 年 10 月），可見有兩種唐人寫卷
寫法完全相同，頁 703。

〔註147〕 《法書要錄》（洪本），卷 2，頁 52。

〔註148〕 唐・孫過庭：《書譜》（東京：二玄社，1989 年 9 月中國法書選影印原跡本（第
38 冊）），頁 2～4。

〔註149〕 部分文字與梁・虞龢〈論書表〉近似而略有不同，今見敦煌〈尚想黃綺帖〉
可知孫過庭所據應不止梁・虞龢〈論書表〉，據此故云。

　　透過此篇書論內容的檢視，可知唐人對於王羲之書法的理解不僅在於其天資優越，更在於勤勉學習；再者，所謂「尙想黃綺，意想疾於縶，年在衰」則可見王羲之晚年仍執著於書法境界的追求，甚至「直接把自己的人生價值、人格理想與書藝追求聯繫起來」〔註150〕書法的境界可以作爲一個人終生追求的目標之一，唐代名家輩出，應當與此息息相關。

四、〈千字文〉

　　其次爲蔣善進所臨的《智永眞草千字文殘卷》〔註151〕，因其後有「貞觀十五年七月臨出此本，蔣善進記」〔註152〕字樣而被確認爲貞觀年間的作品，貞觀爲唐太宗之年號，正是將王羲之書法規範化的年代，此件作品的存在除了顯示智永之書流傳廣遠之外，也顯示出唐代初年敦煌人透過智永追尋王羲之法式的書寫手段，書寫的形式完全依照智永的原跡。

　　智永爲王羲之七世孫，其繼承王羲之書法乃爲不爭之事實，然就書法藝術的表現來分析，智永著重於實用完全不同於王羲之的書法表現，〈千字文〉以一千個不同的文字編輯爲其特色，而一行楷書、一行草書的書寫形式加上其爲佛門弟子的背景，可以想見其爲佛門抄寫經書的範本，智永曾「於閣上臨寫〈眞草千文〉好者八百餘本，浙東諸寺，各施一本。」〔註153〕今所傳蔣善進臨本見證智永〈眞草千字文〉之影響不侷限於浙東，饒宗頤曾仔細比較蔣善進臨本殘卷與今傳墨跡本（小川本），認爲其中文字書法頗有差異，判定兩者「不是同源」〔註154〕，但若比較關中本，則較爲相近，饒氏更指出書寫風格的差異：

　　　此蔣氏臨本題署有絕對年代，楷法雋秀挺拔，與永師之搖曳肥厚，「得義之肉」者，書風復有距離，更可袗貴。〔註155〕

〔註150〕張天弓：《張天弓先唐書學考辨文集・論王羲之〈尙想黃綺帖〉及其相關問題》，頁142。
〔註151〕S.3561號，圖版見於饒宗頤編集：《敦煌書法叢刊　第一八卷　碎金（一）》（東京：二玄社，1983年10月），頁4～9。
〔註152〕見於饒宗頤編集：《敦煌書法叢刊　第一八卷　碎金（一）》，頁9。
〔註153〕說見唐・何延之：〈蘭亭記〉，《法書要錄》（洪本），卷3，頁100。
〔註154〕饒宗頤：《饒宗頤二十世紀學術文集・敦煌學・法京所藏敦煌群書籍書法題記》（臺北：新文豐出版有限公司，2003年10月），第11冊，頁322。
〔註155〕饒宗頤：《饒宗頤二十世紀學術文集・敦煌學・法京所藏敦煌群書籍書法題記》，第11冊，頁323。

蔣氏所書「雋秀挺拔」，智永所書則「搖曳肥厚」，饒氏所言良是，惜未具體指陳，今將二者摘取局部並列（圖4-29、圖4-30），試加闡釋如下：

1. 從章法佈局來看，雖然每行的字數相同，但是蔣本字距較寬，顯得凝煉，墨跡本則字距稍近，顯得奔放。

2. 蔣氏所書粗細變化比較含蓄，智永所書則相對強烈，所謂「肥厚」是也。

3. 蔣氏所書橫畫較平，智永所書則斜勢較爲強烈，所謂「搖曳」是也。

因此，蔣善進所臨寫的本子，已經和智永大不相同，臺靜農所謂：「純是初唐風範，略似虞永興。」〔註156〕甚是。就上舉諸點差異之描述，似乎近於「關中本」（圖4-31）風格，然則取與相較，又不太相同，關中本更爲凝煉，字形差異也多，總是難以證明先後版本，應是智永大量書寫〈眞草千字文〉流傳所致。〔註157〕

蔣善進臨本顯示在唐人理解王羲之書法的重要途徑，這在唐太宗廣蒐王羲之書法的對照之下意義尤爲朗現，當王羲之書法都爲皇室所搜刮，民間便難得一見，而〈千字文〉正是以一千個不同的王羲之的書跡集合而成，而且是梁武帝教學的教本。〔註158〕試看《宣和書譜》所載：

〔註156〕臺靜農：〈蔣善進〈眞草千字文〉殘卷跋〉，臺靜農：《靜農論文集》（臺北市：聯經出版事業公司，1991年6月），頁274。按：臺氏謂此本眞書有云：「已無永師之凝煉。」「凝煉」之風貌爲主觀欣賞所契，與筆者體會不同。

〔註157〕關於對照比較，日·西川寧：〈蔣善進の眞草千字文──ペリオ＝シノアの書法·1〉（日·西川寧：《西川寧著作集·第二卷·中國書法叢考 二》，東京：二玄社，1991年7月）比較得出蔣善進臨本與關中本不同，而與小川本相近的有22字；與關中本相同，而與小川本不同的有9字；關中本與小川本同，而卻與蔣臨本不同的有5字。（頁8～11）李郁周：〈蔣善進〈眞草千字文〉殘卷技法淺析〉（李郁周：《中國書史書跡論集》，臺北：蕙風堂筆墨有限公司出版部，2003年2月）更是細膩分析，指出楷書與草書結果相反：「從楷書看，蔣善進臨本與墨跡本略微近似，與關中本距離稍遠；關中本與墨跡本差別更多。」（頁45）「從草書的點畫型態、轉折帶筆、接筆位置、字形體勢與行氣章法綜合觀察，蔣臨本比較接近關中本，與墨跡本有比較大的距離；這個結果，與對勘楷書的結果正好相反。」（頁52）據此故云。

〔註158〕事見唐·李綽：《尚書故實》（臺北：商務印書館，1965年12月叢書集成簡編本（第707冊）據寶顏堂本排印）：「《千字文》，梁周興嗣編次，而有王右軍書者，人皆不曉。其始乃梁武教諸王書，令殷鐵石於大王書中，搨一千字不重者，每字片紙，雜碎無序，武帝召興嗣，謂曰：『卿有才思，爲我韻之。』興嗣一夕編綴進上，鬢髮皆白，而賞賜甚厚。」（頁13。）

圖4-29：隋・智永〈眞草千字文〉（墨跡本）局部

取自隋・智永：《眞草千字文》（東京：二玄社，1990年4月中國法書選本27），頁47。

圖4-30：敦煌遺書 P.3561 唐・蔣善進臨智永〈眞草千字文〉局部

取自饒宗頤編集：《敦煌書法叢刊第一八卷碎金（一）》（東京：二玄社，1983年10月），頁6。

圖4-31：隋・智永〈眞草千字文〉（關中本）局部

取自隋・智永：《關中本眞草千字文》（東京：二玄社，1990年4月中國法書選本28），頁47。

初，梁武帝得羲之千文，令周興嗣次之，自爾書家每以是爲程課，
如智永草千文多至於八百本，其說謂學者以千字經心，則自應手和
心得，可與入道。若至八百本之多，則定足以垂世，然唯知書者，
然後能道此。〔註159〕

因爲有一千個不同的文字，在學習書法時便能遍及各種文字偏旁組合的書
寫，而其內容又極爲廣泛，認字、習書、常識一舉三得，不久便流行了起來。

在敦煌遺書中有〈篆書千字文〉〔註160〕（圖4-32）即爲一例，顯然已經
將〈千字文〉書法學習之角度擴及篆書，而檢視此作，起收筆均露鋒，橫畫
略微傾斜，所用的筆法也是王羲之楷書化的筆法，與一般習見的逆入平出，
橫平豎直之篆書筆法完全不同，又可見王羲之筆法爲當時最重要的筆法，甚
至是唯一的，已經滲透到篆書領域。

圖 4-32：敦煌遺書 P.4702〈篆書千字文五行（旁注楷書）〉局部

取自饒宗頤編集：《敦煌書法叢刊　第一八卷　碎金（一）》（東京：
二玄社，1983 年 10 月），頁 11。

〔註159〕宋・佚名：《宣和書譜》（北京：中華書局，1985 年叢書集成初編本），卷2，
頁 63～64。

〔註160〕英倫斯 4702 號，圖版見於饒宗頤編集：《敦煌書法叢刊　第一八卷　碎金
（一）》（東京：二玄社，1983 年 10 月），頁 11～14。

五、與唐室規範相應之敦煌書跡

敦煌經卷中還發現一些拓本:〈化度寺碑〉、〈溫泉銘〉、〈金剛經〉等,這些名碑已在前文列舉說明,不再贅述,然則由此可知唐代的敦煌地區書法之學習取資王官規範,〈化度寺碑〉爲歐陽詢之作、〈溫泉銘〉爲唐太宗之作,兩者爲初唐書法的代表,除此之外,還發現有〈大唐三藏聖教序〉的抄本至少兩種,〔註161〕研究者指出均爲模仿褚遂良所作,爲初唐廣大流行褚薛書風之證。〔註162〕

以上所述,均爲對王羲之法帖的學習,可見唐人對王羲之書法理解契入之途徑,敦煌經卷浩繁,書法表現確實與王官法書相俯仰。如就歐體而言,沈樂平曾有仔細的分析,並舉出許多例子,認爲「以一定數量、以集合狀存在的。」〔註163〕沃興華則從避諱與武周新字提出辨別年代的具體方法,然後提出敦煌經卷唐代整體的書寫風格:

> 這些作品,儘管風格不同,但都是標準的唐楷面貌,點畫比較圓渾,
> 起承轉折分明,結體略長,四平八穩,分間布白極其勻稱。一切技
> 巧形式都表現得那麼淋漓盡致而且完美無缺。〔註164〕

此係針對「唐代鼎盛期」而說,完美無缺的表現勢必經過一而再、再而三的鍛鍊,當然,必須具備優異的字範或師資,師資或難以確考,然字範則無疑具備不遜於京師的摹本或拓本,這些經卷的發現,爲唐代書學提供具體而明確的物證。

六、〈筆勢論〉殘卷

〈筆勢論〉爲唐代流行的書法理論之一,早在初唐孫過庭〈書譜〉中即有所指陳,以爲此篇之作,時代錯亂,非訓非經,絕非右軍所作,應當摒棄。〔註165〕並指出〈筆勢論〉的一些特色:「文鄙理疏,意乖言拙」,而之所以如此,正是民間中下階層初學者所流傳的具體反映,這在敦煌文書中得到驗證。

〔註161〕P.2780,見於黃永武主編:《敦煌寶藏》(臺北:新文豐出版公司,1986 年 8 月),冊 124,頁 84。又 P.3127,見於前揭書,冊 126,頁 347~348。

〔註162〕沃興華:《敦煌書法藝術》,頁 31。

〔註163〕沈樂平:《敦煌書法綜論》,頁 123。

〔註164〕沃興華:《敦煌書法藝術》,頁 120。

〔註165〕原文:「代傳羲之與子敬〈筆勢論〉十章,文鄙理疏,意乖言拙,詳其旨趣,殊非右軍。且右軍位重才高,調清詞雅,聲塵未泯,翰牘仍存。觀夫致一書,陳一事,造次之際,稽古斯在;豈有貽謀令嗣,道叶義方,章則頓虧,一至於此!又云與張伯英同學,斯乃更彰虛誕。若指漢末伯英,時代全不相接;必有晉人同號,史傳何其寂寥!非訓非經,宜從棄擇。」(唐‧孫過庭:《書譜》,頁 31~32(墨跡影本)、頁 62(薛氏本)。)

敦煌本〈筆勢論〉抄寫的書法水準不甚高明，而且字跡不大，是一般抄錄文獻的大小，管見以爲，這是抄經學書者的書法入門指導，對於文化水準不高的中下階層民眾，不宜使用過於典雅高尚的詞語，簡單具體才容易明瞭。再者，〈筆勢論〉的流傳特色是版本出入頗多，蓋因書法學習並不容易，唐人即講究「口傳手授」之法，一方面要有解說，一方面要有書寫的具體指導，甚至手握學習者之手，指導毛筆書寫的細膩動作，因爲其中奧秘，實難以言宣，因此，一部理論的流傳，勢必因爲時代書寫的需要或是指導者主觀的體悟而略有調整，因此，版本歧異正是具體流行的反映。

故而，此中文字，雖不免俚俗，卻不失具體操作之反映，茲就敦煌〈筆勢論〉殘卷摘取數例以窺唐代書寫之規矩如下：

（一）大小均一

敦煌本〈筆勢論〉殘卷云：

> 重字不宜□長（長則大醜），單字不宜小……複字不宜大（大則如破車）。〔註166〕

意謂需將字體寫成一個個接近的大小，則需將上下重疊的字寫緊密，不可變長；左右形的字亦需注意，不可變大，否則容易支離。「大醜」、「破車」爲俚俗用語。

（二）不密不疏不長不短

敦煌本〈筆勢論〉殘卷云：

> 第八，字體之法。並宜上寬下狹（若頭小尾大，不相值。）復不傷密，密則似痾瘵纏身（不能舒展）。傷疎則似溺死之人（諸處散漫）。傷長則似死蛇到掛樹（腰間無力）；傷短則似踏死蝦蟆（橫闊則大醜也）。此乃書之大忌。並勿爲之。〔註167〕

以爲結字不可太密、不可太疏、不可太長、不可太短，眞是將王羲之飄入浮雲、矯若驚龍的書法斂規入矩，毫無飄逸之氣矣。

（三）講究活字

敦煌本〈筆勢論〉殘卷云：

〔註166〕黃永武主編：《敦煌寶藏》（臺北：新文豐出版公司，1986年8月），冊134，頁628。括弧內文字原文爲兩行小字夾注。
〔註167〕黃永武主編：《敦煌寶藏》，冊134，頁628。括弧內文字原文爲兩行小字夾注。

　　一字若半生半死，亦有全生全死。死字不堪採錄，活字在須記。……

　　書無翅翼，行遊紫府之中；無手無牢，常在丹霄之閣。是知能者既

　　少，厥餘類等牛毛，書之功，乃獲終身之寶。〔註168〕

賦予文字生死的意義，對於活字必須謹記，因爲能成名家的實在很少，並以
「紫府」、「丹霄」等神仙境界與書法縮合，增加文字書寫之神秘感與神聖性，
更勉勵學書者，若學書有功，則終身受用不盡。

（四）學書講究規矩

敦煌本〈筆勢論〉殘卷云：

　　第十，學書有二種：若欲擬訓人者，緩緩臨之，定其形勢，不可失

　　其規矩；若求小用者，欲入徑書，大小可□准其宜，勿以小字而不

　　用心……〔註169〕

論及學書的兩種情況，第一種可稱爲「訓人書」，是臨帖習字，必須緩慢爲之，
注意形勢，不可失去規矩，敦煌可見許多習字可相印證，如前引 S.1619 之〈蘭
亭序〉習字即爲一例，甚至前舉高妙之《十七帖》臨習作品，也可歸類於此；
第二種可稱爲「小用書」，據引文所述，指的是抄經一類的小字書寫，抄經需
要大量鈔書手，未必來得及鍛鍊書法，則粗知執筆即可逕行抄寫經卷，許多
鈔寫經卷書法並不高明者即是其證，這裡以「勿以小字而不用心」爲訓，因
爲學習書法透過留心、反思、觀察才能使書法有相當程度的進步。

　　此爲該文第十條，所述兩種書法與前文所舉諸例遙相契合，故上述王羲
之相關字帖、習字、文論以書寫形式可以有兩種區分：一種是「訓人」所用，
字跡較大，規矩較爲嚴整，以王羲之〈十七帖〉、〈蘭亭序〉、〈尙想黃綺帖〉
爲範本，書寫水準較高，目的是更深入的學習王羲之書法，可爲晉升官階或
寫碑之用，或者擔任書法傳授；另一種是純粹的經卷、文書抄寫，字體較小，
書寫水準有很大的差異，但仍被要求用心書寫，在實物中還可發現寫到一半
或終了時對於文字書寫不滿意而臨帖的殘卷，可見他們的書學目標仍是王羲
之書法，只不過是一種經過唐代王官規範化了的王羲之書法，不復魏晉飄逸
之氣。

　　敦煌經卷的發現，爲我們見證唐代書法重視規範的實際操作情形，這個
面向的考察更是基層文字使用者學習的情形，不論是一次又一次的書法練

〔註168〕黃永武主編：《敦煌寶藏》，冊 134，頁 628。

〔註169〕黃永武主編：《敦煌寶藏》，冊 134，頁 628。

習，鍛鍊筆墨；或是使用〈蘭亭序〉、《十七帖》、〈千字文〉等法帖；還有〈筆勢論〉的書論指導，不但能與初唐的規範相互印證，由於豐富的手跡更為傳真，甚至發現〈尚想黃綺帖〉的重要文獻。

中晚唐時期國勢漸衰，徐浩尚能呼應唐玄宗的意旨，使書風走向肥美，雖然學習初唐諸家的王羲之系統，但是在豐碑的表現上不但提出藏鋒的書學主張，也參酌八分書茂美筆意，並加寬字距，這都有別以往，並預示變革的到來。唐代書法的變革則以顏真卿為巨匠，一個留意書學七八代的家族，在唐人厭倦了王羲之的柔美風格之後，完全的迸發開來，在顏真卿的系統中，王羲之書法僅是其涉獵的對象之一，之所以稱之為「涉獵」乃因顏氏家族有「此藝不須過精」的遺訓，是以顏真卿並不以書法美感創造為書寫意識，卻創造出穩實利民用的楷書，融合篆籀的筆法，使得顏書寫大字變得容易，一舉突破山陰斐几難以寫大字的障礙，然而看似變革，卻是遙接，精神上的遙接，因為王羲之的書法創造並不是如初唐諸家以規範鍛鍊而來，而是「無意於佳乃佳」，當然這是蘇軾的慧眼詮釋，容於後章論述之。

顏真卿之外，對於王羲之書法的理解與詮釋出現兩個極端，一個是最為遠離的懷素，他雖然對於王羲之書法頗有淵源，然則大笑筆陣圖，棄唐代以來建立的王羲之規矩如草芥，尤其在其迅疾的狂草書寫中，連字形都快消失了，哪還顧及規矩呢？懷素筆法從顏真卿處傳承，已見綜合王、顏系統之勢，到柳公權則具體的復歸；而另一個極端是「院體」的出現，是對王羲之規範化疲軟的表現，這是從〈集字聖教序〉出發，經由張從申、吳通微等人的改造而漸入板滯，卻也是正體標準化的證據。

到了五代時期，南唐後主李煜頗能從欣賞角度出發，「欣賞」的對象為〈蘭亭序〉，欣賞與規範書寫法式之動機迴異，此為析論對王羲之書法的理解與詮釋不可不辨明者。而五代時期最富傳承表現的樞紐人物楊凝式，不但學習顏柳，更是「下筆便到烏絲欄」，和王羲之相同的是作品件件不同，而一件一奇。顯然，唐代構築的書寫法式已經完成任務，文士將藉書法創作表達一己之意，在楊凝式已經嗅得其味，時際入宋，則完全走向尚意書風，對王羲之書法重新理解、重新詮釋。